사주특강

사주특강

1판 1쇄 인쇄일 | 2006년 1월 10일

1판 1쇄 발행일 | 2006년 1월 16일

발행처 | 삼한출판사
발행인 | 김충호
지은이 | 박상의

등록일 | 1975년 10월 18일
등록번호 | 제13-47호

서울·동대문구 신설동 103-6호 아세아빌딩 201호
대표전화 (02) 2231-4460
팩시밀리 (02) 2231-4461

값 25,000원
ISBN 89-7460-110-9   03180

신비한 동양철학 · 68

사주특강

청록 박상의 편저

삼
한

■ 서 문

명리학(命理學)은 인간도 자연의 일부이므로 사계절이 순환하듯이 일정한 흐름이 있다는 확신에서 출발한다. 사람은 누구나 자유의지로 생각하고 운명을 만들어가는 것 같아도, 크게 보면 거대한 우주 속에서 역행하지 않고 사는 것이다.

오늘날 명리학(命理學)은 나름대로 진일보한 면도 있지만, 아직도 명리학(命理學)의 요체라고 할 수 있는 생극제화(生剋制化)에 따른 왕쇠(旺衰) 기법, 합충(合沖) 원리, 격국용신(格局用神) 등에 대한 기본 체계와 개념조차 명확하지 않다.

그 중에서도 특히 명리학자마다 격국용신론(格局用神論)에 대한 시각을 달리하는 것이 심각한 문제라고 할 수 있다. 같은 사주인데 용신(用神)을 달리 분석하면 희기(喜忌)가 전혀 다르게 나타나기 때문이다.

필자도 독학하던 시절 국내의 수많은 역술서적을 답습했지만, 격국용신(格局用神)에 대한 설명이 매우 미비했고 별 차이가 없어 아쉬움이 컸다. 답답한 마음에 대가들을 만나 의구심을 풀고자 했으나, 어떤 부분은 간과할 수 없는 남다른 지론에 고개를 끄덕였지만 격국용신론(格局用神論) 만큼은 신통하지가 않았다.

그래서 격국용신론(格局用神論)의 체계를 정립하는데 오랜 세월 고심하다, 『자평진전(子平眞詮)』과 『적천수(滴天髓)』로 핵심을 간파할 수 있었다. 일찍이 『자평진전(子平眞詮)』을 교과서로 삼고, 『적천수(滴天髓)』로 보완하라는 서낙오(徐樂吾)의 말에 깊이 공감한다. 그밖에 고서로는 『궁통보감(窮通寶鑑)』·『명리정종(命理正宗)』·『삼명통회(三命通會)』 정도를 활용하면 되나, 고서들마다 이론이 각각 다르니 진의를 잘 분별해야 한다.

이 책은 『자평진전(子平眞詮)』과 『적천수(滴天髓)』를 근간으로 명리학(命理學)의 폭넓은 가치를 인식하고, 실전에서 유용한 기반을 다지는데 중점을 두었다. 허나 기술하는 능력이 부족하여 전달이 유연하지 못한 아쉬움이 있다. 각설하고 이 책이 명리학(命理學)의 초석을 다지는데 한 귀퉁이라도 일조했으면 하는 바람이다.

靑月 朴相義

제 I 부. 기초원리편

제 I 부. 기초원리편

1장. 음양오행(陰陽五行)

1. 음양(陰陽)과 오행(五行)의 개념

음양(陰陽)은 우주만물이 천태만상으로 생성되며 변화하는 근원이라고 할 수 있다. 음양(陰陽)의 기(氣)가 형상으로 굳어진 것이 하늘과 땅, 즉 건곤(乾坤)이라 하며 일월(日月)이 만물을 살찌운다. 해와 달이 있어 사계절이 생긴 것처럼 음양(陰陽)이 오행(五行)을 낳은 것이다. 음양(陰陽)이 있어 천지가 존재하는 것이니 음양(陰陽)을 천지의 부모라고 할 수 있다.

하늘을 운행하는 것을 원형이정(元亨利貞)이라 하고, 땅이 변화하는 것은 춘하추동이며, 사람도 생로병사를 거듭하니 천지인(天地人)이 다 하나의 이치로 통한다. 하늘을 보고 천문(天門)에 통하고 땅을 보고 지리(地理)에 통하니, 인사(人事)를 통하려면 운명을 알아야 한다. 운(運)과 명(命)을 알려면 명리학(命理學)만큼 마땅한

도구가 없으니 어찌 가벼이 여길 수 있겠는가.

천지인(天地人)은 음양(陰陽)의 법칙을 벗어나지 못한다. 해가 뜨면 지고 달도 차면 기우는 것처럼, 태어나면 반드시 죽는 것이 운명이다. 죽음 또한 자연의 순리이니 슬픈 일만은 아니다.

사주팔자를 본다는 것은 명운을 거슬러 출세하기 위함이 아니라, 타고난 복분에 충실하고자 함이다. 이는 곧 일월(日月)이 밤낮으로 천지를 윤택하게 하지만 자랑하지 않으니, 이를 본받는 것을 겸(謙)이라고 한다.

겸허하게 분수를 알면서 살면 어떤 운에도 빈곤함이 없을 것이다. 운명을 안다는 것은 나를 찾는 것이 아니라 나를 비우는 것이다. 사람은 천지 안에서 띠끌 같은 존재이며, 찰나 같은 명운인데 어찌 욕심을 가지겠는가. 거리에서 무수히 밟히는 돌처럼 그저 그러하니 자연 속에 같이 호흡하는 생명이라는 가치만으로 감사하고 또 감사할 따름이다.

하늘에 해와 달이 있는 것처럼 땅에는 남자와 여자가 있다. 인간을 창조한 하느님도 마땅히 남자와 여자의 모습일 것이다. 하느님이 두 분이라니 잘나가다 갑자기 웬 뚱딴지 같은 소리냐고 하는 분들도 있겠으나 창세기 1장 26절 말씀을 보라. '하느님이 가라사대 우리의 형상을 따라 우리의 모양대로 우리가 사람을 만들고, 하나님이 자기 형상, 곧 하나님의 형상대로 사람을 창조하시되 남자와 여자를 창조하시고'

여기서 분명 우리는 복수이니 남자와 여자가 둘인 것처럼, 신(神)

도 하느님 아버지가 있으면 어머니가 존재한다는 것을 알 수 있다. 음양오행(陰陽五行)의 이치를 알면 신의 모습뿐 아니라 섭리도 알 수 있다. 이는 종교인들, 특히 유일신의 큰 오류에 빠져있는 기독교인도 성경을 올바로 이해하려면 명리학(命理學)의 기본이 되는 음양오행(陰陽五行)의 이치 정도는 알아둘 필요가 있다는 뜻이다.

해와 달이 공존하지 않는 것처럼 음양(陰陽)은 상대성을 띤다. 앞에서 언급한 것처럼 일월(日月)이 있어 사계절이 있는 것처럼, 음양(陰陽)이 있어 오행(五行)이 생성된다. 그리고 음양(陰陽)이 상대적인 것처럼 오행(五行)도 상생(相生)과 상극(相剋)이 있다.

남자와 여자가 서로 사랑하여 결혼하지만 싸우는 것은 바로 음양(陰陽)의 속성이다. 그리고 남녀가 하나가 되어 자식을 낳는 것은 바로 음양(陰陽)이 오행(五行)을 낳는 이치와 같다. 또한 음양(陰陽)이 오행(五行)을 생성하는 과정도 사람이 모태에서 양육되어 태어나는 것과 같다.

오행(五行)이 일육수(1·6水), 이칠화(2·7火), 삼팔목(3·8木), 사구금(4·9金), 오십토(5·10土)로 생성되는 것처럼, 사람도 수(水)에서 생성되어 머리·몸·다리가 완성되면 10개월(5·10土)만에 태어난다. 사람이 열 달만에 태어나는 것과 중앙 오십토(5·10土)가 사계를 조화하여 새롭게 시작하는 것은 같은 의미이다.

중앙 오십토(5·10土)에서 5와 10은 음양(陰陽)을 의미하고, 선천수(先天數) 1·2·3·4·5가 음양(陰陽)의 조화로 후천수(後天數) 6·7·8·9·10으로 새롭게 거듭나는 것이다. 1이 중앙 5를 만나 일육수(1·6水)가 되고, 2가 중앙 5를 만나 이칠화(2·7火)가 되고, 3이 중앙 5을 만나 삼팔목(3·8木)이 되고, 4가 중앙 5를 만나 사구금(4·9金)이 되고, 5가 중앙 5을 만나 오십토(5·10土)가 된다.

이렇게 중앙의 5는 만물을 기르는 아버지(父, 5)와 어머니(母, 10)이다. 그러니 옛성인들은 마음의 중심인 중용의 도를 천도(天道)라 여겨, 오상(五象) 중 중앙의 근본 자리에 믿을신(信)을 붙였다. 그래서인지 신앙에 바탕을 두는 종교도 기독교의 十, 불교의 卍, 유도의 弓도 마주보면 양궁십(十)이 상징이라고 생각된다.

이러한 이치를 보면 종교의 원류는 역학에 있다는 것을 알 수 있을 것이다. 10(十)이란 숫자는 열십 또는 완전할십이란 뜻이 되는데, 사람이 열 달만에 완성되어 태어나는 과정이 음양오행(陰陽五行)의 생성원리와 일치한다는 사실이 새삼 놀랍다. 그래서『황제내경(皇帝內徑)』에서는 사람의 신체를 음양오행(陰陽五行)으로 분류하여 서술했다.

또한 수리도 0·1·2·3·4·5·6·7·8·9·10으로 완성되면 다시 1부터 시작하니, 천지가 음양오행(陰陽五行)의 범주를 벗어날수 없다는 것을 어느 정도 인식했을 것이다. 0에서 1일 시작되는 것을 성경적으로 보면 무에서 유를 창조하는 것이다. 이를 도가(道家)나 역(易)에서는 무극(無極)시 태극(太極)이라 하여 정중동(情中動)이라 하고, 불가(佛家)에서는 공즉시색(空卽是色)이라 한다.

수리적으로도 결국 0에서 시작하여 10에서 완성되는 것처럼, 오행(五行)도 수화목금토(水火木金土)로 완성된다고 할 수 있다. 음양오행(陰陽五行)을 설명하면서 무슨 성경이나 도가(道家)나 불가(佛家)의 용어를 쓰냐고 갸우뚱할지도 모르나, 원래 종교의 형이상적인 믿음을 문자로 표현한 것이 진리이다.

태고의 캄캄한 어둠에서 빛이 생겨 천태만상으로 천지가 분열되어 그 끝을 가늠할 수가 없다고 해도 음양(陰陽)과 오행(五行)에서 벗어날 수 없는 것이니, 음양(陰陽)이란 두 글자가 바로 불변하는 만고의 진리이다. 음양(陰陽)과 오행(五行)의 원리를 올바로 이해해야 명리학(命理學)에 정통할 수 있다. 명리학(命理學)의 원리는 바로 음양(陰陽)에서부터 시작하기 때문이다. 음양(陰陽)은 어느 한 쪽으로 기울면 안된다. 정음정양(正陰正陽)이어야 한다.

사람은 일월(日月)의 기운으로 태어나기 때문에 사주팔자에서 일간(日干)과 월지(月支)는 매우 중요하다. 월지(月支)는 사시가 운행하는 계절이고, 일간(日干)은 월지(月支)를 타고 운행한다. 음양(陰陽)이 균형을 이루어야 하듯이 일간(日干)과 월지(月支)가 균형을 이루어야 하는데, 이를 중화(中和)의 도(道)라 한다.

사주의 중화를 이루는 요령이 오행(五行)의 생극제화(生剋制化)인데, 일간(日干)과 월지(月支) 중 어느 한 쪽이 부족하면 다른 간지(干支)에서 생조(生助)하고, 강하면 극제(剋制)하는 오행(五行)을 바로 용신(用神)이라고 한다.

예를 들어 부부 중에 어느 한 쪽이 지나치게 기울면 가정이 편안하기 어려운 것처럼, 사주에서 월지(月支)와 일간(日干)의 힘이 조화를 이루지 못하면 마치 사람이 중도를 잃고 불운을 자초하는 것과 같다고 할 수 있다.

명리학(命理學)을 간단하게 말하면 사주팔자에서 일간(日干)과 월지(月支, 陰陽)의 조화를 이루는 용신(用神)을 찾는 것이다. 음양오행(陰陽五行)의 원리를 대략이나마 이해했다면 철학자의 반열에 들어선 것이다. 이치를 쫓아 그 길을 가는 사람을 도인이라 한다. 보통사람과는 분명 다르니 자긍심을 갖기 바란다.

첨단시대에 빌어먹고 살면서 구태의연하게 음양오행(陰陽五行)이 웬말이냐고 하는 분들은 자신 또한 음양오행(陰陽五行)의 찌꺼기에 불과하다는 사실을 인지하지 못하는 것이고, 스스로의 존재성을 부정하는 것임을 어이 모르는가. 고로 음양오행(陰陽五行)설에 대한 가당치 않은 불신은 어리석음의 증거일 뿐이다.

인류의 역사가 음양(陰陽)으로 시작하여 오행(五行)으로 마무리된다는 것을 이 책의 부록편에서 설명했으니 참고하기 바란다. 음양오행(陰陽五行)이 명리학(命理學)의 기초가 되지만 이 책을 끝까지 정독한 후에는 다시 본 장으로 돌아와 깊은 명상을 해야 할 것이다.

명리학(命理學)에서 음양오행(陰陽五行)은 그릇된 오류에 빠져 혼란을 겪을 때 다시 정도를 잡아주는 빛과 같고, 무궁무진한 진리를 열어주는 참스승이라고 할 수 있기 때문이다. 음양오행(陰陽五行)의 개념을 다시 한 번 정의하면 음양(陰陽)은 천지부모요, 오행(五行)은 천지만물이다. 명리학(命理學)에서 적용하는 오행(五行)의 성질을 대략 분류하면 다음의 도표와 같다.

오행의 성질

구분 \ 오행	木	火	土	金	水
자연	나무, 풀	불, 태양	산, 들	쇠, 보석	강, 바다
십간	甲乙	丙丁	戊己	庚申	壬癸
십이지	寅卯	巳午	辰戌丑未	申酉	亥子
상생	木生火	火生土	土生金	金生水	水生木
상극	木剋土	火剋金	土剋水	金剋木	水剋火
오색	청	적	황	백	흑
오상	仁	禮	信	義	智
계절	춘	하	환절기	추	동
방위	동	서	중앙	남	북
계통	신경계	순환계	소화계	호흡계	생식계
오장	간장	심장	위장	폐	신장
오지	성냄	기쁨	생각	근심	놀램
오미	신맛	쓴맛	단맛	매운맛	짠맛
직업	언론인	예능인	중개인	공무원	교육자
성장	소년기	청년기	중년기	장년기	노년기
지역	전라도	서울 · 경기	충청도	경상도	강원도
세계	한국	일본	중국	유럽, 미국	러시아
오음	ㄱ, ㅋ	ㄴ, ㄷ, ㄹ, ㅌ	ㅇ, ㅎ	ㅅ, ㅈ, ㅊ	ㅁ, ㅂ, ㅍ
수리	1, 6	2, 7	3, 8	4, 9	5, 10

2. 오행(五行)의 상생(相生)과 상극(相剋)

음(陰)이 있으면 양(陽)이 있듯이 오행(五行)도 상생(相生)과 상극(相剋)이 있다. 사시의 운행은 오행(五行)의 상생(相生)에 의하여 이루어진다. 목생화(木生火)·화생토(火生土)·토생금(土生金)·금생수(金生水)·수생목(水生木)이 오행(五行)의 생(生)이다.

그러나 상생(相生)만 있고 상극(相剋)이 없으면 봄에 씨를 뿌려도 가을에 추수할 것이 없는 것과 같으니 반드시 생(生)의 이면에는 극(剋)이 있다. 상극(相剋)으로는 목극토(木剋土)·토극수(土剋水)·수극화(水剋火)·화극금(火剋金)·금극목(金剋木)이 있다.

사시의 운행은 일직선으로 흐르는 것이 아니다. 지나간 세월이 어찌 다시 오겠냐마는 동양학적인 개념으로는 사시는 돌고돌아 원시반본(原始返本)의 원리로 이해해야 한다. 다시 돌지 않으면 상생(相生)과 상극(相剋)은 상호공생적인 성격을 띠지 않고, 생(生)의 시작이 극(剋)으로 마무리 될 수 있기 때문이다.

생(生)하고 극(剋)하나 다시 생(生)이 오기 때문에 극(剋)을 용납한다고 이해하면 된다. 서구적인 사고로는 일직선의 흐름이기 때문에 상생(相生)의 끝이 상극(相剋)으로 마무리된다. 그러하니 서구문명이 꽃을 피웠다고 해도 결국 파극으로 치달을 것이 명백하다.

동양의 역사는 상극(相剋)의 기운이 지배하던 어려운 시기를 넘어, 다시 상생(相生)으로 화합하여 새로운 문명의 꽃을 피울 것이다. 그러니 이치의 올바른 이해는 역사의 흐름마저 바꿔놓을 수 있다. 너무 비약적인 비유라고 할 수 있지만 거북한 느낌은 들지 않을 것이다. 어쨌든 우리나라가 세계의 문명을 주도할 날이 멀지 않았다고 본다. 우리나라의 비결비서를 보면 이러한 내용이 많은데 그리 되기를 바랄뿐이다.

어쨌든 생(生)과 극(剋)은 인과관계와 같은 효용이 있다. 사주에 생(生)만 있다고 좋은 것도 아니고, 극(剋)이 있다고 반드시 나쁜 것은 아니다. 생(生)이 지나치면 극(剋)으로 제(制)하고, 극(剋)이 지나치면 생(生)으로 구제한다. 이것이 오행(五行)의 생극제화(生剋制化)이며 중화의 원리이다.

오행(五行)의 생(生)과 극(剋)도 음양(陰陽)에 따라 정도가 다르니, 그 차이를 깊이 이해하지 않으면 안된다. 음양(陰陽)의 속성은 마치 자석의 원리와 비슷하여 음(陰)과 음(陰), 양(陽)과 양(陽)은 서로 밀어낸다. 가령 갑목(甲木)을 신금(辛金) 정관(正官)으로 극(剋)하는 것과 경금(庚金) 칠살(七殺)로 극하는 것은 전혀 다르다.

갑목(甲木)과 신금(辛金)은 음양(陰陽)이 다르고, 성질상 합(合)하는 기운이 있다. 이는 마치 더 많은 결실을 위하여 가지치기를 하는 용도로 쓰여지나, 갑목(甲木)의 경금(庚金) 칠살(七殺)은 양(陽) 대 양(陽)이니 밀어내는 성질이 지나쳐 나무를 완전히 절단내는 모습이다.

그렇다고 갑목(甲木)에 정관(正官)은 귀한 것이고, 칠살(七殺)은 흉한 것만은 아니다. 예로 갑목(甲木)이 묘(卯)월에 태어나면 음양(陰陽)이 달라 너무 유력하니 갑목(甲木)을 극제(剋制)해야 하는데, 신금(辛金) 정관(正官)은 약하여 갑목(甲木)을 극제(剋制)하기 어렵다. 이럴 때는 경금(庚金)이 더 효과적으로 극제(剋制)할 수 있다.

그러나 칠살(七殺)이니 정관(正官)이니 하며 십성(十星)에만 얽매여서는 안된다. 사주의 간지(干支) 배합에 따른 강약을 중시해야 한다. 십성(十星)도 오행(五行)의 음양(陰陽)에 따라 붙여진 것이므로, 간지(干支) 배합에 따른 생극(生剋)이 더 중요하다. 뒤에 나오는 간지론(干支論)을 참고하면 이해가 빠를 것이다.

3. 오행(五行)의 생극제화(生剋制化) 희기(喜忌)

오행(五行)은 생조(生助)가 많다고 좋은 것도 아니고, 극(剋)이 있다고 나쁜 것도 아니다. 과유불급(過猶不及)이라 했으니 오직 오행(五行)이 중화되는 것이 가장 바람직하다. 이 이론은 단순한 것 같지만 생극(生剋)에 따른 오행(五行)의 희기(喜忌)를 판단하는데 깊은 이치가 담겨있다. 나중에 배울 십성통변(十星通辯)과 호환성이 있다.

— 금(金)은 토(土)가 생(生)해주나 토(土)가 많으면 매몰된다.
— 토(土)는 화(火)의 생조(生助)를 받으나 화(火)가 많으면 갈라진다.
— 화(火)는 목(木)이 있어야 불타지만 목(木)이 많으면 꺼진다.

— 목(木)은 수(水)가 있어야 성장하지만 수(水)가 많으면 뜬다.

— 수(水)는 금(金)이 생조(生助)하나 금(金)이 많으면 맑지 않다.

— 금(金)이 수(水)를 생(生)하나 수(水)가 많으면 금(金)이 가라앉는다.

— 수(水)는 목(木)을 생(生)하나 목(木)이 많으면 수(水)가 고갈된다.

— 목(木)은 화(火)를 생(生)하나 화(火)가 많으면 목(木)이 소멸된다.

— 화(火)는 토(土)를 생(生)하나 토(土)가 많으면 화(火)가 빛을 잃는다.

— 토(土)는 금(金)을 생(生)하나 금(金)이 많으면 토(土)가 흩어진다.

— 금(金)은 목(木)을 극(剋)하나 목(木)이 많으면 금(金)이 무뎌진다.

— 목(木)이 토(土)를 극(剋)하나 토(土)가 많으면 목(木)이 함몰된다.

— 토(土)가 수(水)를 극(剋)하나 수(水)가 많으면 토(土)가 무너진다.

— 수(水)는 화(火)를 극(剋)하나 화(火)가 많으면 수(水)가 마른다.

— 화(火)가 금(金)을 극(剋)하나 금(金)이 많으면 화(火)가 무력하다.

— 금(金)이 약한데 화(火)가 많으면 금(金)이 녹는다.

— 화(火)가 약한데 수(水)가 많으면 불이 꺼진다.

— 수(水)가 약한데 토(土)가 많으면 수(水)가 썩는다.

— 토(土)가 약한데 목(木)이 많으면 토(土)가 약해진다.

— 목(木)이 약한데 금(金)을 만나면 목(木)이 절단난다

— 강한 금(金)이 수(水)를 보면 금(金)이 유연해진다.

— 강한 수(水)가 목(木)을 만나면 수(水)가 지혜로워진다.

— 강한 목(木)이 화(火)를 만나면 목(木)이 열매를 맺는다.

— 강한 화(火)가 토(土)를 만나면 화(火)가 누그러진다.

— 강한 토(土)가 금(金)을 만나면 토(土)가 활발해진다.

— 강한 금(金)이 화(火)를 보면 금(金)이 예리해진다.

— 강한 화(火)가 수(水)를 보면 되면 화(火)가 온유해진다.

— 강한 수(水)가 토(土)를 보면 수(水)가 윤택해진다.

— 강한 토(土)가 목(木)을 보면 토(土)가 자애로워진다.

— 강한 목(木)이 금(金)을 보면 훌륭한 재목이 된다.

4. 오행(五行)의 왕상휴수사(旺相休囚死)

왕(旺)은 나와 같은 오행(五行)의 달이니 강하고, 상(相)은 나를 생조(生助)하는 오행(五行)의 달이니 왕(旺)하고, 휴(休)는 내가 생조(生助)하는 오행(五行)의 달이니 약하고, 수(囚)는 내가 극하는 오행(五行)의 달이니 역시 약하고, 사(死)는 나를 극하는 오행(五行)의 달이니 가장 약하다. 그러니 대체로 왕상절(旺相節)에 태어나면 강하고, 휴수사절(休囚死節)에 태어나면 약하다.

십성(十星)에 비유하면 나와 같은 것은 비겁(比劫)인데 왕(旺)이고, 나를 생(生)하는 것은 인성(印星)인데 상(相)이고, 내가 생(生)

하는 것은 식상(食傷)인데 휴(休)이고, 내가 극(剋)하는 것은 재성(財星)인데 수(囚)이고, 나를 극(剋)하는 것은 관성(官星)인데 사(死)이다.

초학자분들이 십성론(十星論)은 아직 안 배웠다고 타박할지도 모르겠다. 명리학(命理學) 공부는 단계별로 이해해야 하지만 당장 이해가 안되더라도 뒤를 보면 앞을 이해할 수도 있고, 앞에서 충실하면 뒤에서 이해가 빠르다. 그러니 몰라도 일단 넘어가면 앞의 이치도 자연히 알게 될 것이다. 그러니 명리학(命理學)은 사통오달로 열려있는 사고와 융통성이 필요한 학문이라고 하겠다.

■ 목(木) : 봄의 인묘진(寅卯辰)월에 득기하여 가장 왕성하고, 해자(子)월도 강해진다. 단 축(丑)월은 수기(水氣)가 투간(透干)해야 생조(生助)를 얻고, 사오(巳午)월은 기운을 빼앗기나 미(未)월은 득기(得氣)하여 약하지 않다. 신유술(申酉戌)월은 금(金)의 극(剋)을 받아 가장 쇠약해진다.

■ 화(火) : 여름의 사오미(巳午未)월은 가장 강하고, 봄에도 인묘(寅卯)월은 생조(生助)를 받으니 강하나 진(辰)월은 약해진다. 신유술(申酉戌) 가을에는 쇠해지고, 해자축(亥子丑) 겨울에는 가장 약해진다.

■ 토(土) : 진술축미(辰戌丑未) 환절기에 강하고, 사오미(巳午未) 여름에도 왕성하며, 봄에는 제극(制剋)을 당하여 약해지고, 신유(申酉)월의 가을과 해자(亥子)월의 겨울에도 약해진다.

■ 금(金) : 신유술(申酉戌) 가을에 가장 왕성하고, 진술축미(辰戌丑未)월도 강해지며, 사오미(巳午未) 여름은 제극(制剋)을 당하여 가장 쇠하고, 해자(亥子)월의 겨울도 쇠해진다.

■ 수(水) : 겨울의 해자축(亥子丑)월이 가장 왕성하고, 가을 신유(申酉)월은 왕성하나 인묘(寅卯)월의 봄과 사오미(巳午未)의 여름은 수기(水氣)가 말라 약해진다.

왕상휴수사법(旺相休囚死法)은 월지(月支)를 기준으로 설명하지만, 천간(天干)이 지지(地支)에서 힘을 얻는 것은 다 같은 이치이다. 그리고 힘의 강약에서는 월지(月支)의 비중과 타지(他支)의 비중이 큰 차이가 없다는 것을 통근법(通根法)에서 배울 것이다.

보통 월지(月支)에 강한 의미를 부여하는 것은 음(陰)에서 양(陽)이 나왔기 때문에 그 은혜를 거스를 수 없기 때문이다. 일주(日柱)를 나로 보는 것은 내가(日干) 달(月支)에서 태어났기 때문이다. 그래서 월지(月支)를 부모궁이라 하고, 격국(格局)도 월지(月支)에서 정해진다.

옛날에는 자식을 낳기 위해 아녀자는 달의 정기를 마시려고 심호

흡을 했다. 달의 정기로 사람이 태어난다는 것은 불확실하지만, 명리학(命理學)에서 태어난 달로 격국(格局)을 잡는 것은 어떤 연관성이 있을 것이라는 생각이 든다. 또한 대운(大運)도 달의 간지(干支)로 역행과 순행으로 정하는데, 명리학(命理學)에서는 월령(月令)을 매우 중요하게 다룬다.

5. 오행(五行)의 성질

오행(五行)은 목화토금수(木火土金水) 다섯 가지로 분류하나 본래는 하나이다. 하나의 씨앗이 저장된 상태를 수(水)라 하고, 씨앗이 성장하며 줄기가 드러난 상태를 목(木)이라 하고, 목(木)이 가지를 쳐 나뉘어 꽃이 만발한 상태를 화(火)라 하고, 꽃이 열매를 맺으면 금(金)이라 하고, 열매가 떨어져 씨앗이 다시 땅으로 저장된 상태를 수(水)라고 한다.

사계절이 순환하듯이 오행(五行)은 목화금수(木火金水)로 변화한다. 이 때 목화금수(木火金水)가 일정한 괘도를 이탈하지 않는 것은 중심에 토(土)가 있기 때문이다. 토(土)는 자연의 형상으로 보면 만물을 주재하는 태양이다.

지구가 태양을 중심으로 돌면서 사계절이 변하듯이 오행(五行)의 모습으로 변하는 것이다. 이 땅에 형(形)과 상(象)을 이루는 만물은 오행(五行)의 성질에서 벗어날 수 없고, 사람도 팔자에서 자유로울 수 없다. 그러니 사람의 본성도 오행(五行)의 성질로 구분하여 유추할 수 있다.

1) 목(木)의 성질

목(木)은 발육의 단계이다. 씨앗이 세상에 모습을 드러낸 상태이니 천진하며 호기심이 많다. 나무가 바르게 성장하려면 햇빛과 물이 필요하기 때문에 수화(水火)가 있으면 좋은 환경이 된다. 목(木)은 씨앗이 흙을 뚫고 나와야 하니 분발력이 대단하다. 또한 생동감·저돌적·추진력이 목(木)의 성질이다.

사람에 비유하면 목(木)은 유아기이다. 겉으로는 강해 보이나 속으로는 의타적인 면이 있다. 또한 자기가 하고 싶은 일은 반드시 해야 직성이 풀리고, 간섭받는 것을 싫어하며 자유분방하다. 겉으로는 대범한 것 같으나 매우 온순한 면이 있고, 유난히 정이 많은 것이 목(木)의 성질이다.

2) 화(火)의 성질

화(火)는 목(木)이 좀더 성장하여 가지가 분열되고 꽃을 피운 것이다. 행동이 거침없고 화려한 것을 좋아하지만 쉽게 지치거나 포기하는 면도 있다. 목기(木氣)가 이미 시든 상태이니 겉은 화려하나 속은 공허하며 고독하고 어둡다. 토(土)를 얻으면 원만하게 결실을 볼 수 있고, 금(金)만 있으면 평탄한 삶을 기대하기 어렵다.

사람에 비유하면 청소년기이니 방황과 갈등이 많고 욕구불만이 많은 상태이다. 아직 미성숙하지만 어른인 척하는 경향이 있어 행동보다는 말이 앞선다. 꽃이 결실을 이루려면 벌을 유혹해야 하듯이 생동감이 색욕으로 변하고, 끈기는 약하지만 기지가 번뜩이며 재치와 유머가 뛰어나다. 또한 감성이 풍부하고 낭만적이라 예술적인 재능이 많다.

3) 토(土)의 성질

목(木)이 자라 꽃을 피우면 성장이 멈춰야 하는데 바로 억제와 조화가 토(土)의 대표적인 성질이다. 만약 토기(土氣)가 없다면 성장이 멈추지 않고 하늘 끝까지 자라 결실을 이룰 수 없을 것이다. 오행(五行)의 상생(相生)을 보면 목화토금수(木火土金水)인데, 만약 중간에 토기(土氣)가 없으면 화극금(火剋金)하여 서로 싸운다.

사람에 비유하면 토기(土氣)는 화평을 주관하는 중재인과도 같다. 토(土)는 지지(地支) 상충(相沖)을 매우 꺼리는데, 마치 지진이 일어나는 듯한 재난을 겪는다. 토(土)는 중립을 지켜서 목화금수(木火金水)의 원만한 순환을 돕는다. 목화(木火)는 양(陽)이 강하고 금수(金水)는 음(陰)이 강한데 토기(土氣)는 음양(陰陽)의 중립된 상태가 강하다. 토성(土星)이 강한 사람은 중성적인 이미지가 강하여 매우 남성적이면서도 여성적이다.

4) 금(金)의 성질

꽃이 열매를 맺은 것이 금(金)이며 양기(陽氣)가 음기(陰氣)로 응축된 상태이다. 발산하는 성질에서 수렴하고 색욕이 탐욕으로 변한다. 쉽게 동요하지 않고, 매우 강하면서도 부드럽고, 성숙하며 조심스럽다.

사람에 비유하면 중장년기이니 명예욕이 대단하고 의식주의 안정을 우선으로 생각한다. 또한 변화를 두려워하고, 원칙적이며 냉철하다. 금(金)이 수기(水氣)를 기뻐하는 것은 열매는 다시 땅 속에 저장되어야 봄에 싹을 틔울 수 있기 때문이다.

5) 수(水)의 성질

수(水)는 오행(五行)으로는 물이니 생명을 유지하고 저장하는 성질이 있다. 사람이 양수로 발육하듯이 물은 씨앗을 수장하여 발육시킨다. 자애와 모성애는 수(水)의 대표적인 성질이다. 수기(水氣)는 씨앗을 조건없이 보호하며 영양분을 공급한다. 고로 희생정신이 강하고 타인을 배려할 줄 안다.

사람에 비유하면 노년기이니 육신은 비록 생기를 잃어도 정신세계가 높고, 언변이 논리적이며 의식이 안정되어 여유롭고, 선견지명과 학식과 덕망과 리더십이 있다. 수기(水氣)는 화기(火氣)가 없으면 목(木)을 성장시킬 수 없으니 목(木)이 없으면 목적을 잃고, 화기(火氣)가 없으면 기회를 잃는다. 경험이 풍부한 수기(水氣)는 항상 계획대로 움직이고 실수를 되풀이 하지 않는다. 자신을 최대한 응축하여 드러내지 않지만 자신의 가치를 최대한 발휘한다.

사시오행의 왕쇠

계절 / 출생월 / 출생일	봄(木) 1, 2월	여름(火) 4, 5월	가을(金) 7, 9월	겨울(水) 10, 11월	환절기(土) 3, 6, 9, 12월
木(甲乙)	旺 (寅卯)	休 (巳午)	死 (申酉)	相 (亥子)	死 (辰戌丑未)
火(丙丁)	相 (寅卯)	旺 (巳午)	囚 (申酉)	死 (亥子)	休 (辰戌丑未)
土(戊己)	死 (寅卯)	相 (巳午)	休 (申酉)	囚 (亥子)	旺 (辰戌丑未)
金(庚申)	囚 (寅卯)	死 (巳午)	旺 (申酉)	休 (亥子)	相 (辰戌丑未)
水(壬癸)	休 (寅卯)	囚 (巳午)	相 (申酉)	旺 (亥子)	死 (辰戌丑未)

2장. 천간지지(天干地支)

1. 간지(干支)의 음양(陰陽)

　명리(命理)의 근원이 음양오행(陰陽五行)이라면 천간지지(天干地支)는 토대라고 할 수 있다. 사주팔자라는 것이 간지(干支)의 결합으로 만들어진 결정체이기 때문이다. 명리학(命理學)에서 천간지지(天干地支)가 어디서 생겨난 것인지는 중요하지 않다. 음양(陰陽)이 오행(五行)을 낳고, 오행(五行)이 다시 음양(陰陽)으로 분류되어 간지(干支)가 생성된 것이라고 인식하면 된다. 넓게 보면 천간(天干)은 양(陽)이고, 지지(地支)는 음(陰)이다. 간지(干支)의 음양(陰陽)을 세부적으로 분류하면 옆의 도표와 같다.

　천간(天干)은 10개이고, 지지(地支)는 12개이다. 천간(天干)은 수리와 관련이 있어 짝수는 음(陰)이 되고, 홀수는 양(陽)이 된다. 또 천간(天干)이 갑(甲)은 4, 을(乙)은 5, 병(丙)은 6, 정(丁)은 7, 무

十干	甲	乙	丙	丁	戊	己	庚	申	壬	癸
陰陽	陽	陰	陽	陰	陽	陰	陽	陰	陽	陰
五行	木	木	火	火	土	土	金	金	水	水

十二支	子	丑	寅	卯	辰	巳	午	未	申	酉	戌	亥
陰陽	陽	陰	陽	陰	陽	陰	陽	陰	陽	陰	陽	陰
五行	水	土	木	木	土	火	火	土	金	金	土	水

木	火	金	水	土
甲乙寅卯	丙丁巳午	庚申申酉	壬癸亥子	辰未丑戌

(戊)는 8, 기(己)는 9, 경(庚)은 0, 신(申)은 1, 임(壬)은 2, 계(癸)는 3으로 10년마다 반복되니, 어떤 해라도 자기 나이의 간지(干支)를 쉽게 알 수 있다.

가령 1973년생 소띠라면 천간(天干)은 뒷자리 3이 계(癸)이니 계축(癸丑)생이 되고, 1950년생 호랑이띠라면 0은 경(庚)이기 때문에 경인(庚寅)생이 된다. 지지(地支)도 12년 주기로 반복되기 때문에 띠만 알면 암산으로도 쉽게 간지(干支)를 알 수 있을 것이다.

지지(地支)도 같으나 수리적으로 짝수는 음(陰)이고 홀수는 양(陽)인데, 지지(地支) 오행(五行)상 수화(水火)만 음양(陰陽)이 바뀐다. 해(亥, 陽) 자(子, 陰) 사(巳, 陽) 오(午, 陰). 이는 육친법(六親法)에서만 통용되는데 이에 대한 학설도 분분하다.

필자의 생각으로는 음(陰)에서 양(陽)이 나오니 지지(地支)의 처음인 자(子)가 음(陰)인 것 같다. 그러니 음양(陰陽)의 배합상 해

(亥)는 양(陽)이 되는 것이다. 사오(巳午)가 음양(陰陽)이 바뀌는 이유는 사(巳)의 지장간(支藏干)에 본기(本氣)인 병화(丙火)가 있기 때문으로 본다. 자(子)와 오(午)는 사왕지(四旺地)라 정적이니 음(陰)이고, 해(亥)와 사(巳)는 사생지(四生地)라 동적이니 양(陽)이다 등 이런저런 궁리를 해보았지만 확신하는 바는 없다. 국내 명리학자 중에는 대체로 지장간(支藏干)의 음양(陰陽) 관계로 인식하는 사람들이 많은 것 같다. 그 중에 어떤 학자는 멋스럽게 주역에서 육효(六爻)를 들어 설명했는데 일리가 있다고 생각한다.

음극즉양생(陰極卽陽生) 양극즉음생(陽極卽陰生). 음(陰)의 기운이 극(剋)에 이르면 양(陽)의 기운이 생기고, 양(陽)의 기운이 극(剋)에 이르면 음(陰)의 기운이 생긴다. 그러니 6번째 지지(地支)인 사(巳)는 양(陽)이 되고, 양(陽)에서 다시 음(陰)이 나오니 오(午)는 음(陰)이 된다. 동양학의 모태는 주역이라고 해도 과언이 아니니, 명리학(命理學)의 이론에는 주역의 원리가 녹아 있다고 할 수 있다.

본래 역(易)은 한 가지로 통하기 마련이고, 명리학(命理學)도 역(易)의 근본원리에 의하여 만들어졌다. 가장 역(易)의 원리에 부합하는 논리를 정설로 생각하면 무리가 없을 것 같다. 어쨌든 자(子, 陰) 해(亥, 陽) 사(巳, 陽) 오(午, 陰) 정도로 못박아 두자. 육친론(六親論)도 지지(地支)의 음양(陰陽)에 따라 적용되니 지지(地支)의 음양(陰陽) 관계는 확실하게 해둘 필요가 있다.

2. 육십갑자(六十甲子)와 공망(空亡)

천간(天干)과 지지(地支)는 떨어져 있으면 천간(天干)은 수리에 불과하고, 지지(地支)는 계절의 흐름을 나타내는 달력 정도밖에 가치가 없다. 간지(干支)가 합하여 4기둥을 이루어 생로병사와 길흉화복과 부귀빈천을 알 수 있는 오묘한 학문으로 거듭난 것이다.

천간(天干)과 지지(地支)가 갑(甲) 자로 짝을 지어 60번 돌아 다시 갑(甲) 자로 돌아오면 육갑(六甲)이라 한다. 사람이 육갑(六甲), 즉 60년을 채운다는 것은 자연으로 보면 봄·여름·가을을 지나 겨울이 다 찼다고 보는 것이다. 그래서 61살에 회춘한다고도 하고, 인생은 육십부터라는 말도 한다.

혹 명리학자가 육십갑자(六十甲子)도 못 외운다는 소리를 들을까 봐 열심히 외웠던 기억이 난다. 육갑(六甲)을 순행이나 역순으로도 달달 외우면 대운(大運)을 작성할 때나 출생의 간지(干支)를 정할 때나 나이를 추정할 때 쉽게 전개할 수 있다.

육십갑자표

甲子	乙丑	丙寅	丁卯	戊辰	己巳	庚午	辛未	壬申	癸酉	戌亥
甲戌	乙亥	丙子	丁丑	戊寅	己卯	庚辰	辛巳	壬午	癸未	申酉
甲申	乙酉	丙戌	丁亥	戊子	己丑	庚寅	辛卯	壬辰	癸巳	午未
甲午	乙未	丙申	丁酉	戊戌	己亥	庚子	辛丑	壬寅	癸卯	辰巳
甲辰	乙巳	丙午	丁未	戊申	己酉	庚戌	辛亥	壬子	癸丑	寅卯
甲寅	乙卯	丙辰	丁巳	戊午	己未	庚申	辛酉	壬戌	癸亥	子丑

앞의 육십갑자표에서 제일 끝에 있는 지지(地支) 두 글자를 공망 (空亡)이라고 한다. 우리나라의 역학계에서는 중요하게 다루지 않지만 일본에서는 매우 중요하게 쓴다. 필자는 공망(空亡)을 적절하게 활용하여 상당히 신통한 경험을 한 경우가 많아 어느 정도 가치가 있다고 생각한다.

공망(空亡)의 작용은 독특하게 나타난다. 길신이 공망(空亡)이면 더 빛이 나고, 흉신이 공망(空亡)이면 더 나쁘다. 뭔가 희기(喜忌)가 뚜렷하게 드러난다는 의미에서 공망(空亡)이란 속이 비어서 울린다, 퍼지다, 파장이 크다의 뜻으로 생각할 수도 있다. 보통은 길신이 공망(空亡)이면 길이 사라지고, 흉신이 공망(空亡)이면 흉이 줄어드는 것으로 안다. 그러나 그에 따른 통변(通辯)은 모호하다. 가령 길신이 공망(空亡)이면 나쁘다는 것인지, 좋다는 것인지 애매하다. 길신은 공망(空亡)이 들어도 나쁜 작용을 하지 않기 때문에 길신에 영향을 준다고 생각할 필요는 없다.

공망(空亡)은 육친운에서는 대개 흉으로 작용하는데, 해당하는 육친의 소멸·무덕·무정 등으로 나타난다. 가령 인성(印星)이 공망 (空亡)이면 어머니가 명대로 살지 못하고, 재성(財星)이 공망(空亡)되면 결혼이 늦거나 아버지가 무덕하고, 여명에 식상(食傷)이 공망(空亡)이 들면 자식이 없고, 관성(官星)이 공망(空亡)이면 남편과 무덕하다.

그리고 년월주(年月柱)가 공망(空亡)이면 조상의 유지를 받들지 못하거나 관계가 무정하고, 일시주(日時柱)가 공망(空亡)이면 처자와 무정하다. 특히 여명이 식상(食傷)이나 시지(時支)에 공망(空亡)이 들면 처자에게 정신이상이 생기거나 귀신들린 증세가 나타날 수도 있다.

그리고 공망(空亡)은 지지(地支) 두 글자가 많아 천간(天干)의 두 글자가 빈 데서 비롯된 것이다. 그러니 원래 천간(天干)이 부족해서 공망(空亡)이 생겼기 때문에 지지(地支)가 공망(空亡)일 때는 동주(同柱)하는 천간(天干)의 공망(空亡)도 살펴야 한다.

천간(天干)의 공망(空亡)으로 작용할 때는 대개 사회성으로 통변(通辯)한다. 가령 정관(正官)이 공망(空亡)이면서 길신이면 관(官)운이 더욱더 울려퍼지고, 인성(印星)이 공망(空亡)이면서 길성이면 학인의 지적수준이 더욱더 높아지고, 재성(財星)이 공망(空亡)이면서 길신이면 재물덕이 더욱더 퍼진다. 만일 흉신이면 더 나쁘게 작용하는 것은 두말 할 것도 없다.

육친에 공망(空亡)이 들면 희기(喜忌)를 떠나 무조건 무정무덕하게 작용한다고 하는 것은 너무 공망(空亡)에 치우친 것이 아니냐고 생각할 수도 있다. 그러나 용신(用神)으로 결정되는 격국(格局)의 희기(喜忌)는 개인운의 성패를 나타낸다. 아버지가 죽고 어머니가 죽는 것에 대해서는 별개의 문제이다.

예를 들어 금년이 용신(用神)운이라 승진이나 시험합격 등 좋은 작용을 할 수 있지만 아버지가 사망할 수도 있다. 공망(空亡)이 합(合)하거나 충(沖)되는 운은 이별·소멸·통곡 등이 울릴 수 있다. 공망론(空亡論)을 알기 쉽게 정리하면 천간(天干)의 공망(空亡)은 길신이면 더욱 길하고 흉신이면 더욱 흉하다. 지지(地支)는 무조건 흉으로 작용하는 것으로 생각하면 된다.

공망(空亡)을 표출하는 방법은 일주(日柱)에서부터 순행으로 짚어 천간(天干) 계(癸)에서 끝나면 무조건 나머지 두 글자가 공망(空亡)이 된다. 가령 갑자순중(甲子旬中)은 순행으로 짚어 천간(天干) 계(癸)까지만 가면 나머지 술해(戌亥)가 공망(空亡)이 되고, 갑술순중(甲戌旬中)도 역시 순행으로 짚어 천간(天干) 계(癸)에서 끝나면 신유(申酉)가 공망(空亡)이 된다. 나머지도 이와 같이 유추하면 된다.

3. 십이운성법(十二運星法)

십이운성법(十二運星法)은 명리학(命理學)의 첫 번째 난제라고 할 수 있는데, 필자를 상당히 골치 아프게 했던 부분이다. 요인은 양간(陽干)의 순행설과 음간(陰干)의 역행설에 대한 규명이 명백하지 않기 때문이다.

『자평진전(子平眞詮)』에서는 양간(陽干)은 순행하고 음간(陰干)은 역행한다고 했다. 그러나 이 책을 평주(評註)한 서낙오(徐樂吾)는 '오행(五行)이 비록 음(陰)과 양(陽)으로 나뉘지만 사실은 하나이다. 갑목(甲木)과 을목(乙木)은 하나의 목(木)일 뿐 결코 둘이 아니다.

그러니 인신사해(寅申巳亥)는 오행(五行)의 생지(生地)이고, 자오묘유(子午卯酉)는 오행(五行)의 왕지(旺地)이며, 진술축미(辰戌丑未)는 오행(五行)의 고지(庫地)이다. 그러니 음간(陰干)과 양간(陽干)이 따로 장생(長生)·녹(祿)·왕(旺)·묘(墓)가 있는 것이 아니다'라고 주장했다.

심효첨(沈孝瞻)의『자평진전(子平眞詮)』을 평주(評註)하는 입장에서 과감하게 심효첨(沈孝瞻)의 이론을 뒤집은 것이다. 새로운 학설을 주장하는 것은 그만큼의 연구와 실증이 따르겠지만, 필자도 누구의 이론을 무조건 추종할 수 없기 때문에 이 부분에 대하여 많이 연구했다.

서낙오(徐樂吾)는 더불어 '십간(十干)은 오행(五行)으로서 하늘을 운행하는 기(氣)이고, 그 기운이 음양(陰陽)으로 나뉠 뿐이지 어찌 물질이라고 논할 수 있겠는가'라고 강조했다. 이 부분에 대해서는 필자도 달리 생각을 해본다. 기(氣)는 반드시 질(質)로 드러난다. 그러니 목기(木氣)가 목질(木質)로 변하면 나무가 될 수도 있는 것이다. 형상으로 드러난 나무가 생존방식이 다르니 음양(陰陽)에 따라 장생(長生)하는 바가 다를 수도 있다는 생각이다.

서낙오(徐樂吾)가 심효첨(沈孝瞻)의 이론에 반기를 드니 필자도 서낙오(徐樂吾)에게 반론을 해보고 싶었다. 그러나 실전적 경험을 쌓으면서 서낙오(徐樂吾)의 이론을 받아들이기로 했다. 이론은 실전에서 적중도가 높아야 가치가 있다. 음간(陰干)의 역행설은 생극(生剋)의 원리에 거슬려 혼란만 가중시킬 뿐 적중도가 떨어지는 것을 경험하고, 서낙오(徐樂吾)의 순행설을 인정하기로 했다.

또한 십이운성(十二運星)은 십이지지(十二地支)에 부합하여 사계절로 돌아가는 순환법칙을 따르는 것이니, 음간(陰干)이라 하여 역행하는 것은 마치 계절을 거꾸로 거슬러 가는 것 같아 음간(陰干)의 역행설은 역리에 어긋난다고 생각한다.

십이운성(十二運星)은 현대 명리학(命理學)에서 왕쇠(旺衰)의 판단법으로 매우 중요하다. 그러나 이것을 알아도 강약을 판단하는 것이 시원하게 해결되는 것은 아니다. 가령 갑목(甲木)이 자(子)월에 태어났으면 왕상휴수사(旺相休囚死)에서는 왕(旺)하니 강(强)으로 보고, 십이운성(十二運星)에서는 욕지(浴地)에 드니 약(弱)으로 보고, 육친법(六親法)에서는 나를 생(生)하는 인성(印星)이니 다시 강(强)으로 보나, 통근법(通根法)에서는 무근(無根)하니 약(弱)으로 본다. 명리학(命理學)의 이론이 하나로 깔끔하게 정리된다면 혼란을 피할 수 있겠으나 아직까지는 확실한 것이 없다.

명리학(命理學)을 공부하다보면 별로 중요하지 않은 이론에 골머리를 썩다가 포기하는 경우가 많다. 답이 나오지 않는 것은 진리가 아니니 너무 어렵게 생각할 필요는 없다. 정신없이 산에 오르다보면 어느 산을 오르는지조차 모를 정도로 애매할 것이다. 그러나 일단 끝까지 가본다는 생각으로 앞만 보고 오르는 자세가 중요하다. 정상에서 다시 내려다보면 본래의 목적한 바가 명백하게 보일 수 있을 테니까.

십이운성표

일간 십이 운성	甲	乙	丙	丁	戊	己	庚	辛	壬	癸
長生	亥	午	寅	酉	寅	酉	巳	子	申	卯
沐浴	子	巳	卯	申	卯	申	午	亥	酉	寅
帶	丑	辰	辰	未	辰	未	未	戌	戌	丑
祿	寅	卯	巳	午	巳	午	申	酉	亥	子
旺	卯	寅	午	巳	午	巳	酉	申	子	亥
衰	辰	丑	未	辰	未	辰	戌	未	丑	戌
病	巳	子	申	卯	申	卯	亥	午	寅	酉
死	午	亥	酉	寅	酉	寅	子	巳	卯	申
墓	未	戌	戌	丑	戌	丑	丑	辰	辰	未
絶	申	酉	亥	子	亥	子	寅	卯	巳	午
胎	酉	申	子	亥	子	亥	卯	寅	午	巳
養	戌	未	丑	戌	丑	戌	辰	丑	未	辰

4. 신살활용법(神殺活用法)

신살법(神殺法)이라 하면 귀신신(神) 자를 쓰니 뭔가 신출귀몰한 비법인가 하는 생각을 해보았을 것이다. 필자도 한때 신살(神殺)만 공부하면 완전한 도사가 되는 줄로 굳게 믿고 머리에 쥐가 나도록 암기했던 적이 있다.

우리에게 익숙한 신살(神殺)들을 나열해보면 역마살(驛馬殺)·도화살(桃花殺)·망신살(亡身殺)·화개살(華蓋殺)·겁살(劫殺)·지살(地殺)·육해살(六害殺)·반안살(攀鞍殺)·장성살(將星殺)·고과살(孤寡殺)·급각살(急脚殺)·천을귀인(天乙貴人)·백호대살(白虎大殺)·괴강살·양인살(羊刃殺)·수옥살(囚獄殺)·명궁(命宮)·공망(空亡)·상문살(喪門殺)·조객살(弔客殺)·문창귀인(文昌貴人)·학당귀인(學堂貴人)·월덕귀인(月德貴人) 등이다

특히 도화살(桃花殺)과 역마살(驛馬殺)·망신살(亡身殺)은 모르는 사람이 없을 정도이다. 연세가 지긋하신 분들을 감명할 때 신살(神殺)에 대해 언급하지 않으면 "내 사주에 역마살(驛馬殺)이 들었다는데 그것도 몰라"라며 한 소리 듣는 경우도 있다. 신살(神殺)도 긍정적인 통변(通辯)도 가능한데 예를 들면 다음과 같다.

도화살(桃花殺)이 들어서 예쁘시네요.
역마살(驛馬殺)이 들어서 부지런하겠네요.
화개살(華蓋殺)이 있으니 미적감각이 있겠네요.

양인살(羊刃殺)이 있으니 주관이 뚜렷하겠네요.

백호살(白虎殺)이 있으니 호랑이한테 물려가도 정신을 차리겠네요.

수옥살(囚獄殺)이 있으니 차분하게 공부를 열심히 하겠네요.

망신살(亡身殺)이 있으니 인정이 있고 남을 잘 돌보겠네요.

겁살(劫殺)이 있으니 리더십이 있고 우두머리가 되겠네요.

이렇게 말하면 신살(神殺)이 있어 불안한 사람들은 한결 위안이 될 것이다. 명리학자들 중에는 신살(神殺)을 완전히 부정하는 사람들도 있고, 지나치게 신봉하는 사람들도 있다. 그러나 너무 신살(神殺)에 집착하면 이런 광경도 눈에 띈다.

도사 : 사주에 도화살(桃花殺)이 있는 것을 보니 남편이 바람피워 속상해서 왔구만.

손님 : 아닌데요. 같이 장사하기 때문에 그럴 시간도 없어요.

도사 : 그럼 본인이 바람피는 것이야, 그렇지?

손님 : 같이 장사해서 저도 그럴 시간도 필요도 없어요.

도사 : 그럼 앞으로 둘 중 하나는 바람날거야.

이 정도이면 손님도 짜증이 날 법도 한데 오히려 앞으로 어떻게 하면 좋겠냐고 물으면서 걱정한다. 도화살(桃花殺)을 말하는 도사나 염려하는 손님이나 모두 도화살(桃花殺)을 무조건 바람피는 살로 믿기 때문이다. 그러나 신살(神殺)은 긍정적인 측면도 많다. 어느 정도 학문이 깊어지면 신살(神殺)이 절로 배격시되는 경향이 있지만, 신살(神殺)을 부정하는 논리도 별로 타당하지는 않다.

필자는 신살(神殺)에 매력을 느끼는 편이라 연구과제로 삼고 틈나는대로 실험을 하고 있다. 필자가 신살(神殺)에 적잖게 놀란 이유는 어느날 유학파 출신의 회식에 초청되어 사주를 본적이 있었다. 대부분 역마(驛馬)와 지살(地殺)은 있기 때문에 신살(神殺)의 가능성을 확인한 바 있다. 또 신살(神殺)을 잘 활용하면 사주를 매우 구체적이며 입체적으로 볼 수 있다는 것도 실감할 수 있었다.

時	日	月	年
丙	丙	丙	丙
申	寅	申	戌
火	火	火	火
金	木	金	土

이것은 대구지하철사건 방화범의 사주이다. 신살(神殺)을 활용하지 않고 일반적으로 풀어보자. 한눈에 봐도 월지(月支)의 재(財)가 병화(丙火) 비겁(比劫)에 둘러싸여 군겁쟁재(君劫爭財)의 형세이다. 더구나 인신충(寅申沖)으로 격국(格局)이 더욱 위태로우니 술(戌) 중 무토(戊土)가 신금(辛金)을 부조(扶助)하는 용신(用神)이다. 계미(癸未)년에 용신(用神)과 무계합(戊癸合)하여 기신(忌神)인 화(火)로 변하니, 신금(辛金) 격국(格局)이 병화(丙火)의 위험

에 노출되어 심상치 않은 문제가 생길 수 있음을 짐작할 수 있다.

명리학적으로 풀면 아내궁 인목(寅木)이 약한 격국(格局)을 상충(相沖)하니, 배우자와 갈등이 깊다는 것을 알 수 있다. 격국(格局)이 무력하니 직업이 변변치 않다는 것을 알 수 있고, 격국(格局) 편재(偏財)는 돈이니 병화(丙火)에게 겁탈당한다는 불안감을 느낄 것이고, 격국(格局)이 불안하니 정신이 불안정하다는 것을 알 수 있다. 결국 하는 일마다 실패할 가능성이 많아 돈돈하면서 한많은 세월을 보낼 것이다.

이 정도이면 양호한 편이다. 여기에 신살(神殺)을 슬쩍 적용하여 감명하면 좀더 사실적인 윤곽이 드러난다. 사주의 오행(五行)과 역마살(驛馬殺)만으로 이 사주를 살펴보자. 일지(日支)와 년지(年支)를 기준으로 신살(神殺)을 살펴보면 신금(申金) 두 개가 역마살(驛馬殺)이다. 역마살(驛馬殺)은 말 그대로 운송수단을 의미한다.

역마살(驛馬殺)이 하나 있으면 버스나 택시가 떠오르나, 두 개가 연결되어 있으니 긴 전철이나 기차가 떠오를 것이다. 그리고 화기(火氣)가 지나치니 오행살(五行殺)이다. 화상이나 방화·산불 등 불로 인한 좋지 않은 암시를 알 수 있다. 위의 두 가지를 접목하면 운송수단 위에 타오르는 병화(丙火)의 불길이 연상될 것이다.

이렇게 일반론에 신살(神殺)을 접목하면 더 사실적인 통변(通辯)을 할 수 있다. 다른 예로 화개살(華蓋殺)은 불교와 관계가 깊은 신살(神殺)이다. 다음은 메이저리그 투수 박찬호 선수의 사주이다.

甲 乙 己 癸
申 丑 未 丑

 년일지(年日支) 축토(丑土)가 화개살(華蓋殺)이다. 년주(年柱)는 계수(癸水) 편인(偏印)을 동주(同柱)하니 선대조나 어머니가 불도에 깊다는 것을 생각해 볼 수 있다. 또 일주(日柱)가 화개살(華蓋殺)이니 본인 또한 불교의 영향을 깊이 받았고, 배우자 역시 불심을 가진 사람을 만날 것이라는 생각을 해볼 수 있다.

 박찬호와 그의 어머니는 불심이 대단한 것으로 알려져 있다. 아내까지 불심을 가진 여자를 만날지는 알 수 없으나 아무래도 박찬호의 입장에서는 최소한 그런 여성을 우선으로 할 가능성은 많다. 박찬호의 사주만 보아도 신살(神殺)을 배제하고 불교를 믿는 사람이라는 추측을 하기가 만만치 않기 때문이다.

 또 신살(神殺)은 중첩될 때 잘 드러나는데, 방화범의 사주도 역마(驛馬)가 중첩되었고, 박찬호의 사주도 화개(華蓋)가 둘이라는 것을 주목할 필요가 있다. 다른 신살(神殺)도 활용가치가 있지만 필자의 경험으로는 십이신살(十二神殺)은 상당히 적중률이 높기 때문에 연구할 가치가 충분히 있다고 본다.

1) 십이신살(十二神殺) 표출법
— 신자진(申子辰)생은 사궁(巳宮)에서 겁살(劫殺)이 시작하여 순행으로 짚는다.

— 인오술(寅午戌)생은 해궁(亥宮)에서 겁살(劫殺)이 시작하여 순
  행으로 짚는다.

— 해묘미(亥卯未)생은 신궁(申宮)에서 겁살(劫殺)이 시작하여 순
  행으로 짚는다.

— 사유축(巳酉丑)생은 인궁(寅宮)에서 겁살(劫殺)이 시작하여 순
  행으로 짚는다.

2) 십이신살(十二神殺) 짚는 순서

겁살(劫殺) → 재살(災殺)·수옥살(囚獄殺) → 천살(天殺) → 지살
(地殺) → 년살(年殺)·도화살(桃花殺) → 월살(月殺)·고초살(枯
焦殺) → 망신살(亡身殺) → 장성살(將星殺) → 반안살(攀鞍殺) →
역마살(驛馬殺) → 육해살(六害殺) → 화개살(華蓋殺)

암기하는 순서는 겁 → 재 → 천 → 지 → 년 → 월 → 망 → 장
→ 반 → 역 → 육 → 화

3) 신살(神殺)의 작용

— 겁살(劫殺) : 겁탈·손재·부도·압류·사고·횡사·혁명·개
  혁

— 재살(災殺)·수옥살(囚獄殺) : 감금·구속·관재·송사·횡
  사·부도·납치

— 천살(天殺) : 천재지변·벼락·감전·정신질환·마비·장애

— 지살(地殺) : 주거지 불안·이동·해외이주·객사·교통사고

— 년살(年殺)·도화살(桃花殺) : 주색잡기·외도·강간·성병·
사치·풍류

— 월살(月殺)·고초살(枯焦殺) :질병·사업부진·자금고갈·신체
불안·우울증

— 망신살(亡身殺) : 명예훼손·이성편력·가정파탄·투쟁·성희
롱

— 장성살(將星殺) : 승진·번영·취업·명예상승·정치·법조계
진출

— 반안살(攀鞍殺) : 외교·무역·승진·합격·인덕·음덕·화
평·수완가

— 역마살(驛馬殺) : 여행·이민·운수·관광·정보수집·주거지
변동·긴급소환

— 육해살(六害殺) : 가족의 병고·형제·부모·자식무덕·난산·
유산

— 화개살(華蓋殺) : 팔방미인·문학·예술·풍류·정직·학자·
진리추구·종교(불교)

보는 요령은 일지(日支)와 년지(年支)를 기준으로 짚어보고, 년
(年)을 기준으로 짚었을 때는 생년의 작용은 거의 보지 않는다. 신
살(神殺)을 십성(十星)과 대입하면 더욱 부각된다.

— 겁살(劫殺)이 재성(財星)과 동주(同柱)하면 손재·병고 등이 따른다.

— 도화살(桃花殺)이 식상(食傷)과 동주(同柱)하면 색정·임신이 따른다.

— 장성살(將星殺)이 관성(官星)과 동주(同柱)하면 승진·취업이 따른다.

— 망신살(亡身殺)이 인성(印星)과 동주(同柱)하면 사기·투자가 따른다.

— 화개살(華蓋殺)과 동주(同柱)하는 육친이 불교에 인연이 깊은 경우가 많지만 반드시 불교와 연관지어 볼 필요는 없고, 종교적인 성향이 짙은 사람으로 판단할 수 있다.

신살(神殺) 중에서 겁살(劫殺)과 망신살(亡身殺)이 기신(忌神)이면 파급효과가 매우 크다.

辛　辛　癸　戊

卯　亥　亥　寅

년지(年支) 인목(寅木)에서 짚어보면 해해(亥亥)가 겁살(劫殺)이 된다. 겁살(劫殺)이면서 무토(戊土) 인성(印星)을 합거(合去)하여 용신(用神)이 무력하다. 겁살(劫殺) 기신(忌神)이 동주(同柱)하여 주색잡기와 도박으로 인생을 탕진했다. 오직 정화(丁火) 대운(大

運)만이 계수(癸水)를 충극(沖剋)하여 합(合)을 푸니 무토(戊土)
용신(用神)이 쓸모를 얻었다.

壬 癸 戊 乙
戌 亥 寅 亥

인목(寅木)이 망신살(亡身殺)인데 사주 배합상 월지(月支) 상관격
(傷官格)에 무토(戊土) 정관(正官)이 투간(透干)하여 무정하다. 상
관(傷官)이 망신살(亡身殺)과 동주(同柱)하니 평생 주색과 도박으
로 보내다 패가했다. 비록 상관견관(傷官見官)이 병이라고 하나 사
람노릇 한 번 제대로 하지 못하고 살았다는 것을 실감하지 못할
수도 있다. 망신살(亡身殺)이 2개의 해수(亥水)를 인해합(寅亥合)
하면 동(動)하고 전념시키니, 사주 전체가 망신살(亡身殺)이 뻗쳤
다는 표현이 적절할지도 모른다.

戊 庚 辛 丁
寅 申 亥 巳

이것은 박정희 전 대통령의 사주이다. 인신사해(寅申巳亥)를 모두
갖추어 귀명이라고도 하지만, 지지(地支) 4군데가 전부 겁살(劫殺)
망신살(亡身殺)로 이루어져 있으니 불운을 감지할 수 있다. 갑인
(甲寅) 세운(歲運)에 겁살(劫殺) 편재(偏財)가 상충(相沖)하여 육

영수 여사가 총탄에 맞아 사망했다.

격용법(格用法)으로 보면 금수(金水) 식신격(食神格)이나 무토(戊土)가 투청(透淸)하여 인격(印格)이 되었다. 경금(庚金)이 장생(長生)과 건록(建綠)을 얻어 매우 신강(身强)한 것 같으나 지지(地支)가 상충(相沖)되어 중화되었다. 지지(地支)에 충(沖)이 4개나 있으니 경금(庚金)이 흔들려 무토(戊土)의 생조(生助)가 더 빛난다.

또한 무토(戊土)를 정화(丁火)가 생조(生助)하고, 금수(金水) 식신(食神)은 화기(火氣)를 기뻐하니 조후(調候)와 억부(抑扶)가 잘 되어 빼어나게 귀한 명이 되었다. 다만 흠이 있다면 신(辛)이 투출(透出)하여 무토(戊土)의 기운을 빼니 용신(用神)이 약해진 것이다. 그래서 갑(甲) 대운(大運)에 목극토(木剋土)하여 인수(印綬)를 파극(破剋)하고, 기미(己未)년에 정화(丁火)가 빛을 잃으니 명을 다한 것이다.

丁 庚 戊 壬
丑 戌 申 申

이것은 노태우 전 대통령의 사주이다. 나랏님도 1995년 을해(乙亥) 세운(歲運)에 겁살(劫殺)과 망신살(亡身殺)이 동시에 든 시기에는 우환을 피해갈 수 없었나 보다. 1995년 김영삼 정권시절 전두환과 구속되었던 시기이다. 인(寅) 대운(大運)이 역마살(驛馬殺)인데 세운(歲運)과 인해합(寅亥合)하여 임금이 겁살(劫殺)에 치여 말

타고 끌려가 망신살(亡身殺)이 뻗친 해였다고 본다. 역시 신살론(神殺論)을 인용한 통변술(通辯述)은 감칠맛이 난다.

격용론(格用論)으로 보면 무토(戊土)가 있어 식신(食神)과 정관(正官)이 다투지 않고, 신강(身强)한 경금(庚金)을 정화(丁火)가 화련진금(火煉眞金)하고, 임수(壬水)로 기세를 유통시키니 매우 절묘한 명조가 되었다.

그러나 문제는 역시 무토(戊土)이다. 무토(戊土)가 없으면 임수(壬水)가 정화(丁火)를 꺼버려 재능이 있어도 귀격을 이루기 어렵다. 오직 무토(戊土)를 파극(破剋)하는 목(木)운을 꺼리니 무진(戊辰)년 희신(喜神)운에 대통령에 올라 명예가 하늘을 찔렀으나, 결국 갑인(甲寅) 대운(大運)에 목극토(木剋土)하여 인성(印星)이 파극(破剋)되니 상관견관(傷官見官)으로 명예가 땅에 떨어진 것이다. 노태우의 사주를 보았으니 전두환의 사주도 살펴보자

```
時  日  月  年
戊  癸  辛  辛
午  酉  丑  未
```

을해(乙亥)년에 노태우와 함께 엮여 들어간 것을 신살(神殺)로 풀어보자. 일단 해(亥)는 역마살(驛馬殺)이니 이동수가 있고, 대운(大運)과 세운(歲運)에 식상(食傷)이 중중하다. 비록 인수(印綬)가 있어도 상관견관(傷官見官)하여 명예가 실추되는 것을 피할 수가 없

다. 노태우와 격용법(格用法)이 비슷하고, 운세도 절묘하게 닮았다.

그리고 사(巳) 대운(大運)인 77세가 되면 역마살(驛馬殺)이 동하고, 대운(大運)이 용신(用神)을 무계합(戊癸合)하여 무력하고, 무자(戊子)년이 되면 희신(喜神)인 오화(午火)를 자오충(子午沖)하여 용희신(用喜神)이 모두 사라지니 신살(神殺)의 불길한 기운을 짐작할 수 있다. 을해(乙亥) 세운(歲運)의 역마(驛馬)로 국가의 부르심을 받았다면, 대운(大運) 사(巳)의 역마(驛馬)로 하늘의 부르심을 받을 것이다

지금까지 신살(神殺)의 희기(喜忌)를 살펴보았다. 신살론(神殺論)은 적중하는 부분이 있지만 원리가 미흡하여 학술적인 가치는 떨어진다. 그러나 원리의 이해보다 드러나는 현상에 더 무게가 실릴 때가 많다. 필자는 사주의 격이 낮은 사람은 신살(神殺)의 위험이 내재되어 있고, 흉운에 더 민감하다고 생각한다. 반면에 사주의 격이 높으면 신살(神殺)의 흉함이 있더라도 마치 귀신의 도움을 받는 것처럼 뜻밖의 횡재로 작용할 수도 있다.

3장. 통근법(通根法)

1. 오행(五行)의 통근(通根) 분류

　통근법(通根法)은 천간(天干)의 강약을 결정하는 가장 중요한 방법이다. 통근(通根)이란 엄밀하게 따지면 지지(地支)에 저장된 천간(天干)을 말하지만, 생조(生助)한다는 의미에서는 인수(印綬)도 포함된다. 통근(通根)이란 천간(天干)이 지지(地支)에 뿌리를 내렸다는 뜻으로 통기(通氣)라고도 한다.

　통근(通根)의 반대 의미는 투간(透干) 또는 투출(透出)이다. 이는 지지(地支)의 천간(天干)이 밖으로 튀어나왔다는 뜻이다. 천간(天干)은 지지(地支)에 통근(通根)해야 하고, 지지(地支)는 천간(天干)에 투출(透出)해야 역할을 제대로 수행할 수 있다.

　일간(日干)의 통근(通根)과 월지(月支)의 투출(透出)은 중화를 결정하는 중요한 관법(官法)이고, 일간(日干)과 월지(月支), 즉 체

(體)와 용(用)이 균형을 이루어야 이상적인 사주가 된다. 특히 부를 가늠하는 재성(財星)과 귀를 가늠하는 관성(官星)은 일간(日干)이 너무 나약하면 수용할 수 없다. 이런 점에서 통근(通根)이 매우 중요한데, 우선 내몸부터 건강해야 부귀를 탐할 수 있다는 뜻이다.

그렇다면 격국(格局)을 결정하는 월지(月支)의 장간(藏干)이 투출(透出)해야 한다는 것은 무슨 뜻일까. 이것은 일간(日干)이 통근(通根)했으면 월지(月支)의 천간(天干)이 투출(透出)해야 균형을 이룬다는 뜻이다. 월령(月令)에서 투출(透出)한 천간(天干)은 곧 월령(月令)에 통근(通根)한 것이니 강하다. 이는 일간(日干)도 강해야 하지만 월지(月支)도 강해야 한다는 의미이고, 체(體)와 용(用)이 균형을 이루어야 한다는 말이다.

대략 체용(體用)의 개념은 음양(陰陽)으로 보면 체(體)는 양(陽)이요, 용(用)은 음(陰)이다. 가정에 비유하면 체(體)는 아버지이고, 용(用)은 어머니이다. 한 나라로 보면 체(體)는 임금이고, 용(用)은 신하이다. 일간(日干)이 체(體)로 나라가 되면 월지(月支)는 용(用)으로 군주가 된다. 체(體)가 스승이면 용(用)은 제자이고, 체(體)가 장사꾼이면 용(用)은 상품이다.

만약 체(體)보다 용(用)이 강하면 신하가 임금보다 강하여 기강이 위태롭고, 제자가 스승보다 강하여 하극상이 일어나고, 상품은 많은데 장사꾼이 무능하면 재고만 쌓이는 것과 같다. 일간(日干)과 월지(月支)의 관계를 살펴서 강약을 정하는 것이 바로 용신(用神)을 정하는 척도이다. 일간(日干)이 통근(通根)했는데 월지(月支)가 투간(透干)하지 않으면 일간(日干)이 강하니, 일간(日干)을 강하게 만드는 원인을 제거해야 한다.

壬　戊　己　丁
戌　子　酉　巳

이것은 골프선수 박세리의 사주이다. 무토(戊土) 일간(日干)은 술토(戌土)와 사화(巳火)에 통근(通根)했으나, 월지(月支) 유금(酉金)이 투출(透出)하지 않아 무력하니 금수(金水)운을 기뻐한다. 수(水)는 일간(日干)을 강하게 만드는 화기(火氣)를 제거하여 기쁘고, 유금(酉金)은 일간(日干)의 기운을 설기(洩氣)하여 기쁘다. 상관격(傷官格)이 수(水)가 용신(用神)이 되었다. 정화(丁火)가 사화(巳火)에 통근(通根)했으니 천간(天干)보다는 지지(地支)에서 사화(巳火)를 충(沖)하는 해수(亥水)운이 오는 것이 좋다. 정화(丁火)를 제거하는 계수(癸水)운은 한 때의 소나기일 뿐이다.

■ 오행(五行)의 통근법(通根法)

— 목(木) 갑을(甲乙) 통근(通根) : 해묘진인미(亥卯辰寅未)
— 화(火) 병정(丙丁) 통근(通根) : 인오술사미(寅午戌巳未)
— 토(土) 무기(戊己) 통근(通根) : 사오진술축미(巳午辰戌丑未寅)
— 금(金) 경신(庚申) 통근(通根) : 사유축술신(巳酉丑戌申)
— 수(水) 임계(壬癸) 통근(通根) : 신자진해축(申子辰亥丑)

인수(印綬)라도 생조(生助)하지 못하는 경우가 있다. 가령 금(金)이면 미토(未土)가 인수(印綬)이나 통근(通根)하지 못하고, 갑목(甲木)도 자수(子水)는 미력하나 해수(亥水)는 역량이 있다. 같은 인수(印綬)라도 통근(通根)에 따라 차이가 있는 것이다.

음간(陰干)은 통근(通根)하지 못해도 인수(印綬)는 통근(通根)의 역량이 충분하다. 이것이 음간(陰干)과 양간(陽干)의 차이이다. 다시 말해 양간(陽干)은 통근(通根)으로 강해지고, 음간(陰干)은 통근(通根)보다는 순수한 기(氣)를 중시한다. 갑목(甲木)은 자수(子水)에 미력하나, 을목(乙木)은 자수(子水)에서도 강하다는 것이다.

양간(陽干)은 통근(通根)하면 좀처럼 종(從)하지 않지만, 음간(陰干)은 비겁(比劫)에 통근(通根)해도 종(從)하는 경우가 많다. 양간(陽干)은 인수(印綬)가 있어도 종(從)하는 경우가 있지만, 음간(陰干)은 인수(印綬)가 통근(通根)만 하면 종(從)하는 경우는 드물다. 또한 강약의 유무는 통근(通根)을 중시하고, 격국(格局)을 귀하게 하는 것은 인수(印綬)의 영향이 크다고 할 수 있다.

2 음양간(陰陽干)의 통근(通根) 차이

통근(通根)의 역량도 음간(陰干)과 양간(陽干)에 따라 분명하게 차이가 난다. 『자평진전(子平眞詮)』의 십이운성(十二運星)에서는 음양간(陰陽干)의 순역설로 그 차이를 설명하려고 했지만, 기본적인 생극제화(生剋制化)의 한계를 뛰어넘지 못하여 흐지부지되었다. 음양간(陰陽干)에 따른 통근(通根)의 원리만 깨우쳐도 용신(用神)을 찾는 것이 어렵지 않아 많은 혼란에서 벗어날 수 있을 것이다.

음양간(陰陽干)에 따른 통근(通根)의 정의는 『적천수(滴天髓)』에서 명확하게 설명했다. 『적천수(滴天髓)』「천간(天干)」편에 '양간(陽干)은 기(氣)에 종(從)하고, 음간(陰干)은 세(勢)에 종(從)하며 정의가 없다'는 구절이다. 오양종기부종세(五陽從氣不從勢) 오음종세무정(五陰從勢無情義).

이 구절에 대해 최근 우리나라에서 대표할만한 추명인이 해석을 했다. 간단하게 요약하면 양간(陽干)의 경우 기(氣)에 종(從)하므로, 여기서 기(氣)란 사계절을 의미하니, 만약 양간(陽干)이 월령(月令)을 얻으면 종(從)하는 경우가 없음을 의미한다. 반면 음간(陰干)은 세(勢)에 종(從)하므로 비록 월지(月支)에 통근(通根)해도 세(勢)에 따라 종(從)할 수 있는 큰 차이를 보이는 것이다.

이 부분을 서낙오(徐樂吾)는 『적천수보주(滴天髓補註)』에서 다음과 같이 설명했다. '양간(陽干)은 강하여 독립적인 성질이 있다. 따라서 월령(月令)을 얻지 않더라도, 가령 휴수사(休囚死)의 절지(絶地)에 임하더라도 명식에 인(印)이 있어 상생(相生)되면 절처봉생(絶處逢生)하여 종(從)하는 일이 없다. 음간(陰干)은 성질이 유약하여 사주에 재(財)가 왕성하면 종재(從財), 관살(官殺)이 왕(旺)하면 종살(從殺)이 된다.'

중국의 명리학자 포여명(鮑黎明)은 서낙오(徐樂吾)의 이론을 바탕으로 위의 구절을 '남자는 강하니 쉽게 종(從)하지 않고, 여자는 약하여 재관(財官)을 쫓아 쉽게 종(從)한다. 여자가 가정을 버리고 떠날 수도 있는 것은 정이 없는 것이다'라고 해석했다.

현대 명리학자들도 이 관법(官法)을 수용하는 태세를 보인다. 그러나 필자의 생각은 다르다. 십간론(十干論)에서 종격(從格)을 운운한 것도 문제가 있고, 이 내용은 유일하게 통근(通根)에 대한 확실한 정의를 내린 것으로 추정한다.

위에서 종(從)한다는 뜻은 순수하게 쫓는다, 추종한다 정도로 보아야 한다. 쫓는다고 해서 종격(從格)으로 해석하는 것은 너무 앞서간 것이고, 종격론(從格論)에 대한 불확실성을 애써 이 구절에서 찾으려다 오해가 생긴 것 같다.

이 구절에서 중요한 것은 기(氣)와 세(勢)의 의미이다. 먼저 기(氣)는 무슨 뜻일까. 기(氣)는 바로 천간(天干)을 의미하고, 또한 지장간(支藏干)을 의미한다. 크게 보면 양간(陽干)은 기(氣)요, 음간(陰干)은 질(質)이다. 양간(陽干)은 지장간(支藏干)에 통하는 기(氣)만 있으면 통근(通根)한다는 것이다. 가령 갑목(甲木)이 진(辰) 중 을목(乙木)에게 능히 통근(通根)한다는 뜻이다.

그렇다면 음간(陰干)은 세(勢)에 종(從)한다는 것은 무슨 뜻일까. 여기서 세(勢)는 바로 질(質)을 의미한다. 질(質)이란 꾸미지 않은 그대로의 성질을 말한다. 그러니 음간(陰干)은 본연의 본기(本氣)에 통근(通根)을 유력하게 할 수 있다는 뜻이다. 가령 을목(乙木)은 묘목(卯木)에 정화(丁火)는 오화(午火)에, 기토(己土)는 미토

(未土)에, 신금(辛金)은 유금(酉金)에 통근(通根)하면 유력하다는 것이다. 또한 세(勢)는 무리, 기세가 강하다는 뜻이고 인중(人衆) 불알(고환)이라는 뜻도 있다.

이 뜻을 종합해보면 무리는 삼합(三合)이고, 그 중 중심에 가장 강한 기세는 왕지(旺地)가 된다. 음간(陰干)은 무정의(無情義)라고 했는데, 이는 정이 없다는 뜻으로 생각하면 옳을 것이다. 왜 음간(陰干)은 정이 없을까. 이는 인성(印星)을 뜻하는 것이 아니라, 양간(陽干)의 갑목(甲木)이 순하지 않은 혼잡한 진(辰)에 통근(通根)하는 것과 달리, 음간(陰干) 을목(乙木)은 순기(純氣)인 묘목(卯木)의 깨끗한 것을 기뻐하니 무정의(無情義)라고 한 것이다. 예를 들어 설명하면 다음과 같다.

辛　己　癸　乙
未　亥　未　亥

이것은 『자평진전평주(子平眞詮評註)』에 나온 사주인데, 해석을 그대로 실으면 다음과 같다. '기토(己土)는 일간(日干)이 월령(月令)에 통근(通根)하니 약하지 않다. 년주(年柱) 천간(天干)의 칠살(七殺)인 을목(乙木)이 미약하다. 계수(癸水)를 용신(用神)으로 삼아 수분을 공급해주고, 칠살(七殺)을 도와야 한다. 용신(用神)이 너무 약하면 그 용신(用神)을 부축해주는 것을 용신(用神)으로 삼는다. 교통부장관을 지낸 증소준의 사주이다.'

여기서는 일원(日元)과 월령(月令)의 강약이 관건이다. 얼핏보면 칠살(七殺)이 해미해미(亥未亥未) 사지에 모두 통근(通根)하여 결코 약하다는 느낌은 없다. 기토(己土) 역시 월령(月令) 시지(時支)에 통근(通根)했다고 하나, 을목(乙木) 역시 월령(月令) 시지(時支)는 물론 해수(亥水)까지 생조(生助)를 받는다. 이것만 보더라도 일간(日干)과 칠살(七殺)의 강약이 분명하게 구분되지 않는다.

하지만 위에서 말한 음양간(陰陽干)에 따른 통근(通根)의 차이를 보면 극명하게 드러난다. 음간(陰干) 기토(己土)는 미토(未土) 순기(純氣)에 통근(通根)했고, 음간(陰干) 을목(乙木)은 순기(純氣)인 묘목(卯木)에 통근(通根)해야 균등해지는데, 전혀 유력한 통근지(通根地)가 없다.

따라서 일원(日元)이 칠살(七殺)보다 강하여 재(財)가 살을 생(生)해주는 재자약살격(財滋弱殺格)이 되는 것이다. 정리하면 갑목(甲木)은 해진미토(亥辰未土)에도 유력한 역량을 발휘하지만, 음간(陰干) 기토(己土)는 미토(未土)에서 가장 유력하고, 오(午) 중 기토(己土)에도 유력하다.

辛　乙　辛　癸
巳　丑　酉　酉

이것도 『자평진전(子平眞詮)』에 나온 사주이다. 사유축합(巳酉丑合)하고 신금(辛金)이 투간(透干)하니 종살(從殺)이 유력하나, 계수(癸水) 인수(印綬)에 의지하여 신약(身弱)함을 꺼리지 않는다고 했고, 칠살(七殺)을 제압하는 식신(食神)운이 좋으며, 이것이 음간(陰干)의 특징이라고 했다

도대체 재관(財官)이 어느 정도 강해야 음간(陰干)이 종(從)하는 것이고, 위에서 말한 음간(陰干)의 특징은 무엇이란 말인가. 서낙오(徐樂吾)가 첫 단추를 잘못 꾀니 그를 추종하는 사람들이 모두 종격(從格) 병에 걸린 것이 아니고 무엇이겠는가.

『적천수(滴天髓)』에는 간결하면서도 아주 실질적이며 함축적으로 쓰여 있다. 그러니 보주(補註)로써 손색이 없다고 하는 것이다. 이렇게 애매한 답안지나 제시하는 가벼운 해석법은 『적천수(滴天髓)』를 너무 과소평가하는 것이다.

辛 己 癸 乙
未 亥 未 亥

위의 사주를 다시 짚어보고 넘어가야 할 것 같다. 이 사주만 보아도 기존 명리학계의 실상을 짐작하고도 남기 때문이다. 오직 일간(日干)의 억부(抑扶)에만 치중하여 전혀 본질에 접근하지도 못한다. 그들만의 논리는 아마도 이런 방향으로 전개될 것이다. 일단 위의 사주는 계(癸)가 용신(用神)이라는 것을 감안하면서 살펴보자.

득령(得令)했지만 득지(得地)·득세(得勢)하지 못했으니 신약(身弱) 사주라, 일단 계수(癸水) 용신(用神)을 생각하기는 만무하다.

조후(調候)로 대충 넘겨짚자니 수기(水氣)가 약하지 않다. 그래도 일단 정답에 꿰어맞춰서 박박우기면, 앞으로는 사오미(巳午未)월에 태어나면 무조건 수(水) 용신(用神)이고, 해자축(亥子丑)월에 태어나면 화(火) 용신(用神)으로 밀어붙여야 할 것이다.

투간(透干)하여 통근(通根)한 세력으로 강약론(强弱論)을 주장하는 이수문파에서는 위의 사주만 봐도 투간(透干)하고, 월지(月支) 통근(通根)한 칠살(七殺)이 강하고, 재(財)도 역시 강하니 신약(身弱) 사주로 보고, 비겁(比劫) 인수(印綬)를 구하는데 급급할 것이니, 역시 원리와 동떨어진 해답을 제시할 것이다.

명확하게 규명하지 못한 상태에서 옳고 그른 것은 초월한듯이 대충 두루뭉실하게 타협하려는 근성이 진정 역학계를 망치는 길임을 직시하고, 사주의 가장 기본이 되는 중화의 개념부터 올바르게 세워야 할 것이다.

중화는 일(日)과 월(月)의 관계를 구분하여 용신(用神)을 통하여 되는 것이지, 오직 일간(日干)만 강약을 정하여 극설(剋洩)을 하는 것이 아니다. 일월(日月)이 둘이면서도 하나인 것은 바로 용신(用神)의 중재가 있기 때문이다. 이것이 명리학(命理學)의 핵심원리이다. 그리고 병약법(病藥法)·격국론(格局論)·억부법(抑扶法)·조후법(調候法)을 동시에 일치시키는 귀한 사주가 귀격이다. 여기서 한 가지라도 뚜렷하다면 먹고사는데 만족할 것이다.

3. 지지(地支)의 역량 차이

지지(地支)에 따라 역량의 차이가 있다는 것은 누구나 알 것이다. 지지(地支)의 역량 비중은 근대 명리학계에서는 월지(月支) → 시지(時支) → 일지(日支) → 년지(年支) 순이거나, 월지(月支) → 일지(日支) → 시지(時支) → 일지(日支) 순이라고 주장한다. 두 가지 학설이 있는 것을 보면 아직 이 부분에 대한 확실한 체계가 세워지지 않았고, 고서에서도 명백하게 제시하지 못했다는 의미이다.

이 부분에 대해서 필자는 월지(月支)가 특별히 강하다고 생각하지 않는다. 사실 월일시지(月日時支)의 힘이 따로 나눠지지 않는다고 보는 것이다. 다만 년주(年柱)는 조상궁이기 때문에 나에게 실질적인 영향을 주지 않는다고 할 수 있으니, 년지(年支)에 통근(通根)하는 역량은 월일시(月日時)보다는 가볍다고 생각한다.

실제 월일시(月日時)에 통근(通根)하는 경우는 거의 종(從)하지 않지만, 년지(年支)에 통근(通根)하면 종(從)하는 경우가 많다. 년지(年支)는 매우 가볍다는 것을 분명하게 실감할 수 있다. 사람은 태어나서는 부모에게 의지하니 월령(月令)이 부각되지만, 결혼한 후부터는 배우자와 밀접하기 때문에 일지(日支)가 비중이 있고, 자식이 생기면 시지(時支)가 비중이 있다. 그러니 월령(月令) 자체가 특별히 강하다기 보다는 월일시(月日時)가 비슷하다고 할 수 있다.

월지(月支)에서 격을 정하기 때문에 자연스럽게 월령(月令)의 비중이 부각된 것으로 보인다. 그러나 격국론(格局論)을 보면 반드시 월령(月令)에서 격이 정해지는 것도 아니기 때문에, 힘의 역량 또한 월령(月令)이 더 강하다는 관념도 버려야 할 것 같다. 그러니 일간(日干)이 어느 달에 태어난 것을 가지고 왕쇠(旺衰)를 집중할 필요는 없고, 사주 전체를 보고 왕쇠(旺衰)를 논해야 한다.

또한 부모슬하에 있을 때와 결혼을 했을 때와 자식이 있을 때에 따라, 일간(日干)이 통근(通根)한 곳에 따라 실질적인 작용력도 차이가 난다. 가령 결혼을 했을 때, 일간(日干)이 월령(月令)과 일지(日支)에 통근(通根)하고 운에서 월령(月令)을 충(沖)하면 자신의 신상보다는 부모와 연관이 있고, 시지(時支)를 충(沖)하면 자식에게 변화가 있으며, 일지(日支)를 충(沖)하면 자신과 배우자에게 깊은 관계가 있다고 볼 수 있다.

그리고 지지(地支)는 어디에 통근(通根)했느냐에 따라 강약이 결정되는 것이 아니라, 어느 지지(地支)에 통근(通根)했느냐가 중요하다. 현대 명리학(命理學)에서는 지지(地支)의 위치에 너무 비중을 두는데, 월령(月令)이 명확하게 힘의 경계를 구분하지 못하는 상황에서 이를 구별할 필요가 있겠는가를 다시 한 번 생각해본다.

4. 지장간(支藏干)의 활용

지장간(支藏干)은 말 그대로 지지(地支)에 숨어 있는 천간(天干)이다. 천간(天干)이 지지(地支)에 저장되어야 하는 명확한 유래는 아직까지 규명된 것이 없다. 그러니 지지(地支)에 지장간(支藏干)이 왜 있는지가 문제가 아니라, 어떻게 활용할 것인가가 중요하다.

성경에 '하늘에서의 뜻이 땅에서도 이루어지리라'는 말이 있다. 그와 같이 천간(天干)은 지지(地支)에 통근(通根)하기를 바라고, 땅의 마음은 다시 하늘로 투출(透出)하기를 바란다고 생각할 수 있다. 『적천수(滴天髓)』에서도 지전삼물(地全三物, 支藏干)은 천간(天干)에 투출(透出)하지 않으면 안된다고 했다.

지장간(支藏干)이 어떻게 활용되는지 살펴보자. 먼저 통근법(通根法)은 천간(天干)과 지장간(支藏干)을 보는 것이니 가장 밀접하고, 격국(格局)도 지지(地支)의 장간(藏干)으로 결정되고, 합충형(沖刑)도 내부적으로는 지장간(支藏干)의 생극(生剋)과 관련이 깊다.

특히 지장간(支藏干)의 암합(暗合)은 실제추명에서 내부적인 심리나 문제의 발단을 짚어내는 중요한 맥으로 활용한다. 고급추명술은 아니더라도 추명술의 칼끝에 혼절하는 경우도 있다. 표현이 다소 과장된 것 같으나 그만큼 지장간(支藏干)의 중요성은 아무리 강조해도 지나치지 않다는 뜻이다.

격국(格局)을 정하려면 지지(地支) 속의 천간(天干)을 찾아야 한다는 것이 무슨 말이냐면, 지장간(支藏干)에는 여기(餘氣)·중기(中氣)·정기(正氣)가 있는데, 정기(正氣)로 무조건 격을 정하는 것이 아니라 중기(中氣)라고 해도 투간(透干)하면 격으로 쓸 수 있다는 말이다. 물론 정기(正氣)가 투간(透干)하면 그냥 격국(格局)으로 쓰면 된다. 하여튼 지지(地支)에서 투출(透出)한 천간(天干)

이 바로 격국(格局)으로 정하는 일순위라는 뜻이다. 예를 들어보자.

辛　壬　辛　己
亥　寅　未　卯

『자평진전평주(子平眞詮評註)』의 해설서를 보면, 묘미합(卯未合)
으로 식상격(食傷格)으로 바뀌어 식상(食傷)을 제극(制剋)하는 인
수(印綬)가 용신(用神)이라고 했다. 정관(正官)은 단순히 인수(印
綬)를 생조(生助)하는 역할만 했는데, 갑자기 정관(正官) 자체가
무력해졌다.

　이 사주는 나름대로 부귀한 명조이다. 정관(正官)이 무력한데 어
찌 부귀함을 얻는다는 말인가. 차라리 관(官)이 없는 것만 못한데,
인수(印綬)를 생조(生助)하는 의미에서 관(官)을 좋게 보았을 수도
있지만, 인수(印綬)가 식상(食傷)을 다스릴 때는 굳이 관성(官星)
의 도움이 필요없다. 너무 억제해도 식상(食傷)의 빼어남이 둔해지
기 때문이다.

　필자가 다시 해석해본다. 미(未) 중 기토(己土)가 천간(天干)에
투간(透干)하여 정관격(正官格)이고, 임수(壬水) 일간(日干)이 해
수(亥水)에 통근(通根)했다. 투간(透干)한 천간(天干)의 격(格)은
지지(地支)가 국(局)을 이루지 않으면 쉽게 바뀌지 않는다.

　얼핏보면 격(格)과 일원(日元)이 통근(通根)하여 균형을 이룬 것
같으나, 지지(地支)에서 묘미합(卯未合)·인해합(寅亥合)하여 일원

(日元)과 격국(格局)이 모두 약해지는 형세이다. 인수(印綬)가 일원(日元)을 부조(扶助)하며 격국(格局)을 보호하는 절묘함으로 귀격이 된 것이다. 묘미합(卯未合)하여 식상격(食傷格)으로 바뀌면 정관(正官)이 상하니 뒤죽박죽인 논리이다.

본래 부귀와 빈천은 사주 원국(元局)에서 결정된다. 격국(格局)이 너무 낮으면 운이 좋아도 큰 도움이 되지 않는다. 몸이 너무 부실하면 아무리 운세가 좋아도 쉽게 지치고 힘겨울 수밖에 없다. 그러나 몸이 부실해도 운의 도움으로 기력을 회복하여 완주할 수 있다.

사주에서 재관(財官)이 무기력해도 대운(大運)에서 재관(財官)이 희신(喜神)으로 작용하면 부귀를 얻을 수 있다. 흔히 사주보다는 대운(大運)이 좋아야 한다고 하는데, 사실 대운(大運)보다는 사주가 좋을 확률이 드물다. 일단 그릇이 좋아야 된다는 뜻이다.

아무리 대운(大運)이 좋아도 거지가 재벌이 될리 만무하고, 격이 낮으면 성공에 대한 희망을 갖지도 못한다. 작은 것에 안주하여 큰 포부를 품지 못하는 것이다. 천간(天干)에 재관(財官)이 뚜렷해도 통근(通根)하지 못하면 분에 넘치는 꿈을 꾸면서 이상과 현실의 격차가 커서 상실감을 느껴야 한다.

재관(財官)이 지지(地支)에서 투간(透干)하지 못하면 모험보다는 안정을 중시하나, 대운(大運)에서 재관(財官)이 투간(透干)하면 한때나마 포부가 달라진다. 그러나 타고난 그릇이 크지 않으니 오래 지속되지는 않는다. 원국(元局)에 격국(格局)이 투출(透出)하여 통근(通根)하고, 일간(日干)이 통근(通根)하여 균형을 이루면 비록 대운(大運)이 나빠도 단 한 번의 기회만 얻으면 성공할 수 있다.

1) 지장간(支藏干)을 쉽게 암기하는 법

— 인신사해(寅申巳亥) 사생지(四生地)는 지장간(支藏干)이 모두
 양간(陽干)이고, 본기(本氣)와 다음 절기 오행(五行)으로 구성
 되며, 무(戊)자는 무조건 다 쓴다. 가령 인목(寅木)은 본기(本
 氣)가 갑(甲)이고 인(寅)의 다음 절기가 여름이니 병(丙)이고,
 무조건 무(戊)자를 쓰니 갑병무(甲丙戊)가 된다. 나머지도 이와
 같다.

— 진술축미(辰戌丑未) 사묘지(四墓地)는 본기(本氣)와 앞절기 음
 간(陰干)과 현재 절기 음간(陰干)으로 구성된다. 가령 진(辰)은
 본기(本氣) 무토(戊土)를 쓰고, 앞절기의 음간(陰干)인 계(癸)를
 쓰고, 현재 절기의 음간(陰干)인 을(乙)을 써서 무계을(戊癸乙)
 이 된다. 나머지도 이와 같다.

— 자오묘유(子午卯酉) 사왕지(四旺地)는 오(午)만 예외이고, 본기
 (本氣)가 음양(陰陽)으로 모두 들어 있다. 자(子)는 임계(癸壬),
 묘(卯)는 을갑(乙甲), 유(酉)는 신경(辛庚), 오(午)는 정기병(丁
 己丙)이고, 기토(己土)가 가운데 있다. 하필 오화(午火)의 지장
 간(支藏干)에만 기토(己土)가 저장되는 이유 또한 명확히 규명

되지는 않았다. 그냥 병정화(丙丁火)가 홀연히 흩어지지 않고 저장되려면 기토(己土)로 흡수해서 보관하는 것이 오래 지속될 것이라는 추측만 해본다.

또한 지지(地支)에 천간(天干)을 저장하는 것은, 만물이 생성되면 완전히 소멸되지 않고 저장하는 성질이 있다는 것이다. 이는 새로운 환경에 대한 대비태세라고 할 수 있고, 또한 기(氣)가 혼합하여 새로운 질(質)을 만들어낸다는 뜻이다.

2) 12월령(月令)의 인원(人元) 사령(司令)

■ 인월(寅月) : 입춘(立春) 후 7일 동안은 무토(戊土), 그후 7일 동안은 병화(丙火), 그후 16일 동안은 갑목(甲木)이 사령(司令)한다(입춘~우수).

■ 묘월(卯月) : 경칩(驚蟄) 후 10일 동안은 갑목(甲木), 그후 20일 동안은 을목(乙木)이 사령(司令)한다(경칩~춘분).

■ 진월(辰月) : 청명(淸明) 후 9일 동안은 을목(乙木), 그후 3일 동안은 계수(癸水), 그후 18일 동안은 무토(戊土)가 사령(司令)한다(청명~곡우).

■ 사월(巳月) : 입하(立夏) 후 5일 동안은 무토(戊土), 그후 9일 동안은 경금(庚金), 그후 16일 동안은 병화(丙火)가 사령(司令)한다(입하~소만).

■ 오월(午月) : 망종(亡種) 후 10일 동안은 병화(丙火), 그후 9일 동안은 기토(己土), 그후 11일 동안은 정화(丁火)가 사령(司令)한다(망종~하지).

■ 미월(未月) : 소서(小署) 후 9일 동안은 정화(丁火), 그후 3일 동안은 을목(乙木), 그후 18일 동안은 기토(己土)가 사령(司令)한다(소서~대서).

■ 신월(申月) : 입추(立秋) 후 10일 동안은 무기토(戊己土), 그후 3일 동안은 임수(壬水), 그후 17일 동안은 경금(庚金)이 사령(司令)한다(입추~처서).

■ 유월(酉月) : 백로(白露) 후 10일 동안은 경금(庚金), 그후 20일 동안은 신금(辛金)이 사령(司令)한다(백로~추분).

■ 술월(戌月) : 한로(寒露) 후 9일 동안은 신금(辛金), 그후 3일 동안은 정화(丁火), 그후 18일 동안은 무토(戊土)가 사령(司令)한다(한로~상강).

■ 해월(亥月) : 입동(立冬) 후 7일 동안은 무토(戊土), 그후 5일 동안은 갑목(甲木), 그후 18일 동안은 임수(壬水)가 사령(司令)한다(입동~소설).

■ 자월(子月) : 대설(大雪) 후 10일 동안은 임수(壬水), 그후 20일 동안은 계수(癸水)가 사령(司令)한다(대설~동지).

■ 축월(丑月) : 소한(小寒) 후 9일 동안은 계수(癸水), 그후 3일 동안은 신금(辛金), 그후 18일 동안은 기토(己土)가 사령(司令)한다(소한~대한).

12월령(月令) 인원(人元) 사령(司令)에 대해 『자평진전평주(子平眞詮評註)』의 서낙오(徐樂吾) 평을 그대로 인용하면 다음과 같다. '인원(人元) 사령(司令)의 날짜수에 너무 집착할 필요는 없다. 하지만 천간(天干)이 지지(地支)에 숨어 있는 것을 설명한 것으로, 천간(天干)으로 체(體)를 삼고 지지(地支)로 용(用)을 삼아 음양(陰陽)을 매우 정밀하게 분석한 것이다. 그리하여 감리진태(坎離震兌), 동지와 하지와 춘분과 추분으로 나누었다. 384효(爻), 해와 달의 차고 기울어지는 현상 등을 설명할 수 있게 된 것이다. 언제 누가 만든 이론인지는 입증되지 않았으나 누구든지 그 원류를 밝힌다면 더할 나위없이 고맙겠다.'

서낙오(徐樂吾)가 당대에 위에 대한 원류를 밝혔는지는 모르지만,

어쨌든 여기서 중요한 것은 날짜수에 얽매일 필요가 없다는 것이다. 이는 투출(透出)한 천간(天干)에 대해서 격국(格局)이 정해지는 요인도 되지만, 투간(透干)하지 않았을 때도 본기(本氣)를 그냥 격(格)으로 정한다는 뜻도 있다.

오늘날 대부분의 명리학자들이 여기(餘氣)·중기(中氣)·정기(正氣)로 나누어 격(格)을 정하는 것과는 전혀 다른 법이니 주목할 필요가 있다. 근래에도 여기(餘氣)·중기(中氣)·정기(正氣)로 나누어 격(格)을 정하는 것은 일본 명리학(命理學)의 영향이 크다.

명리학(命理學)의 원류가 중국이고, 명리학(命理學)이 가장 꽃피웠던 청나라 때의 가장 유력한 대가인 서낙오(徐樂吾)의 주장이니 가벼이 볼 수는 없다. 야자시(夜子時)·조자시(朝子時) 설도 서낙오(徐樂吾)가 처음 도입했다는 말이 있다.

여하튼 서낙오(徐樂吾)가 현대 명리학(命理學)의 조류를 이루었다는 것은 의심할 여지가 없다. 필자도 날짜수를 고려하지 않고 격(格)을 정하며, 투간(透干)한 천간(天干)을 유력하게 본다. 이 부분만큼은 서낙오(徐樂吾)의 이론에 표를 던지며 지금도 수용한다.

4장. 합충론(合沖論)

1. 천간합(天干合)의 해법

앞에서 지장간(支藏干)의 원리를 정확하게 규명하는 것이 쉽지 않았듯이 천간합(天干合)도 그렇다. 그나마 천간합(天干合)은 『적천수(滴天髓)』에서도 설명했고, 봉용즉화(逢龍而化) 설도 있다. 이 가설은 비슷한 맥락으로 보인다. 그래도 『자평진전(子平眞詮)』의 설명이 가장 심오한 것 같아 살펴보지만 필자도 정확히 이해했는지는 의문이다. 그러나 대략 인식은 하고 넘어가야 할 것 같다.

천간(天干)의 합(合)과 화(化)는 십천간(十天干)의 음양(陰陽)이 서로 만나 이루어진다. 선천수(先天數) 1·2·3·4·5가 중앙 5를 만나 6·7·8·9·10의 후천수(後天數)를 만든다. 따라서 1에서 시작하여 10에서 완성되는데, 이것이 상수학(象數學)의 원류이다. 1(陰)에서 시작하여 중앙 5(陽)와 조합하여 충기인 10(陰陽)인 토

(土)에서 끝이 난다. 상수학(象數學)의 완성은 곧 음양(陰陽)의 완성 과정이고, 음양(陰陽)을 동시에 수렴하는 중앙 토(土)의 근본이 완성된다.

만물은 다시 중앙 토(土, 陰陽)에 의하여 동시에 목화금수(木火金水)가 생겨나는데, 이를 시간적인 개념으로 보면 토생금(土生金)·금생수(金生水)·수생목(水生木)·목생화(木生火)·화생토(火生土)로 돌아간다. 천간합화(天干合化)하는 과정이 상생(相生)의 이치에 부합하는 것이다. 오행(五行)의 상생(相生) 구도에 따라 십간합화(十干合化)가 완성되는 것이다.

다시 살펴보면 갑기합토(甲己合土)에서 다시 토생금(土生金)하니 을경합금(乙庚合金)하고, 금생수(金生水)하니 병신합수(丙辛合水)하고, 수생목(水生木)하니 정임합목(丁壬合木)하고, 목생화(木生火)하니 무계합화(戊癸合火)가 된다.

정리하면 갑기합토(甲己合土) → 을경합금(乙庚合金) → 병신합수(丙辛合水) → 정임합목(丁壬合木) → 무계합화(戊癸合火)로 변한다. 이 천간합(天干合)을 보면 갑기(甲己)는 목극토(木剋土)하니 충극(沖剋)의 관계인데, 합(合)이라고 하는 것은 음양(陰陽)은 상대적이나 결국 합(合)이 있어야 변화가 일고 새로운 오행(五行)을 탄생시키는 것이다. 쉽게 말해 마치 남녀가 만나 자식을 낳는 것이라고 이해하면 된다.

합(合)의 원리는 이렇게 오행(五行)이 상생(相生)하듯이 자연의 순환법칙에도 어긋나지 않으며, 실제 사주감정에서도 상당한 영향을 미친다. 중요한 것은 역시 천간합(天干合)이 팔자에 어떻게 적용되는지이다. 무릇 팔자는 형충회합(刑沖會合)에 의하여 천차만별로 변화무쌍해진다. 단순히 오행(五行)의 생극제화(生剋制化)만 논한다면 섬세한 추명을 기대하기 어렵다. 흔히들 감명할 때 소름이 돋는다는 표현을 쓰는데, 대부분 형충회합(刑沖會合)의 비법에서 나온다고 할 수 있다. 회합(會合)의 복잡미묘한 변화를 읽어낼 수 있을 때 추명술의 절대 강자로 부상할 수 있으니, 한치의 소홀함도 용납할 수 없는 분야이다.

합(合)의 가장 기본적인 속성은 좋아서 합(合)한다고 생각하면 된다. 서로 뜻이 통한다, 유정하다, 도와준다 등으로 이해하면 되는 것이다. 그러나 합(合)하여 좋은 경우와 나쁜 경우가 극명하게 다르다. 간합(干合)의 핵심적인 속성을 대략 나열해보면 다음과 같다.

— 간충(干沖)도 간합(干合)으로 풀어진다.
— 간합(干合)이 되었다고 무조건 화(化)하는 것은 아니다.
— 간합(干合)하면 기능이 무력화되어 제구실을 하지 못한다.
— 내격(內格)에서 일간합(日干合)은 합거(合去)로 논하지 않는다.
— 길신의 간합(干合)은 흉하고, 흉신의 간합(干合)은 길하다.
— 간합(干合)도 간충(干沖)으로 풀어진다.
— 간합(干合)하면 격국(格局)으로 쓸 수 없다
— 간합(干合)해도 합화(合化)하지 않으면 용신(用神)으로 쓸 수 있다.

간합(干合)이 되면 양자간의 기능을 상실한다. 간합(干合)된 천간(天干)이 지지(地支)에 통근(通根)해도 역시 무력해지는 것은 어쩔 수 없다. 다만 사주에 따라 합(合)으로 화한 오행(五行)이 길신이면 나쁘지 않으니 한 가지로 논할 수는 없다.

이런 간합(干合)의 원리를 이해하지 못하고 갑기합(甲己合)은 무조건 중정지합(中正之合)이라 좋고, 무계합(戊癸合)은 무정지합(無情之合)이라 나쁘다고 우겨대는 도사님도 있다. 너무 많이 알아서 병이 된 것이다. 예들 들어 설명해보자.

① ○甲己甲　② 甲己甲○　③ 庚乙庚乙
　○ ○ ○ ○　　○ ○ ○ ○　　　○ ○ ○ ○

①의 경우는 합(合)도 년월일시(年月日時)에 따른 선후가 있는 법이니, 먼저 년월(年月)이 합(合)하여 일간합(日干合)은 없다고 할 수 있고, 기토(己土)가 재성(財星)이면 재물과 인연이 없다고 할 수 있다. 이런 경우를 합이불합(合而不合)이라고 해서 합(合)이 있는 것 같아도 일간(日干)의 합(合)이 없는 경우이다. 남자는 아내가 무정하니 바람이 나서 가정문제를 일으킬 소지가 높다.

②는 쟁합(爭合) 또는 투합(鬪合)이라고 하는데, 너무 무리를 지어 일간(日干)과 합(合)하니 오히려 문제가 생긴다. 갑목(甲木) 관성(官星)이 흉신이면 직업에 갈등이 생기고, 여자이면 두 남편을 섬기는 흉상이 된다.

③은 여명이면 년월(年月)의 을경(乙庚)이 간합(干合)하니 남편 경금(庚金)이 을목(乙木) 첩신을 둔 형상이다. 그러니 을목(乙木) 일간(日干)이 시간(時干)의 경금(庚金)과 합(合)하여 맞바람을 피운다고 볼 수 있다.

戊　甲　乙　庚
辰　子　酉　寅

이 사주는 합(合)이 있어 좋은 경우이다. 경금(庚金)이 투출(透出)하여 관살(官殺)이 혼잡한데 을경합(乙庚合)하여 사주가 맑아졌다. 갑목(甲木)은 인목(寅木)과 진(辰)월에 통근(通根)했지만, 격국(格局) 정관(正官)이 무력하니 재(財)운이 길하고, 칠살(七殺)운은 혼잡이라 꺼린다.

『자평진전평주(子平眞詮評註)』에서 서낙오(徐樂吾)는 식상(食傷)운도 길하다고 했다. 그러나 이미 경금(庚金)이 합(合)하여 무력하니 식상(食傷)운이 오면 상관견관(傷官見官)이나, 제살(制殺)이 지나칠 우려가 있어 운이 나쁠 것으로 생각한다. 천간(天干)이 합(合)되면 일단 기능이 정지되니 이후의 대운(大運)은 정관(正官)의 입장에서 논해야 한다. 합(合)은 본래 유정한 것이나 천간합(天干合)으로 격국(格局)이 맑아지는 경우를 제외하고는 대부분 천간(天干)의 합(合)은 꺼린다.

乙 戊 丁 壬
卯 申 卯 戌

이 사주는 천간합(天干合)으로 나빠진 경우이다. 정임합(丁壬合)
으로 재(財)와 인(印)의 기능을 상실하여 군주가 모든 신하를 잃은
격이 되었다. 일명 고관무보(孤官無補)의 사주인데 합(合)으로 격
이 떨어진 것이다.

癸 戊 丙 己
亥 辰 子 酉

이 사주도 기후가 한냉하여 병화(丙火)가 조후용신(調候用神)이
다. 그런데 무계합(戊癸合)하여 일간(日干)의 마음이 계수(癸水)로
향한다. 이는 병화(丙火)가 인수(印綬)이니 어머니의 생조(生助)가
지극한데, 일간(日干)은 정재(正財)인 마누라에게만 정신이 팔려
있다. 만일 부모를 모시고 산다면 고부갈등을 일으킬 소지가 있고,
받기만 하고 은혜를 모르는 사람일 수도 있다.

丁 戊 癸 癸
巳 子 亥 酉

이 사주도 무계합(戊癸合)이 투합(鬪合)의 형태를 띤다. 신왕재왕

(身旺財旺)하니 부자 사주이나 역시 두 여자를 거느리는 형상으로 여자관계가 복잡할 수 있다.

戊　乙　壬　癸
○　　○　　○　　○

이 사주는 합(合)이 있어도 합(合)하지 못한 경우이다. 을목(乙木)이 있어 목극토(木剋土)하니 무토(戊土)가 계수(癸水)를 합(合)하지 못한다.

庚　丁　甲　乙
○　　○　　○　　○

이 사주는 합(合)이 너무 멀어 역량이 감소되는 경우이다. 을경합(乙庚合)이 거리가 멀어 거의 합(合)의 기능을 하지 못한다.

壬　丙　丙　丁
○　　○　　○　　○

이 사주는 거리가 멀어도 합(合)의 역량이 강한 경우이다. 정임합(丁壬合)이 멀어도 동기(同氣)이니 합(合)이 성립된다.

천간(天干)은 합이불합(合而不合)이라고 하여 합(合)이 되지만 합(合)이 되지 않는 경우도 있고, 합이불화(合而不化)라 하여 합(合)이 되어도 화(化)하지 않는 경우가 있다. 이것은 구분하기가 그리 어렵지 않다. 조금 난해한 것은 합(合)하여 화(化)를 했느냐 안했느냐를 분별하고, 합화(合化)하여 길한 경우와 흉한 경우를 파악하면 된다. 크게 두 가지 조건에 부합하면 합화(合化)한다고 본다.

첫째는 합화(合化)하려면 합화(合化)하는 두 간지(干支)에 뿌리가 없어야 하고, 둘째는 합화(合化)하여 변하는 오행(五行)의 절기에 태어나야 한다. 예를 들면 다음과 같은 경우이다.

乙 癸 乙 庚
卯 酉 酉 申

이 사주는 을경합화(乙庚合化)했어도 시주(時柱)의 을목(乙木)으로 기세를 유통시키니 좋은 사주이다. 을경(乙庚)의 지지(地支)에 신유(申酉)를 깔아 을목(乙木)이 무근(無根)하니 화한 것이고, 절기가 유금(酉金)월이니 두 가지 조건에 부합하여 진화(眞化)이다.

庚 丁 乙 庚
戌 丑 酉 申

이 사주는 합화(合化)하여 흉한 명이 된 경우이다. 을경합화(乙庚

合化(合化)하여 흉명이 되었다. 일원(日元)이 약하여 도움이 필요한데 인수(印綬) 을목(乙木)이 기신(忌神)에 합화(合化)하고, 술(戌) 중 정화(丁火)에 통근(通根)했으나 매우 무력하다. 벙어리의 사주인데 평생 폐인처럼 살았다고 한다. 만약에 술(戌)과 축(丑)의 위치가 바뀌었다면 종살격(從殺格)으로 종재격(從財格)이 되어 좋았을 것이다.

이 사주만 보아도 원국(元局)의 방국(方局)은 간격이 있으면 안되고, 나란히 있어야 합(合)을 이룬다는 것을 알 수 있다. 또한 음간(陰干)은 미세하고 비겁(比劫)에 통근(通根)하여도 종(從)하는 법이 없다. 음간(陰干)은 약하여 세력에 따라 종(從)한다는 생각은 버려야 할 것이다.

① 丙己辛丙　② 壬戊己丁
　子巳丑辰　　　戌子酉巳

①은 골프선수 김미현의 사주이고, ②는 박세리의 사주이다. 먼저 김미현 사주를 살펴보면 병신합(丙辛合)하여 화(化)한 경우이다. 축(丑)월이니 수(水) 절기이고, 병화(丙火)가 무근(無根)하니 병신합수(丙辛合水)로 화하였다. 일원(日元)은 신왕(身旺)하고 인수(印綬)가 중중하니 자(子)가 용신(用神)이다. 격국(格局) 상관(傷官)을 합거(合去)한 폐단이 있지만 시간(時干)의 병화(丙火)가 조후(調候)로서는 즐거움이 있고, 자수(子水)가 화(火)를 견제하여 균

형을 이루었다.

 박세리 사주가 식재(食財)가 뚜렷한 것에 비하여 김미현 사주는 식상(食傷)이 합거(合去)된 것이 왠지 답답하다. 그러나 다행히 합화(合化)하여 격이 맑아졌다. 만약 합(合)만 하고 화(化)를 하지 않았다면 한 분야에서 그처럼 명성을 얻으며 재능을 발휘하지 못했을 것이다.

 박세리의 사주도 지지(地支)에서 식상(食傷)이 사유합(巳酉合)하는데, 천간합(天干合)은 무용하고 지지합(地支合)은 유용하다는 차이가 있다. 만약 사유(巳酉)의 위치가 바뀌었다면 격국(格局)도 달라지고 김미현보다 더 답답한 사주가 되었을 것이다. 명리학자라면 두 사주의 비교우위를 충분히 실감할 수 있을 것이다.

2. 천간충(天干沖)의 해법

 지지(地支)는 지장간(支藏干)의 특성상 상충(相沖)이라는 표현이 적절하지만, 천간(天干)은 순수한 기(氣)로 형성되어 간충(干沖)이라고 명명해도 된다. 간충(干沖)에는 갑경충(甲庚沖)·을신충(乙辛沖)·병임충(丙壬沖)·정계충(丁癸沖)이 있다.

 합(合)이 있으면 반드시 충(沖)이 있어야 새로운 개체가 생성된다. 합(合)의 개념이 단순히 화합하고 좋다는 일방적인 의미로 쓰지 않는다는 것을 간합(干合)의 관계에서 알 수 있듯이, 충(沖)의 관계도 마찬가지이다. 기본적인 속성은 깨트리다, 부딪치다, 공허하다 등인데 어느 한 쪽이 일방적으로 당하는 입장이다. 이는 극(剋)의 개념에 포함되나 충(沖)은 음(陰) 대 음(陰), 양(陽) 대 양(陽)이기 때문에 극(剋)보다는 훨씬 빠르고 극명하게 드러난다.

이런 측면에서 갑술충(甲戌沖)·을기충(乙己沖)·병경충(丙庚沖)·무임충(戊壬沖)·정신충(丁辛沖)·계기충(癸己沖)도 충(沖)의 관계이다. 충(沖)의 의미에서 빌충(沖)은 공허하다는 뜻인데, 충(沖)을 당하는 입장에서는 천간(天干)에서 완전한 소멸을 의미한다. 투간(透干)한 천간(天干)이 충극(沖剋)을 당하면 격국(格局)이나 용신(用神)의 작용은 완전히 상실한다.

간합(干合)의 관계에서 부득불 격용(格用)을 취하는 것과는 엄밀한 차이가 있다. 그러니 간합(干合)은 용신(用神)이 병이 들면 약을 구하나, 간충(干沖)은 이미 사라졌기 때문에 약을 구할 필요가 없다. 이는 억부법(抑扶法)을 논할 때 얘기이다. 조후법(調候法)을 논할 때는 병임(丙壬)의 관계가 소멸된다고 볼 수는 없다. 쉽게 말해 한냉하여 병화(丙火)를 쓰는데 임수(壬水)가 어찌 태양인 병화(丙火)를 꺼버릴 수 있겠는가.

그러니 오히려 조후용신(調候用神)으로 병화(丙火)를 쓸 때는 계수(癸水)가 태양을 가린다고 하여 흑운차일(黑雲遮日)이므로 더 꺼리는 것이다. 이런 원리를 깨우치지 못하면 앞으로 나갈 수 없다. 따라서 강약과 조후(調候)의 관계를 관통하도록 갈고닦아야 한다.

또한 간합(干合)의 관계에서는 합(合)의 관계가 기능의 일시적 정지라서 합(合)하여도 운에서 충(沖)하면 합(合)이 풀려 본래의 성질이 드러나기도 한다. 용신(用神)이 합거(合去)하여 무력할 때 대운(大運)에서 충(沖)하면 분발하고, 격국(格局)이 합(合)하여 기능이 정지되어도 대운(大運)의 충(沖)으로 격국(格局)의 변화가 일어나 다른 삶으로 변화할 수도 있다.

가령 상관격(傷官格)이 합거(合去)하여 쓸 수가 없어 직장생활을 하다가 대운(大運)에서 충기가 일어나 상관격(傷官格)이 살아나면 불현듯 직장을 때려치고 사업을 한다고 할 수도 있다.

을목(乙木)과 무토(戊土)는 목극토(木剋土)하는 관계이나 을목(乙木)이 무토(戊土)를 제거하지 않고, 병계(丙癸)도 수극화(水剋火)이지만 음양(陰陽)이 달라 일방적으로 극(剋)하지 않고 공생한다. 이는 양(陽)과 음(陰)의 관계는 상대적이나 합(合)의 속성도 있기 때문이다.

그러나 갑목(甲木)과 무토(戊土)의 관계는 앞에서 설명한 것처럼 양(陽) 대 양(陽)이기 때문에 극(剋)의 의미가 가중된다. 갑목(甲木)과 경금(庚金) 역시 갑목(甲木)이 일방적으로 부러지는 결과가 생긴다. 이는 격국론(格局論)에서 보면 음양(陰陽)에 따른 칠살(七殺)과 정관(正官)의 차이와 같다.

그리고 고서에서 천간(天干)을 상충(相沖)이라고 표현한 것은 한가지 의미가 더 있다. 순수하게 천간(天干)에서 갑경(甲庚)이 싸우면 일방적으로 갑목(甲木)이 부러지지만, 지지(地支)에 따라 충(沖)의 의미로도 쓰일 수 있기 때문이다.

① 甲 庚　　② 甲 庚
　　寅 ○　　　　寅 申

①은 갑목(甲木)이 통근(通根)하여 약하지 않으니 경금(庚金)에게 일방적으로 당하지 않기 때문에 갑목(甲木)이 소멸되지 않고, ②는 지지충(地支沖)도 되고 신금(申金)이 이기기 때문에 갑목(甲木)이 완전히 소멸된다고 볼 수 있다.

그리고 천간(天干)은 양(陽)이기 때문에 금세 드러나는 속성이 있고, 지지(地支)는 음(陰)이라 훗날에 드러날 수도 있다. 이것은 추명술에서 매우 중요하게 다루어야 한다. 쉽게 말하면 사주와 세운(歲運)과의 천간충(天干沖)은 희기(喜忌)에 따라 그 해에 좋든 싫든 결과가 드러나지만, 지지충(地支沖)은 그 희기(喜忌)가 다음 해에 드러날 수도 있다는 뜻이다.

예를 들어 교통사고는 희기(喜忌)가 바로 드러난다. 그러나 인신충(寅申沖)으로 질병이 생겼다면 당장 드러나지는 않는다는 뜻이다. 갑자기 아파서 병원에 갔는데 간암 말기 판정을 받는 경우가 있다. 이는 이미 이전에 발병했으나 시일이 한참 지난 후에야 알게 된 것이다.

또한 지충(地沖)으로 새로운 사업을 벌렸다고 하자. 시작이 잘못되면 결과도 나쁜 법이니, 사업을 시작할 때의 운을 보면 그 결과에 대해서도 짐작할 수 있다. 그 해에 벌인 사업이 다음해에 망했다면 역시 전 해에 불운의 씨앗을 심었다고 볼 수 있다. 물론 간충

(干沖)으로 벌인 사업은 당장 그 해에 희기(喜忌)가 드러난다.

고로 지지(地支)는 지속성이 있고, 천간(天干)은 속성속패의 성질이 있다. 하지만 세운(歲運)의 충(沖)도 그 대운(大運)을 벗어났다면 이미 충(沖)에 의한 원인은 고려할 필요가 없다. 합(合)과 충(沖)으로 인한 희기(喜忌)의 변수를 짚어내는 것이 실력자이다. 다음은 지지합충(地支合沖)의 관계를 살펴보자.

3. 지지합충(地支合沖)의 해법

탁월한 술사들 중에는 충합형(沖合刑)의 이론에 달통한 이들이 많다. 격국용신(格局用神)이 칼이라면 합충(合沖)은 예리한 칼날에 비유할 수 있다. 필자는 명리학(命理學)에 생명력을 불어넣는 것이 바로 합충(合沖)이라고 생각한다. 그만큼 합충형(合沖刑)의 해법은 복잡미묘하면서도 사실적이고 흥미진진하니 촉각을 곤두세우고 완벽하게 습득해야 한다.

천간(天干)에는 간합(干合)만 있지만, 지지(地支)에는 육합(六合) · 삼합(三合) · 방합(方合)이 있다. 각 합(合)의 역량에 대해서는 고서에서도 명확하게 구분하지 않은 것으로 보인다. 그런데 현재의 명리학자들은 삼합(三合)〉방합(方合)〉육합(六合)의 순으로 인식하는 것 같다. 이런 공식이 성립하게 된 경위를 일관되게 설명한 명리서가 없어 필자의 소견을 밝힌다.

— 힘의 역량은 방합(方合)〉삼합(三合)〉육합(六合)의 순인데, 방합(方合)을 충(沖)하면 다친다.

— 결속력은 육합(六合)〉삼합(三合)〉방합(方合)〉순인데, 육친관계는 돈독하다.

— 대운(大運)의 작용력은 삼합(三合)〉육합(六合)〉방합(方合)의 순인데, 삼합(三合) 대운(大運)에는 변수가 많다.

— 시기의 암시는 육합(六合)〉삼합(三合)〉방합(方合)의 순인데, 육합(六合) 세운(歲運)에 변수가 많다.

1) 육합(六合)

子丑合土	辰酉合金	巳申合水	寅亥合木	卯戌合火	午未合無

— 육친간의 결속관계를 나타내는 경우가 많다.

— 합(合)은 합(合)으로 풀고 충형(沖刑)을 해소한다.

— 월지(月支)에 육합(六合)이 있어도 격국(格局)의 변화를 주지는 못한다.

— 합(合)해도 지지(地支) 통근(通根)을 방해하지는 못한다.

— 사주와 대운(大運)과의 관계에서는 별다른 변화를 주지 못하나, 사주와 세운(歲運), 대운(大運)과 세운(歲運)과의 관계에서는 동(動)한다.

2) 삼합(三合)

亥卯未木	寅午戌火	巳酉丑金	申子辰水

― 월지(月支)에 삼합(三合)이 있으면 격국(格局)이 변한다.

― 삼합(三合)하여도 천간(天干)에 통근(通根)할 수 있다.

― 충형(沖刑)의 관계를 해소하고 사회 조직간의 결속을 의미한다.

― 사주와 대운(大運)·세운(歲運)과는 동(動)하나 대운(大運)과
  세운(歲運)과는 작용하지 않는다.

― 왕지(旺地)만 있으면 둘이 모여도 인오(寅午)·오술합(午戌合)
  이 되는데, 인술(寅戌)만 있으면 합(合)으로 보지 않는다

3) 방합(方合)

寅卯辰木局	巳午未火局	申酉戌土局	亥子丑水局

― 원국(元局)의 합(合)만 작용하되 대운과 세운(歲運)과는 영향력
  이 없다.

― 월지(月支)를 중심으로 방합(方合)하면 격국(格局)이 변한다.

― 천간(天干)의 통근(通根)에는 별다른 영향을 주지 않는다.

― 셋이 모두 모이지 않으면 방합국(方合局)을 이루지 못한다.

― 동급·친구·동료들과의 결속을 의미한다.

4) 육충(六冲)

子午沖	丑未沖	寅申沖	卯酉沖	辰戌沖	巳亥沖

— 기본 속성은 분열·방해·병고·이별·장애·동충·혁명·개혁
  등이다.

— 합(合)을 풀기도 하고 형(刑)을 해소하기도 한다.

— 통근(通根)을 방해하나 격(格)에 변화를 주지는 못한다.

— 충극(沖剋)하는 지지(地支)에 따라 육친의 결속이 좋지 않을 수
  있다. (년 : 조상부모, 월 : 부모형제, 일 : 배우자, 시 : 자식)

— 합(合)을 충(沖)하여 방해하기도 한다.

— 사주에서 합(合)하면 충(沖)의 기능이 정지되나, 운에서 충(沖)
  하면 다시 동(動)한다.

— 기신(忌神)을 제거하거나 강약을 조절하는 희신(喜神)이면 더
  부귀할 수 있다.

— 천간(天干)의 충(沖)은 금세 기능을 잃지만 지지충(地支沖)은
  기능이 오래 지속되는 것이 특징인데 반드시 희기(喜忌)가 드
  러난다.

5) 삼형(三刑)

寅巳申三刑		丑戌未三刑	

酉酉自刑	午午自刑	辰辰自刑	子卯自刑

인사신(寅巳申)과 축술미(丑戌未)는 형(刑)의 작용이 있고, 나머지는 미비하다. 형(刑)은 충(沖)보다는 가벼운 개념으로, 충(沖)은 장간(藏干)이 다충(多沖)하면 형(刑)은 장간(藏干)의 한 글자가 충(沖)한다. 흉신을 형(刑)하면 길하고, 길신을 형(刑)하면 나쁜 것이니 희기(喜忌)를 잘 구분해야 한다.

— 기본속성은 형벌·재해·손재·관재·소송·재판·폭행 등 법적인 문제가 발생한다.
— 형살(刑殺)이 길신으로 작용하면 군·경·법조계가 길하다.
— 축술미(丑戌未) 삼형(三刑)은 고승·도인·종교인 등 정신적 지도자가 많고, 인사신(寅巳申) 삼형(三刑)은 법조계가 많다.
— 자묘(子卯)·유유(酉酉)·진진(辰辰)·해해(亥亥) 등의 자형(自刑)은 크게 작용하지 않지만, 흉신일 때는 각기 다른 형태로 나타난다. 자묘(子卯)는 부부갈등·외도문제, 유유(酉酉)는 폭행·감금·납치·형벌, 진진(辰辰)은 정신분열·과대망상, 해해(亥亥)는 우울증·대인기피 등이다.

지금까지 합충형(沖刑)의 작용을 정리해 보았다. 합충(合沖)의 기본 공식은 완벽하게 암기하되, 특성에 따른 원리를 이해하는 것이 중요하다. 명리학(命理學)의 모든 이론체계가 그렇듯이 이해없는 암기는 결코 실전에서 활용할 수 없다는 것을 명심해야 한다.

① 丙庚丁辛　② 戊庚辛丁　③ 甲己乙戊
　子午酉卯　　　寅申亥巳　　　戌未丑辰

　이 사주들은 충(沖)이 있어 좋은 경우이다. ①은 청나라 곤륭황제의 사주인데, 사왕지(四旺地)를 모두 갖춘 독특한 구조이다. 자오묘유(子午卯酉)의 상충(相沖)이 있지만 양인격(羊刃格)에 일월(日月)이 왕하고 살도 중중하니 살왕신왕(殺旺身旺)하여 귀명을 이루었다. 일원(日元) 주변에 살이 강하나 자오충(子午沖)으로 제살(制殺)하고, 묘목(卯木)이 살의 생조(生助)를 막아 일월(日月)이 절묘한 균형을 이루었다. 또한 천간충(天干沖)은 소멸을 뜻하나, 지지충(地支沖)은 완화될 뿐 소멸되지 않는다는 것을 알 수 있다. 만약 오화(午火)의 뿌리가 뽑혔다면 병정(丙丁)이 모두 사라져 귀명을 이루지 못했을 것이다.

　②는 박정희 전 대통령의 사주이다. 역시 칠살(七殺)을 사해충(巳亥沖)으로 제살(制殺)하고, 인신충(寅申沖)으로 살의 생조(生助)를 막았다. 임금의 사주는 적절히 살강신왕(殺强身旺)하면서도 충극(沖剋)하여 강약을 조절해야 한다. 사주 전체가 하나도 버릴 데가 없을 정도로 절묘한 조화를 이룬 것이 특징이다

　③은 김영삼 전 대통령의 사주이다. 진술축미(辰戌丑未)의 사고지(四庫地)를 모두 갖추어 범상치 않다. 또한 갑을목(甲乙木) 관살(官殺)이 일간(日干)을 협공하는데, 축미충(丑未沖)으로 미(未)에 통근(通根)한 살을 완화시킨다. 일원(日元)이 더 강해져 균형을 잃

을 것 같으나, 다시 진(辰)에 통근(通根)하여 살왕신왕(殺旺身旺)
해졌다. 충(沖)으로 더욱더 귀한 명이 될 수도 있지만 역시 충(沖)
이 있어 원만한 삶을 살기도 힘들다는 것을 알 수 있다.

만일 대귀대부한 사주를 분별할 수 있는 능력이 있다면 아이의
사주만 보고도 '당신의 아이는 장차 왕위장상이 될 것이니 부디
잘 키우시오' 하고 마치 드라마의 한 장면처럼 통변(通辯)할 수 있
을 것이다. 대귀한 사주는 이처럼 조화가 절묘하지만 대부한 사주
는 그렇지 못한 편이다.

그래서 부자가 천국가는 것은 낙타가 바늘구멍 들어가는 것보다
어렵다는 말이 있듯이, 하늘에서도 그리 대접받지 못하는 모양이
다. 그러니 너무 돈만 쫓지 말고 사람을 귀히 여기는 마음이 있어
야 심즉불(心卽佛)한다. 천국을 여기 있다 저기 있다 하지 말라. 바
로 네 마음 속에 있다는 예수의 가르침을 이해할 수 있을 것이다.

① ○○○○   ② ○○○○   ③ ○○○○
　戌卯酉午　　　　巳卯酉巳　　　　申辰子午

이 사주들은 충(沖)을 합(合)으로 해소한 경우이다. ①은 묘유충
(卯酉沖)을 묘술합(卯戌合)으로 해소했고, ②는 묘유충(卯酉沖)을
사유합(巳酉合)으로 해소했고, ③은 자오충(子午沖)을 자진합(子辰
合)으로 해소했다.

① ○ ○ ○ ○   ② ○ ○ ○ ○
寅午午子   酉酉卯辰

 이 사주들은 합(合)으로 충(沖)이 다시 살아난 경우이다. ①은 한 개의 자(子)가 두 개의 오(午)를 충(沖)하지 못하지만 인오합(寅午合)으로 한 개가 제압되어 자오충(子午沖)이 살아났다. 비록 자(子)가 오(午)보다 강하지만 오(午)가 둘이면 자수(子水)도 함부로 할 수 없다고 이해할 수 있다.

 ②를 서낙오(徐樂吾)는 『자평진전평주(子平眞詮評註)』에서 한 개의 묘(卯)를 두 개의 유(酉)가 충(沖)하지 못하나, 진유합(辰酉合)으로 하나를 제거하여 묘유충(卯酉沖)이 되살아났다고 했다. 그러나 강한 유금(酉金)이 두 개인데 한 개의 묘(卯)를 충(沖)하지 못할 이유가 없다. 진유합(辰酉合)으로 견제하더라도 시지(時支) 유금(酉金)이 다시 충(沖)해서 되살아났다고 해석해야 한다.

 약한 것이 뭉치면 강한 것이 건드리지 못할 수도 있지만, 강한 것이 둘이면 하나를 충(沖)하는 것은 어렵지 않다. 차라리 강자가 약자에게 관용을 베풀었다고 했다면 논리성은 있다고 본다.

○ ○ ○ ○
寅 寅 申 午

인오합(寅午合)으로 인신충(寅申沖)이 해소된 것 같지만, 다시 년지(年支) 오(午)와 시지(時支) 인(寅)이 합(合)하여 인신충(寅申沖)이 되살아났다. 실제 합(合)보다는 충(沖)이 가까우니 다소 약화될 수는 있어도 충(沖)이 먼저 일어난다.

```
  ○   ○   ○   ○
  酉   酉   卯   辰
```

묘유충(卯酉沖)을 진유합(辰酉合)으로 해소했지만, 다시 시지(時支)에 유(酉)가 있어 묘유충(卯酉沖)이 되살아났다. 이 역시 진유합(辰酉合)으로 다소 해소하더라도 묘유충(卯酉沖)은 있다.

```
  ○   ○   ○   ○
  辰   酉   巳   亥
```

사해충(巳亥沖)을 사유합(巳酉合)으로 해소했지만, 진유합(辰酉合)으로 다시 사해충(巳亥沖)이 살아났다.

```
  ○   ○   ○   ○
  子   午   丑   未
```

축미충(丑未沖)을 오미합(午未合)으로 해소한 것 같으나, 다시 자오충(子午沖)으로 축미충(丑未沖)이 살아났다.

```
○    ○    ○    ○
申   卯   酉   辰
```

진유합(辰酉合)을 묘유충(卯酉沖)으로 해소한 것 같지만, 묘유충(卯酉沖)을 진유합(辰酉合)으로 해소했다.

다음은 충형(沖刑)으로 충형(沖刑)을 해소한 경우이다.

```
○    丙    ○    ○
酉   卯    子    ○
```

묘(卯)가 정관(正官) 자(子)를 형(刑)한 것 같지만, 유(酉)가 묘(卯)를 충(沖)하여 자묘형(子卯刑)이 사라졌다. 그러나 유묘충(酉卯沖)은 있어 정관(正官)은 보호되지만 충(沖)은 영향을 끼친다. 이것이 충(沖)을 합(合)으로 해소하는 것과 다른 점이다.

```
○    甲    ○    ○
子   卯    酉    ○
```

정관(正官) 유금(酉金)을 묘유충(卯酉沖)으로 충극(沖剋)한 것 같으나, 자묘형(子卯刑)으로 충극(沖剋)하여 무력해졌다. 이것이 이열치열로 충(沖)은 충(沖)으로 형(刑)은 형(刑)으로 해소시키는 방법이다. 충(沖)을 합(合)으로 해소하면 원국(元局)의 충(沖)이 완전히 사라지지만, 이 경우는 묘유충(卯酉沖)은 치유되어도 자묘형(子卯刑)의 흔적은 남는다.

충합(沖合)의 관계는 월지(月支) 격국(格局)에 중심을 두고, 충형(沖刑)이 육합(六合)·삼합(三合)으로 해소되는 것에 초점을 맞춰야 한다. 그러나 방합(方合)은 해소되지 않는다. 또한 합(合)을 충(沖)이 방해하는 경우도 있는데 다음과 같다.

① ○ 壬 己 ○   ② ○ ○ ○ ○
酉 卯 未 ○   酉 卯 未 亥

①은 묘유충(卯酉沖)을 묘미합(卯未合)으로 해소했다고 생각할수 있지만, 격국(格局)과 무관한 충(沖)의 해소는 의미가 없다. 월지(月支) 격국(格局)에 중심을 두라는 이유는 가령 월지(月支) 정관(正官)에 다시 정관(正官)이 투간(透干)하여 격을 이루는데, 묘미합(卯未合)으로 상관(傷官)으로 변한다면 간지(干支)가 무정하게 되니 파국이 되기 때문이다. 이 때 유묘(酉卯)가 충(沖)으로 묘미합(卯未合)을 방해하면 다시 격이 살아난다.

②는 삼합(三合)을 모두 갖추었지만 왕지(旺地)를 묘(卯)가 충(沖)하여 합(合)을 이루지 못했다.

이제 사주에 형충(刑沖)이 있다고 무조건 나쁜 것이 아니라, 희용

(喜用)이 충극(沖剋)을 당하면 나쁘고, 기신(忌神)이 형충(刑沖)을 당하면 오히려 격(格)이 살아난다는 것을 알았을 것이다. 이처럼 형충합(刑沖合)의 원리를 일률적으로 설명하기는 어렵다. 다양한 변화에 대처하기 위해서는 끊임없이 연구해야 할 것이다.

5장. 십성론(十星論)

1. 십성론(十星論)의 의의

합충론(合沖論)에서는 다루지 않았지만 십성(十星) 관계에서는 암합(暗合)에 주목할 필요가 있다. 암합(暗合)은 장간(藏干)끼리의 합(合)을 의미하는데, 실제 추명술에서 매우 유용하게 활용할 수 있다. 다만 암합(暗合)을 잘못 사용하면 도리어 낭패를 볼 수도 있으니 무엇보다 신중해야 한다.

암합(暗合)이 십성론(十星論)의 무슨 타이틀 정도로 중요하여 본장에서 다루는 것은 아니다. 단지 십성(十星)을 공부하면 이런 부분까지도 추명의 영역을 넓힐 수 있기 때문이다.

암합(暗合)이란 말 그대로 음지에서 합(合)하기 때문에 겉으로 잘 드러나지 않지만, 지지(地支)보다 더 강한 인간의 욕구가 내재되어 있다. 지지(地支)는 단순히 천간(天干)을 받드는 차원이라고 하면,

암합(暗合)은 실행력이 뒤따르기 때문에 간과해서는 안된다. 암합(暗合)이 동(動)하는 시점은 지장간(支藏干)이 천간(天干)에 드러나는 운에서다. 대운(大運)에는 영향을 주지는 않고 주로 세운(歲運)에서 잘 드러난다.

암합(暗合)의 종류부터 살펴보자. 간지(干支)의 암합(暗合)에는 무자(戊子)·정해(丁亥)·임오(壬午)·신사(辛巳)가 있고, 지지(地支)의 암합(暗合)에는 자술(子戌)·축인(丑寅)·묘신(卯申)·오해(午亥)·인미(寅未)가 있다. 암합(暗合)은 지지(地支)에서 정기(正氣)와의 합(合)만 인정하고, 다른 합(合)은 인정하지 않는다. 자(子) 중 계수(癸水)와 술(戌) 중 무토(戊土)가 합(合)하듯이 다른 것도 마찬가지이다.

암합(暗合)의 주요 기능은 사생활을 예측하는 것이다. "가정에 충실하세요 남편이 눈치챈 듯 허이" 이런 통변(通辯)이 가능한 것은 바로 암합(暗合)의 영역이다. 명리학(命理學)에서 이런 부분까지 예측한다면 정말 귀신들린 도사로 소문날 지도 모를 일이다.

요즘에는 연애문제가 주된 관심사이다. 이 부분에서 빠트리지 않고 질문하는 것이 보이지 않는 상대방의 심리이다. 현실과 동떨어진 명리는 가치가 상실되는 것이니 추명인은 시대의 유행을 탈 줄도 알아야 한다.

예를 들어 남명이 무자(戊子)나 임오(壬午) 일주(日柱)이면 재성(財星)과 합(合)하여 아내에게 잘하지만, 장간(藏干)에 정편재(正偏財)가 혼잡되어 있으니 숨겨놓은 애인이 있을 수 있다.

만일 여명이 정해(丁亥)나 신사(辛巳) 일주(日柱)이면 일지(日支) 정관(正官)이라 정숙하고 순종적이라고 생각할 수 있으나, 역시 장간(藏干)에 정편관(正偏官)이 혼잡되어 있으니 달밤에 몰래 만날 정부가 있을 수도 있다.

물론 일지(日支)가 길신이면 이런 상황이 벌어지지 않지만, 흉신이면 실행력이 발휘될 가능성이 높다. 명리학(命理學)의 모든 원리가 그렇듯이 단식적인 판단은 절대금물이다. 오판으로 오는 파장을 염두하고 내 사주처럼 다루어야 한다.

십성(十星)에는 비견(比肩)·겁재(劫財)·식신(食神)·상관(傷官)·편재(偏財)·정재(正財)·편관(偏官)·정관(正官)·편인(偏印)·정인(正印)이 있다. 이것을 육신이라고도 하는데 비견(比肩)과 겁재(劫財)는 일간(日干)과 오행(五行)이 같아 격(格)을 이루지 못하니 제외하기 때문이다.

그리고 정재(正財)와 편재(偏財), 편인(偏印)과 인수(印授)도 편정(偏正)의 작용이 비슷하여 재성(財星)과 인성(印星)으로 묶고, 식신(食神)·상관(傷官)·재성(財星)·정관(正官)·편관(偏官)·인성(印星) 등과 같이 6가지로 분류하여 육신(六神)이라고도 한다. 또한 음양(陰陽)을 묶어 비겁(比劫)·식상(食傷)·재성(財星)·관성(官星)·인성(印星)이라 하고, 관성(官星)은 관살(官殺) 정인(正印)은 인수(印綬)라고도 한다.

또한 십성(十星)을 육친(六親)이라고도 하는데, 가깝고 친한 사람이라는 뜻이다. 그러니 십성(十星)은 사회성, 육친(六親)은 가족관계와 관계가 깊다고 할 수 있다. 별성(星) 자를 써서 십성(十星)이라고 한 이유를 구체적으로 알 수는 없지만, 십성(十星)이 10개인 것을 보면 천간(天干)을 뜻하고, 하늘에 떠있는 별을 상징하는 것으로 본다.

지구상의 사람만큼 별이 있다고 하는데, 별이 지면 사람이 죽는다고도 한다. 바로 별을 보고 사람의 운명을 점치는 것이 점성학인데, 십성(十星)이라는 이름이 거기서 유래한 것이라고 생각한다. 아니면 주어진 하늘의 명을 저 별만큼이나 세세하고 심도있게 추론할 수 있는 발판이 되기 때문에 십성(十星)이라고 붙여진 듯하다.

명리학(命理學)은 십성론(十星論)이 유입되면서 여타의 점서보다 실용적인 면에서 앞설 수 있었다. 음양오행(陰陽五行)의 자연학적인 측면보다 인간관계와 사회성을 다루기 때문에 추명학을 보다 표면 위로 나타내게 한 것이 십성론(十星論)의 의의라고 할 수 있다. 통변술(通辯述)의 요체이기도 한 십성론(十星論)에 대한 폭넓은 인식이 있어야 보다 심오한 지식체계가 세워질 것이다.

2. 십성(十星)의 표출법

육신(六神)을 표출하는 방법은 일간(日干)을 기준으로 다른 간지(干地)를 대조하여 일간(日干)과의 오행생극(五行生剋)의 원리와 음양(陰陽)의 구분으로 정해진다.

— 비견(比肩)은 일간(日干)과 오행(五行)이 같고 음양(陰陽)이 같은 것이다.

— 겁재(劫財)는 일간(日干)과 오행(五行)이 같으나 음양(陰陽)이 다른 것이다.

— 식신(食神)은 일간(日干)이 생(生)하는 오행(五行)으로 음양(陰陽)이 같은 것이다.

— 상관(傷官)은 일간(日干)이 생(生)하는 오행(五行)으로 음양(陰陽)이 다른 것이다.

— 편재(偏財)는 일간(日干)이 극(剋)하는 오행(五行)으로 음양(陰陽)이 같은 것이다.

— 정재(正財)는 일간(日干)이 극(剋)하는 오행(五行)으로 음양(陰陽)이 같은 것이다.

— 편관(偏官)은 일간(日干)을 극(剋)하는 오행(五行)으로 음양(陰陽)이 같은 것이다.

— 정관(正官)은 일간(日干)을 극(剋)하는 오행(五行)으로 음양(陰陽)이 다른 것이다.

— 편인(偏印)은 일간(日干)을 생(生)하는 오행(五行)으로 음양(陰陽)이 같은 것이다.

— 인수(印綬)는 일간(日干)을 생(生)하는 오행(五行)으로 음양(陰陽)이 다른 것이다.

여기서 亥(陽)·子(陰)·巳(陽)·午(陰)로 음양(陰陽)이 바뀌어서

표출된다는 것만 주의하면 된다.

 일간(日干)을 기준으로 표출된 천간(天干)의 십성(十星)을 천성(天星)이라 하고, 지지(地支)를 지성(地星)이라 한다. 그러니 천간(天干)의 십성(十星)이 겉으로 드러나는 성격을 가장 닮았다고 보면 된다. 지성(地星)은 부모에게 물려받은 성격이라 30% 정도 나타난다. 월간(月干)이 70%, 월지(月支)가 30% 정도가 개인의 성격에 가장 많은 영향을 미친다고 할 수 있다.

 오행(五行)의 생극제화(生剋制化)와 같은 원리로 십성(十星)의 생극제화(生剋制化)를 숙달해야 한다. 오행(五行)이 목생화(木生火)·화생토(火生土)·토생금(土生金)·금생수(金生水)·수생목(水生木)으로 상생(相生)하듯이, 십성(十星)의 상생(相生)은 비겁(比劫)은 식상(食傷)을 생(生)하고, 식상(食傷)은 재성(財星)을 생(生)하고, 재성(財星)은 관성(官星)을 생(生)하고, 관성(官星)은 인수(印綬)를 생(生)하고, 인수(印綬)는 비겁(比劫)을 생(生)한다.

 오행(五行)이 목극토(木剋土)·토극수(土剋水)·수극화(水剋火)·화극금(火剋金)·금극목(金剋木)으로 상극(相剋)하듯이, 십성(十星)의 상극(相剋)은 비겁(比劫)은 재성(財星)을 극(剋)하고, 재성(財星)은 인성(印星)을 극(剋)하고, 인성(印星)은 식상(食傷)을 극(剋)하고, 식상(食傷)은 관성(官星)을 극(剋)하고, 관성(官星)은 비겁(比劫)을 극(剋)한다.

 십신(十神)도 오행(五行)과 같이 양(陽) 대 양(陽), 음(陰) 대 음

(陰)은 파극(破剋) 효과가 크고, 음양(陰陽)이 다르면 대립과 화합이 공생한다. 상생(相生)의 원리는 음양(陰陽)의 구분이 별 차이가 없지만, 상극(相剋)은 격용(格用)을 체용(體用)하는 원리에 유용하기 때문에 십신(十神)의 상극(相剋)을 알아둘 필요가 있다.

■ 십신(十神)의 상극(相剋)

— 비견(比肩)은 편재(偏財)를 극(剋)하고, 겁재(劫財)는 정재(正財)를 극(剋)한다.

— 식신(食神)은 편관(偏官)을 극(剋)하고, 상관(傷官)은 정관(正官)을 극(剋)한다.

— 편재(偏財)는 편인(偏印)을 극(剋)하고, 정재(正財)는 인수(印綬)를 극(剋)한다.

— 편관(偏官)은 비견(比肩)을 극(剋)하고, 정관(正官)은 겁재(劫財)를 극(剋)한다.

이 중에서 재성(財星)과 인성(印星)은 정편(正偏)의 작용이 비슷하여 오행(五行)의 생극(生剋)과 비슷하다. 그러나 정관(正官)·편관(偏官)·식신(食神)·상관(傷官)은 격용(格用)의 취용이 다르기 때문에 눈여겨 봐야 한다. 십성(十星)의 생극(生剋)을 암기했다면 자연스럽게 오행(五行)의 생극(生剋)을 십성(十星)에 적용하면 된다. 이는 오행(五行) 단계의 초급에서 십성(十星) 단계의 중급으로 진입한 것을 의미한다.

십성조견표

	남 자	여 자
비견	형제, 친구, 조카, 동업자	형제, 친구, 조카, 남편의 첩, 동업자
겁재	친구, 조카, 이복형제, 며느리, 동료	친구, 조카, 이복형제, 직장동료, 남편의 첩, 며느리, 시아버지, 고조모
식신	조카, 손자, 사위, 증조부, 장모	딸, 증조부
상관	할머니, 외조부, 손녀	아들, 할머니, 외조부
편재	아버지, 처첩, 처의 형제, 형수, 제수	아버지, 시어머니, 외손자
정재	본처, 숙부, 고모	시조부, 숙부, 고모
편관	아들, 외조모, 고조부	간부, 남편의 형제, 고조부, 외조모, 며느리, 직장상관
정관	딸, 자식, 조카, 증조모, 직장상관	본남편, 손자며느리, 증조모
편인	서모, 계모, 유모, 이모, 할아버지, 외숙	서모, 계모, 유모, 이모, 할아버지, 시조모, 손자, 외숙
인수	어머니, 장인, 증손, 외손	어머니, 사위, 손녀

3. 십성(十星)의 특성

십성(十星)에는 4흉신 살상겁인(殺傷劫刃)과 4길신 재관인식(財官印食)이 있지만, 격용(格用)의 희기(喜忌)에 따라 달라지니 명칭에 구애받을 필요는 없다. 각 십성(十星)의 성질을 대략적으로 파악하되 문장에 너무 집착하여 격용(格用)의 원칙이 배제된 희기(喜忌)를 논해서는 안된다.

1) 비견(比肩)

비견(比肩)의 기본 속성은 독립·실천·개혁·주체성 등이다. 비견(比肩)은 일간(日干)의 뿌리이기 때문에 십성(十星) 중에서 가장 중요하다. 일단 자신이 튼튼해야 무슨 일이든 할 수 있는 의욕과 열정이 생기기 때문이다.

비견(比肩) 자체로는 길흉의 의미는 없고, 주변의 배합에 따라 희기(喜忌)가 결정된다. 일간(日干)에게는 통근(通根)의 역할을 하니 주관과 소신이 뚜렷하고, 독립심·실천력·민첩성·직관력이 대단하며, 자신을 방어하고 타인을 이끄는 리더십도 있다.

비견(比肩)이 재성(財星)을 만나면 아내를 만나 분가하고, 정관(正官)을 만나면 취업을 하고, 인성(印星)을 만나면 학업에 대한 욕구가 생기고, 식상(食傷)을 만나면 자신의 재능을 과신하여 직장인도 사업에 관심이 많아 주식·증권·부동산 매입 등 단시적인 축재에 관심을 가질 수 있다.

비견(比肩)이 재성(財星)을 만나면 기술·기획·설계·외교·마케팅·디자인·미용에 재능이 있고, 재관(財官)을 만나면 공무원·직장에 적합하고, 식재(食財)를 만나면 사업·기업인·금융계에 적합하다.

2) 겁재(劫財)

겁재(劫財)의 기본 속성은 경쟁력·고집·투기 등이다. 일간(日干)과 음양(陰陽)이 다르니 더욱 유력하고, 비견(比肩)보다 더 강렬하다. 과감성·용맹성·결단력·추진력이 있고 지나치면 제멋대로이거나 이기적이며 다소 즉흥적이고 돌발적인 성향이 강하다.

겁재(劫財)가 재성(財星)을 만나면 재물에 대한 욕구가 강하여 투기심이 발동한다. 반면에 겁재(劫財)는 칠살(七殺)을 무력하게 만들거나 두려워하지 않고 오히려 제극(制剋)되는 것을 기뻐한다.

겁재(劫財)가 정재(正財)를 만나면 편재성(偏財星)으로 흐르기 쉽고, 상관(傷官)을 만나면 유아독존격으로 정신력이 강하여 법으로 통제가 안될 정도로 겁이 없다.

겁재(劫財)가 월지(月支)에 있으면 일원(日元)이 태강(太强)해지고 상대적으로 재관(財官)이 약해지기 때문에 규율적이기 보다는 활동적인 자유직종·프리랜서·체육인·종교인 등이 길하다.

겁재(劫財)가 재성(財星)을 만났는데 식상(食傷)이 없으면 사업은 불가하고 기술직이 적합하며, 안하무인으로 향락과 도박에 심취하는 경우가 많다. 그러나 식상(食傷)이 있으면 통신·오락·게임·

유흥업·서비스업에서 탁월한 수완을 발휘한다.

3) 식신(食神)

식신(食神)의 기본 속성은 배려·신중·연구·낙천적·자비·융통성·인내 등이다. 식신(食神)은 밥식(食) 자를 쓰기 때문인지 의식주의 안택을 위해서는 꼭 필요한 육신이다. 그러니 식신(食神)을 겁탈하는 편인(偏印)을 효신(梟神)이라 해서 매우 꺼린다.

식신(食神)의 장점은 재능에 비하여 재물운이 있다는 것이다. 자신을 통제하며 절제할 줄 알고 분수를 잘 지킨다. 어린아이처럼 소심하고 작은 것에 상처받기도 한다.

식신(食神)은 일간(日干)이 기세를 유통하기 때문에 일단 지능과 재능이 좋다고 할 수 있다. 집중력이 대단하여 한 가지에 몰입하면 반드시 성과를 내고, 남다른 창의성이 돋보인다.

반면에 자신이 좋아 하는 일만 관심을 가지며, 남의 이목에 그리 신경쓰지 않는 편이다. 낙천적인 사고와 천진무구한 면도 많으며 남을 돌보는 것을 좋아한다. 지식에 대한 이해와 습득이 빠르고 연구열이 대단한 것도 식신(食神)의 장점이다.

식신(食神)이 재성(財星)을 만나면 고기가 물을 만난 것처럼 현실적인 사고로 재물을 생산해내는 면에서는 독보적이고, 편관(偏官)을 만나면 장수가 칼을 찬 격이라 명예와 권력을 얻고, 인성(印星)을 만나면 생활고에 시달리면서도 분발심이 없다.

식신(食神)이 형충(刑沖)되면 유산이나 낙태의 어려움과 생식기에 문제가 있을 수 있고, 여명에서 편인(偏印)이 식신(食神)을 극(剋)하면 독수공방하고 남자가 무정하다.

4) 상관(傷官)

상관(傷官)의 기본 속성은 다재다능·달변·비판·혁신·반항·유머·천진 등이다. 관(官)을 해친다는 의미에서는 십성(十星) 중에서 가장 대접받지 못하는 육신이다. 그러나 상관견관(傷官見官)을 꺼릴 뿐이지 빼어난 장점들이 많다.

상관(傷官)은 이 시대에 가장 어울리는 십성(十星)으로 유행에 민감하고 어떤 악재가 있어도 긍정적으로 생각하며 남을 탓하지 않는 편이다. 위로는 대항하고 아랫사람에게는 인정을 베푸니 적과 아군이 극명하게 나뉘는 특성이 있다.

상관(傷官)은 두뇌가 명석하고 다재다능한 팔방미인들이 많고, 반드시 한 가지 재주가 빛을 본다. 그러나 기세가 꺾이면 삶을 너무 쉽게 포기하는 것도 상관(傷官)의 특성이다.

상관(傷官)은 신념이 있으면 태산도 옮길 의욕을 보이고, 성급하기로는 독보적이라 행동보다는 말이 앞설 가능성이 많다. 불가능한 영역에서 곧잘 가능성을 발견하며 분석력이 탁월한 반면, 상관(傷官)은 일원(日元)이 너무 기가 빠진만큼 끈기가 부족한 것이 흠이다. 따라서 인성(印星)의 생조(生助)가 꼭 필요하다.

상관(傷官)이 겁재(劫財)를 만나면 규율이나 규범을 무시하고 원칙에 항거하는 반발심이 많다. 불의를 보면 참지 못하는 면이 있어

남의 일에 나서기를 잘하나, 실속을 차리지 못하는 면도 많다. 또한 주머니 사정을 고려하지 않고 화끈하게 돈을 쓰는 등 낭비와 절약에 대한 개념이 희박하다.

상관(傷官)이 인성(印星)을 만나면 임기응변에 능하고 언변이 탁월한 면을 살려 법에 대항하여 사람을 대변해주는 변호사가 적격이고, 연예인·관광·외교·세일즈·통역·음악가·기획사·경호원·미술·미용·방송·작가·언론사 등 다양한 일에 종사한다.

상관(傷官)이 재성(財星)을 만나면 재물이 춤추듯 들어오고, 인성(印星)을 만나면 문인·학자·교수가 길하고, 칠살(七殺)을 만나면 정계에 진출하고, 정관(正官)을 보면 직장생활에 어려움이 많다.

여명에 상관견관(傷官見官)이나 형충(刑沖)이 있으면 이별수가 있고, 유산이나 낙태를 경험하며 자식과의 인연이 없다. 또 여명이 칠살(七殺)을 만나면 가정주부로 만족하지 못하고 사회생활을 한다. 또한 씀씀이가 매우 크면서도 절약할 줄 알고, 일복이 많아 체력적인 소모가 크다.

5) 편재(偏財)

편재(偏財)의 기본 속성은 재물·설계·관리·보살핌·계획·실천력 등이다. 재물에 치우쳤다는 의미인데 돈이 없으면 돈걱정이 태산인 경우가 많다. 반면에 돈이면 안되는 것이 없다고 생각하고 눈앞의 이익에 너무 집착하는 경향이 있다.

편재(偏財)의 우월성은 탁월한 관리능력에 있다. 아무리 복잡하고 어려운 문제도 일목요연하게 정리하는 재주가 있다. 또한 신용이 두텁고 책임감이 많아 맡은 일은 철저하게 완수하여 조직사회에서는 인망이 두텁다.

직업으로는 기업경영·금융·경리·회계·총무·중개인·매니저·프렌차이점·디자이너·건축설계·보석상·점포·납품·유통업·운수업 등이 적합하다.

여명에서 편재(偏財)가 정관(正官)을 보면 남편을 출세시키고, 상관(傷官)을 보면 살림보다는 일을 좋아하여 집안에 있으면 가정불화가 생길 수 있고, 칠살(七殺)을 보면 남자에게 헌신해도 배신당하는 수가 있다.

편재(偏財)가 편인(偏印)을 보면 부업으로도 성공한다. 무슨 일이든 적당히 하는 법이 없어 깐깐한 인상을 주지만 작은 돈에 인색하고 큰 돈에 화통한 구석이 있다. 실속면에서는 편재(偏財)의 재주를 못 당하니 금전적으로 궁핍한 삶은 좀처럼 찾아보기 힘들다.

그러나 비겁(比劫)만 있고 식상(食傷)과 관성(官星)이 없으면 일명 거지사주라 하여 평생 재물 때문에 애환을 겪는다. 군겁쟁재(君劫爭財)는 여명은 남편이 무덕하고, 남명은 여자가 배신하는데 재물이 화근의 불씨가 된다.

6) 정재(正財)

정재(正財)의 기본 속성은 재물·건강·안정·화평·낭만·가정적 등이라고 할 수 있다. 정재(正財)는 재적 충만이 보증되는 길신이다. 능력이 없더라도 아내덕을 보고 아쉬울 때마다 돈이 들어오니 삶의 여유가 있다.

정재(正財)는 항상 남에게 관용을 베풀고 봉사하며 신뢰를 주는 인상이다. 남의 부탁을 거절하지 못하는 편이라 인심을 베풀고 어려운 사람을 보면 그냥 지나치지를 못한다.

정재(正財)는 신용과 믿음을 중시하기 때문에 사람을 잘 믿는 편이나 한 번 실망하면 좀처럼 마음을 돌리기가 어렵다. 아내의 내조를 가장 많이 받는 것이 정재성(正財星)이며 배우자가 근면하고 검소하다.

정재(正財)가 식신(食神)을 보면 매우 현실적이며 실리적이고 계산이 분명하여 다소 인색하다는 인상을 준다.

정재(正財)가 상관(傷官)을 보면 물질적으로 안정하지 못하면 극히 불안한 면이 있어 부정한 방법으로 재물을 모을 수도 있다. 또한 다양한 직업을 갖고 사업면에서는 탁월한 아이디어로 성공한다.

정재(正財)가 정관(正官)을 보면 부귀쌍전하는 귀명을 이루고, 편인(偏印)을 보면 남과 섞이기를 싫어하며, 이색적인 직업을 갖는다.

정재(正財)는 상점·숙박업·음식업·개발생산업·출판업·중개업·유아원·유통·산후조리·간호·의사·재정·무역·경영·화원 등이 적합하다.

7) 편관(偏官)

편관(偏官)의 기본 속성은 의리·충성·효심·희생·봉사·책임감·고독 등이라고 할 수 있다. 지나치게 관(官)에 치우쳤다는 뜻이니 법을 중시하고 위를 공경하며 상관을 하늘처럼 받든다는 의미로 생각할 수 있다.

편관(偏官)이 공무원이 되면 좀처럼 불의와 타협하지 않으며 공익을 위한다는 각오로 살 것이다. 직장에서 편관(偏官) 상사를 만나면 일을 대충했다가는 사표를 내야 할 각오를 해야 한다. 그만큼 원리원칙을 중시하고 요령을 모른다.

편관(偏官)은 일간(日干)을 극(剋)하는 기질이 있어 위기감을 느껴 자기 몸을 의식적으로는 많이 생각하나 일에 빠지면 돌볼 겨를이 없다. 그래서 병을 달고 사는 경우가 많지만 겉으로 잘 드러나지는 않는다. 편관(偏官)은 끈기와 체력이 필요한 군인·경찰·경호·경비·보완요원 등의 직업이 적합하다.

아마 삼국지에 나오는 관우가 편관(偏官) 성질이 강할 것이라고 짐작된다. 편관(偏官)은 식상(食傷)으로 제살(制殺)하면 큰 부를 누리나 너무 극제(剋制)하면 제살(制殺)이 태과(太過)하여 변변한 직업을 얻지 못하거나 기력이 너무 쇠진하여 어려서 요절한다.

편관(偏官)은 상관에 대한 충성심이 강한 반면 자신에게도 지나치게 충성하는 이중적인 면모도 있다. 마땅히 충성해야 할 자신보다 나은 사람이 없다고 판단하면 절대적으로 자신만을 믿는다고 하겠다. 절대적인 충성심과 극단적인 이기심의 양면성이 심적 갈등을 유발하는 원인이 되기도 한다.

편관(偏官)은 밑에서는 충성심이 대단하지만 최고의 자리에서는 조언이나 충언을 무시하고 절대적인 권력을 행사한다. 그러나 자신을 지지하는 수하를 끔찍이 위하고 적대관계는 철저하게 배격한다. 박정희 전 대통령이 편관성(偏官星)이 두드러진다고 할 수 있다.

편관(偏官)은 목표가 생기면 과감하게 돌진하며 좀처럼 지칠줄을 모르나, 목적의식이 결여되면 어디로 나아갈 바를 모르니 세상에 쓸모없는 부류로 전락할 것이다.

8) 정관(正官)

정관(正官)의 기본 속성은 법·직장·지위·남편·권위·명예·규율·통제 등이라고 할 수 있다. 정관(正官)은 귀와 명예를 주관하는데 정재(正財)와 더불어 조직사회의 적응력이 가장 빠르다. 편관(偏官)이 고집스런 성향이 강하다면 정관(正官)은 합리적이고 융통성이 있다. 또한 질서정연하고 반듯한 사고를 가져 안정감이 돋보인다.

정관(正官)은 업무처리 능력이 뛰어나 직장생활에 가장 적합한 육신이다. 정관(正官)이 길신이면 취업 후에도 승진이 빠르고 지위가 어느 정도 보장된다. 그러나 단점이라면 다소 냉철하고 유머감각이 없어 인간미가 떨어져 보이는 것이다. 윗사람에게는 잘하지만 아랫사람에게는 다소 인색한 부분이 있다.

정관(正官)은 큰 일에는 대범하지만 작은 것은 가벼이 여긴다. 가정적으로 다소 가부장적으로 비춰지는 것도 남자와 여자의 선을 분명히 긋고 공사의 구분이 분명하기 때문이다. 옛날에는 정관(正

官)에 대한 권위가 사회풍토였으나 오늘날에는 여성의 목소리가 높아진 시대이니 정관성(正官星)의 독선적인 권위의식은 생계의 안정감은 줄지 모르지만 가정불화의 원인이 될 수 있다.

또한 자식에 대한 애정과 관심이 대단하여 교육열이 가장 높은 것도 정관(正官)의 특성이다. 자식을 통제하고 규제하는 것을 볼 때 만약 상관성(傷官星)이 강한 자식을 둔다면 반발심리가 강하기 때문에 부자관계가 불편해질 소지가 있다.

정관(正官)은 모든 사주에서 강한 영향력을 행사하고 월지(月支) 를 얻지 않고도 격으로서의 비중을 가질 수 있는 것도 큰 특징이 라 하겠다.

9) 편인(偏印)

편인(偏印)의 기본 속성은 변화무쌍·예능·호기심·창작·임기 응변 등이라고 할 수 있다. 편인(偏印)은 도장인(印) 자를 쓰니 뭔 가 분명한 것을 좋아한다.

편인(偏印)은 확실하지 않는 것은 의심을 하고 자칫 의처증이나 의부증을 유발할 수도 있다. 그러니 결혼이 유난히 늦는 것도 편인 (偏印)의 특성이다. 인간을 생조(生助)하는 미덕은 있어 식신(食 神)을 파극(破剋)하기도 하니 재성(財星)이 없으면 자칫 현실을 망 각하고 이상만 추구하여 생계의 위태로움을 자초할 수도 있다.

편인(偏印)은 뛰어난 예술적 감각이 있어 예술가가 많고 독특한 정신세계를 가지고 있다. 학술적인 능력이 뛰어나 역학인·문인·

학자·교수가 많다. 두뇌회전이 빨라 임기응변·권모술수에 능하여 왕을 보좌하는 책사들에게 많이 나타난다. 자신을 방어하는 능력이 매우 뛰어나고 말 한마디로 천냥빚을 갚을 수 있는 것도 편인성(偏印星)의 특징이다.

편인(偏印)은 비록 재간은 있으나 편협한 사고와 비뚤어진 인성도 많아 성질에 맞지 않으면 한순간에 엎어버리고 다소 엉뚱한 곳에서 재치와 재능을 발휘하기도 한다. 새로운 것에 대한 호기심이 많아 늘 새로운 것을 동경한다. 시시각각 변하는 변덕과 변태스런 기풍의 소유자이기도 하다. 넉살좋고 인간미 있는 사람으로 비춰지고 유머감각은 타의 추종을 불허한다.

결혼은 대개 늦는 편인데 연애는 자유분방하나 배우자를 고르는 눈은 매우 높다. 남자는 연상의 여자와 인연이 많은데 나이 차이를 대수롭지 않게 여긴다. 편인(偏印)의 가장 좋지 않은 점은 식신(食神)을 극(剋)하는 것인데, 여자는 자식을 두지 못하는 경우가 많다.

10) 정인(正印)

정인(正印)의 기본 속성은 시험·학업·문서·모성·생산·자애 등이라고 할 수 있다. 정인(正印)은 일간(日干)을 생조(生助)하기 때문에 일신이 평안하고 의식도 풍요롭다. 생계에 큰 어려움이 없어 의식주보다는 학문적 성취감에 희열을 느낀다. 자신의 본질을 깨닳고 온전한 자아실현을 꿈꾸는 것도 인성(印星)의 특징이다. 그래서 종교가나 교육자에게서 많이 볼 수 있다.

정인(正印)이 정관(正官)을 보면 가장 귀함을 얻을 수 있으며 나라의 동량이 된다. 정인(正印)의 수용적인 태도는 다양한 의식체계를 갖고 논리정연한 학술적 기취를 뽐낸다. 편인성(偏印星)이 관심분야만 파고드는 것과 차이점이 있다.

정인(正印)은 희생정신도 투철하여 의료직이나 복지사업에도 열정을 가진다. 대가를 바라지 않고 주는 것을 덕으로 실천하니 어머니의 품성과 같다

인수(印綬)는 식상(食傷)을 보아야 지혜롭고 다방면에서 재능을 발휘할 수 있다. 식상(食傷)이 없으면 먹기만 하고 배설을 하지 못하는 격이라 하여 다소 보수적이고 편협된 사고에 빠져 고독과 번뇌에 사로잡힐 수 있다.

인수(印綬)는 탁하지 않고 맑기만 해도 평생 무병장수한다고 했으니, 십성(十星) 중에서 으뜸이라고 할 수 있다. 탁하다는 의미는 탐재괴인(貪財壞印)을 꺼리는 것으로 재성(財星)이 인수(印綬)를 극제하여 생조(生助)의 근원을 끊는 것이다. 탐재괴인(貪財壞印)은 오직 자신의 안위만을 살피고 재물을 위해서는 패륜아적인 행동도 일삼을 수 있으니 가장 나쁜 명조라고 할 수 있다.

4. 십신(十神)의 통변(通辯)

십신통변술(十神通辯述)이란 십성(十星)을 통한 단식판단법으로,

십성(十星)의 생극제화(生剋制化)의 원리로 만든 것이다. 사주가 한쪽으로 편중되면 중화를 잃으니 문제의 발단이 된다. 지나치게 편중해도 종(從)하면 좋아지나, 여기서는 내격(內格)을 위주로 설명한다. 또한 과하면 정관(正官)도 편관(偏官)이 되고, 식신(食神)도 상관(傷官)이 되니 정편(正偏)을 구분할 필요가 없다.

가령 목(木)이 과하면 토(土)가 극(剋)을 받고, 목(木)을 생(生)하는 수(水)의 기운이 빠진다. 마찬가지로 재성(財星)이 강하면 인성(印星)이 피해를 보고, 재성(財星)을 생(生)하는 식상(食傷)이 쇠진한다. 고로 인성(印星)과 식상(食傷)을 문제로 간주하고 통변(通辯)하는 것이다.

또한 과한 것을 제압하거나 설기(洩氣)하는 것이 용신(用神)인 경우가 많고, 용신(用神)이 유력하면 다소 과하더라도 그리 문제가 되지 않는다. 용신(用神)이 합거(合去)되거나 무력할 때는 이런 현상이 두드러지게 나타난다.

1) 비겁(比劫)이 태과(太過)할 경우

— 비겁(比劫)이 과하면 인수(印綬)가 약해지니 부모의 원조를 받지 못하고 자수성가한다.
— 비겁(比劫)이 과하면 재성(財星)이 약해지니 결혼이 늦거나 가정불화가 심하다.
— 비겁(比劫)이 과하면 형제간에 화합하지 못하고 고집때문에 고립된다.

— 비겁(比劫)이 과하면 금전적인 손실이 많고 재물과도 인연이
  없다.

— 비겁(比劫)이 과하면 친구와 어울리지 못거나 친구때문에 낭
  패를 본다.

— 여명에서 비겁(比劫)이 과하면 남편이 밖으로 도니 가정이 불
  안하다.

— 비겁(比劫)이 많으면 생각은 깊으나 경거망동하거나 오히려 실
  천력이 부족하다.

— 남명에 비겁(比劫)이 많으면 색정이 많고 가정에는 무심하나
  밖에서는 기분파이다.

2) 식상(食傷)이 태과(太過)할 경우

— 식상(食傷)이 과하면 정기가 과다하게 손상되니 허약하고, 중풍
  이나 당뇨가 있다.

— 식상(食傷)이 과하면 인정은 많으나 내실이 없고 손해가 많다.

— 식상(食傷)이 과하면 관성(官星)이 무력하니 직장생활을 하기
  어렵다.

— 남명이 식상(食傷)이 과하면 자식을 두어도 무정하다.

— 여명이 식상(食傷)이 과하면 불임·유산·낙태 등으로 마음고
  생이 따른다.

— 식상(食傷)이 과하면 말만 앞세우고 남의 말을 무시하는 경향
  이 있다.

— 식상(食傷)이 과하면 유흥으로 재산을 탕진하며 호색을 즐긴다.

— 식상(食傷)이 과하면 본처와는 불화하나 여자는 잘 따른다.

— 식상(食傷)이 과하면 달변가이나 호언장담을 잘하여 신용을 잃는다.

3) 재성(財星)이 태과(太過)할 경우

— 재성(財星)이 과하면 인성(印星)이 손상되니 조실부모·학업중단·정신분열 등이 따른다.

— 재성(財星)이 과하면 재다신약(財多身弱)이 되니 비록 돈을 벌어도 건강이 나빠진다.

— 재성(財星)이 과하면 남자는 외도를 일삼고, 여자는 돈을 보고 결혼한다.

— 재성(財星)이 과하면 인수(印綬)가 손상되니 보증·사기·주거지 불안 등이 따른다.

— 재성(財星)이 과하면 경마·투기·도박·주식으로 재산을 탕진한다.

— 남명에 재성(財星)이 과하면 한 여자로 만족하지 못하여 두 집 살림을 차린다.

— 남명에 재성(財星)이 과하면 나태하고 게을러서 가정을 지키지 못한다.

— 여명에 재성(財星)이 과하면 식상(食傷)이 약해지니 불임·낙태·유산 등이 따른다.

— 여명에 재성(財星)이 과하면 음천하며 화류계에 종사한다.

4) 관성(官星)이 태과(太過)할 경우

— 관성(官星)이 과하면 비겁(比劫)이 손상되니 친구·동료·형제
  들과 화합하지 못한다.

— 관성(官星)이 과하면 일원(日元)이 손상되니 우울증·신체불
  구·수면장애 등이 따른다.

— 관성(官星)이 과하면 직장의 변동이 많고 이사를 자주한다.

— 관성(官星)이 과하면 자존심이 강하며 잔소리를 매우 싫어한다.

— 여명에 관성(官星)이 과하면 자식을 앞세워 목소리가 커진다.

— 여명에 관성(官星)이 과하면 정조관념이 없고 사통을 일삼는다.

— 관성(官星)이 과하면 지나친 권위의식으로 조직에서 소외되고
  엉뚱한 행동으로 핀잔을 듣는다.

— 관성(官星)이 과하면 결혼 전에 낙태 등을 경험할 수 있다.

— 여명에 관성(官星)이 과하면 남자가 많아도 실속이 없다.

— 여명에 관성(官星)이 과하면 남자가 너무 일방적이라 불협화음
  이 잦다.

5) 인성(印星)이 태과(太過)할 경우

— 인성(印星)이 과하면 식상(食傷)이 무뎌져 어리석고 정신장애
  가 많다.

— 인성(印星)이 과하면 식상(食傷)이 상하여 의식주가 불안하다.

— 여명이 인성(印星)이 과하면 식상(食傷)이 손상되니 자녀에게 문제가 생긴다.

— 인성(印星)이 과하면 부모의 지나친 참견으로 마음고생을 한다.

— 인성(印星)이 과하면 귀가 얇아 보증·사기·배신을 당한다.

— 인성(印星)이 과하면 관성(官星)이 약해지니 생활력이 약하고 사회에 적응하지 못한다.

— 인성(印星)이 과하면 직장생활보다 자영업이 더 적합하다.

— 인성(印星)이 과하면 사람은 좋지만 현실적이지 못하여 무능력자가 되기 쉽다.

— 인성(印星)이 과하면 사고가 편협하며 현실도피적인 은둔생활을 한다.

6장. 행운론(行運論)

1. 명(命)과 운(運)의 작용

부귀빈천은 명(命)에 의하여 결정되고, 득실은 운(運)에 의하여 결정된다. 비록 좋은 명을 지니고 태어났어도 운을 만나지 못하면 영웅이 때를 얻지 못하는 것과 같고, 꽃은 활짝 피나 열매를 맺지 못하는 것이나 다름없다.

명이 좋고 운이 좋으면 성공은 보장된 것이고, 명이 좋고 운이 나쁘면 능력에 비하여 결과가 덜하고, 명이 나쁘고 운이 좋으면 평범하지만 의식은 곤궁하지 않고, 명도 나쁘고 운도 나쁘면 한 세상 회한만 가득할 것이다.

운은 대운(大運)·세운(歲運)·월운(月運)·일진(日辰)까지 사주에 영향을 미치나 경중이 있고, 사주의 성패는 세운(歲運)보다는 대운(大運)의 비중이 크며, 월운(月運)과 일진(日辰)은 크게 작용하지 않는다.

사주가 체(體)라면 대운(大運)이 용(用)이고, 대운(大運)이 체(體)라면 세운(歲運)이 용(用)이 된다. 고로 대운(大運)은 세운(歲運)의 체(體)이니 지지(地支)를 중시하고, 세운(歲運)은 천간(天干)을 중시한다. 그러나 대운(大運)을 볼 때는 간지(干支)를 5년씩 끊어서 보기 보다는 간지(干支)를 병행하여 희기(喜忌)를 논한다.

대운(大運)은 동기(同氣)·개두(蓋頭)·절각(節脚)·합충(合沖) 회합(會合)에 따라 변화가 무쌍하고, 천간(天干)과 지지(地支)에 따라 희기(喜忌)가 달라지기도 한다.

동기(同氣)는 갑인(甲寅)·을묘(乙卯)와 같이 간지(干支)가 같거나, 갑진(甲辰)·병인(丙寅)과 같이 통근(通根)하고 상생(相生)하여 기(氣)가 통하는 것을 말한다.

개두(蓋頭)는 병신(丙申) 임오(壬午)와 같이 천간(天干)이 지지(地支)를 극(剋)하는 것이고, 절각(節脚)은 갑신(甲申)·을유(乙酉)와 같이 지지(地支)가 천간(天干)을 극(剋)하는 것이다.

개두(蓋頭) 절각(節脚)은 천간(天干)이 지지(地支)에 통근(通根)하지 못하여 천간(天干)의 역량이 매우 미약하다. 그러나 천간(天干)이 길신이면 절각(節脚)은 거의 작용하지 못하고, 개두(蓋頭)는 천간(天干) 5년간은 작용하며 지지(地支) 역시 작용력이 있다.

그러니 개두(蓋頭)는 5년씩 끊어서 길흉을 논할 수 있으나, 동기(同氣)보다는 50% 정도 감소된 역량만을 발휘한다. 절각(節脚)은 천간(天干)이 길신이면 거의 작용력이 없고, 지지(地支)는 작용력이 크다고 할 수 있다. 동기(同氣)는 100% 작용하니 희기(喜忌)에 따라 극단적으로 드러날 수도 있다.

대운(大運)과 세운(歲運)과의 관계를 볼 때는 먼저 세운(歲運)이 대운(大運)을 극충(剋沖)하는가를 살펴야 한다. 대운(大運)이 세운(歲運)을 극충(剋沖)하는 것이 아니기 때문이다.

마찬가지로 사주와 대운(大運)과의 관계는 대운(大運)이 사주를 극충(剋沖)하는 것이지, 사주가 대운(大運)을 극충(剋沖)하는 것이 아니다. 대운(大運)이 길신이면서 원국(元局)의 기신(忌神)을 극충(剋沖)하면 크게 발달하고, 대운(大運)이 희용신(喜用神)을 극충(剋沖)하면 크게 흉하다.

사주의 희용신(喜用神)이 무력한데 대운(大運)이 격국(格局)을 극충(剋沖)하면 흉하고, 희용신(喜用神)이 유력하면 격국(格局)을 극충(剋沖)해도 흉하지 않다. 가장 나쁜 것은 대운(大運)이 용신(用神)과 격국(格局)을 동시에 충극(沖剋)하는 것이다. 이 때 심하면 수명이 위태로울 수도 있다.

대운(大運)도 길하고 세운(歲運)도 길하면 능력 이상의 큰 성과를 얻고, 대운(大運)은 길하나 세운(歲運)이 흉하면 한 해만 나쁘고, 대운(大運)은 흉하나 세운(歲運)이 길하면 한 해만 무방하고, 대운(大運)이 흉한데 세운(歲運)도 흉하면 일년 농사를 한꺼번에 망치는 격이 된다.

대운(大運)이 흉한데도 뜻하지 않은 횡재를 하거나 발달하는 운이 있다. 예를 들면 대운(大運) 병오(丙午)가 흉인데 세운(歲運)이 임자(壬子)이면 세운(歲運)이 대운(大運)을 충극(沖剋)하여 완전히 제거하기 때문에 흉이 변하여 길이 되는 것이다. 만약 대운(大運) 임자(壬子)가 흉인데 세운(歲運)이 병오(丙午)이면 극충(剋沖)하여, 도리어 대운(大運)의 흉함을 자극하는 격이니 더욱더 흉하다.

또한 희용신(喜用神)이 희용신(喜用神)을 충(沖)하여도 무방하고, 원국(元局)의 한신(閑神)은 충(沖)하여도 문제될 것은 없지만, 합(合)하여 흉으로 변하는 것은 나쁘다. 만일 대세(大歲)가 충(沖)하면 누가 이기나를 보고, 그것에 따른 희기(喜忌)를 구별해야 한다. 운을 잘보려면 명과 대세운(大歲運)이 합극충(合剋沖)하는 것에 초점을 맞추어 변화를 읽어내는 것이 중요하다.

2 간지(干支)의 희기(喜忌)

운의 희기(喜忌)는 사주의 배합과 충합(沖合)에 따라 천간(天干)과 지지(地支)가 다르게 나타난다. 목(木)이 용신(用神)이라도 천간(天干)의 갑을(甲乙)이 다르고, 지지(地支)의 인묘(寅卯)가 다르다. 대운(大運)의 천간(天干)은 동적이라 희기(喜忌)가 신속하게 드러나지만, 지지(地支)는 정적이라 시간이 좀 걸릴 수도 있다.

예를 들어 병오(丙午) 대운(大運)인데 기신(忌神)이면 병(丙) 대운(大運)에 희기(喜忌)가 즉각 드러나지만, 오(午) 대운(大運)은 그 시기에 희기(喜忌)가 드러나지 않을 수도 있다. 또 오(午) 대운

(大運)에 불치병이 생겼어도 모르다가 나중에 병이 진전된 후에 발견하여 때가 늦어지는 수도 있는 것이다.

그러니 지지(地支) 기신(忌神)운에 그냥 지나쳤다고 안심할 수는 없다. 반드시 발단이 되어 언제고 드러나는 것인데, 그 시기는 세운(歲運) 천간(天干)에서 드러난다. 가령 오(午) 대운(大運)에서 병에 걸리면 천간(天干) 병정(丙丁) 세운(歲運)에 병이 드러난다. 대운(大運)의 지지(地支)는 원인이고, 세운(歲運)의 천간(天干)은 그 원인에 대한 결과라고 생각하면 된다.

대운(大運) 지지(地支)도 정적이나 신속하게 드러나는 경우가 있다. 회합(會合)하거나 충(沖)하는 경우이다. 가령 갑목(甲木)에 유(酉) 정관격(正官格)일 때 오(午) 상관(傷官)이 있으면, 인술(寅戌) 대운(大運)이 오면 회합(會合)하여 상관(傷官)이 즉각 동하여 정관(正官)이 손상될 수 있다. 그리고 대운(大運)에 의하여 격국(格局)이 변할 수도 있다. 예를 들면 다음과 같은 사주이다.

```
  ○  丁  壬  ○
  ○  ○  辰  子
```

이 사주는 비록 월지(月支)가 상관(傷官)이지만, 임수(壬水)가 투간(透干)하고 자진합수(子辰合水)하여 정관격(正官格)으로 변했다. 그러니 다시 무토(戊土) 대운(大運)이 오면 본기(本氣)가 투출(透出)하여 상관격(傷官格)으로 변할 것이다. 이런 경우는 대개 직장생활을 하던 사람도 사업으로 바꿔 손실을 보거나, 관직에 있는 사람은 명예가 실추된다. 이 사주도 만약 계수(癸水) 칠살(七殺)이 떠서 혼잡이면 무토(戊土)가 와서 제살(制殺)하니 도리어 격이 좋아질 수 있다. 이러한 예는 허다하니 경솔하게 판단하면 안된다.

같은 오행(五行)이라도 지지(地支)에 따라 길흉이 달라지는 경우가 있다. 예를 들어 화(火)가 희신(喜神)이고, 금(金)이 기신(忌神)인데 원국(元局)에 유(酉)가 있으면, 사화(巳火)는 사유합금(巳酉合金)으로 변하니 흉하고, 오(午)는 길하다.

또 같은 오행(五行)이라도 천간(天干)에 따라 길흉이 달라지기도 한다. 예를 들어 갑목(甲木)에 유금(酉金) 정관격(正官格)인데 경신(庚辛)운이 오면, 같은 금(金)이어도 경금(庚金)운은 혼잡이라 꺼리지만 신금(辛金)운은 꺼리지 않는다.

또한 이 사주의 경우 원국(元局)에 식신(食神)이 있으면 경금(庚金) 칠살(七殺)이 혼잡이라 꺼릴 것 같으나, 식신(食神) 제살(制殺)하니 흉이 길로 변할 수 있고, 정관(正官) 길신이 오더라도 상관견관(傷官見官)이 되니 길운인 것 같으나 흉할 수도 있다. 이렇게 음양(陰陽)에 따라서도 희기(喜忌)가 달라지니 단순히 오행(五行)으로만 추론하면 안된다.

또한 용신(用神)에 따라서도 희기(喜忌)가 다르다. 가령 조후(調候)를 용신(用神)으로 할 때는 합충(合沖)에 크게 민감하지 않지만, 억부(抑扶)와 병약(病藥)은 간지(干支)의 합충(合沖)에 따라 성패가 좌우되기도 하니 신중하게 판단해야 한다.

그리고 사주가 조후용신(調候用神)이면 대운(大運)의 흐름에 크게 좌우된다. 음간(陰干)은 역행하여도 무방하지만 양간(陽干)은 순행하여야 더 발달할 수 있다. 십이운성(十二運星)의 양생음사(陽生陰死)의 이론은 오행생극(五行生剋)의 이치보다는 음양간(陰陽干)에 따른 대운(大運)의 흐름을 의미한다. 같은 격이라면 양간(陽干)은 대운(大運)이 순행하는 것이 좋고, 음간(陰干)은 역행하여도 가능하다는 것을 명심하길 바란다.

7장. 용신론(用神論)

1. 용신(用神)의 개념

용신(用神)은 명리학(命理學)에서 가장 중요한 요체라고 할 수 있다. 앞에서 설명한 생극제화(生剋制化) · 통근법(通根法) · 합충론(合沖論) 등은 격국(格局)과 용신(用神)을 정하는 도구에 불과하다. 명리학(命理學)이 운명의 희기(喜忌)를 살피는 것이 목적이라면, 격용론(格用論)에 대한 올바른 체계를 세우지 않으면 안된다. 용신(用神)에 의하여 격국(格局)의 고저가 결정되고, 운의 희기(喜忌)를 논할 수 있기 때문이다.

『자평진전(子平眞詮)』에 용신(用神)은 오로지 월령(月令)에서 정한다는 말이 있다. 이것은 곧 격국(格局)을 정한다는 의미인데, 격국(格局)과 용신(用神)의 개념은 같다. 현대의 명리학자 대부분은 격국(格局)을 월령(月令)에서 정한다는 것은 알지만, 월령(月令)이 곧 용신(用神)이 된다는 것에 대해서는 의문을 가질 것이다.

월령(月令)에서 용신(用神)을 정한다는 것은 바로 상신(相神, 喜神)을 정하는 원리가 월령(月令)과 밀접한 관계가 있다는 뜻이다. 이러한 의구심이 생긴 배경은 서낙오(徐樂吾)가 상신(相神)을 용신(用神)이라고 명명한 데서 시작된 것이다. 서낙오(徐樂吾)가 이렇게 설명하게 된 경위를 모르면 그가 큰 오류를 범했을 것이라고 생각할지 모르나 그렇지 않다는 것을 알 수 있다.

『자평진전(子平眞詮)』의 격용론(格用論)은 가령 갑(甲) 일간(日干)이 유(酉)월에 태어나면 격국(格局)이 정관격(正官格)이고, 용신(用神) 또한 정관(正官)을 의미한다. 갑목(甲木)이 신약(身弱)하면 인수(印綬)를 상신(相神)으로 삼고, 일원(日元)이 강하면 재성(財星)을 상신(相神)으로 삼는다.

서낙오(徐樂吾)는 『자평진전평주(子平眞詮評註)』에서 갑(甲) 일간(日干)이 유(酉)월에 태어났으면 격국(格局)이 정관격(正官格)이고, 갑목(甲木)이 약하면 부조(扶助)하는 인수(印綬)를 용신(用神)으로 하고, 일원(日元)이 약하면 재성(財星)이 용신(用神)이 된다고 하였다.

위 두 가지는 월령(月令)으로 격을 잡는 것은 같지만,『자평진전(子平眞詮)』은 인수(印綬)·재성(財星)을 상신(相神)이라 했고, 서낙오(徐樂吾)는 이를 용신(用神)이라고 한 것이다. 고로『자평진전(子平眞詮)』은 용신(用神)이 길신의 의미는 없고 상신(相神)이 길신의 의미가 있는데, 서낙오(徐樂吾)는 용신(用神)이 길신의 의미가 있다고 한 것이다.

　현대 명리학자들은 용신(用神)에 길신의 의미를 부여하기 때문에 서낙오(徐樂吾)의 이론을 그대로 수용한다고 생각하면 된다. 그렇다면 여기서 서낙오(徐樂吾)는 심효첨(沈孝瞻)의 격용론(格用論)을 왜곡해서 상신(相神)을 용신(用神)으로 말했을까 하는 의문이 들 것이다. 하지만 서낙오(徐樂吾)의 빈주론(賓主論)을 보면 그는 심효첨(沈孝瞻)의 격용론(格用論)을 충분히 이해했다는 것을 알 수 있다.

■ 서낙오(徐樂吾)의 빈주론(賓主論)

體(主)	體(日主)	體의 體	主의 主
	用(月令)	體의 用	主의 客
用(客)	體(用神)	用의 體	客의 主
	用(喜神)	用의 用	客의 客

　빈주론(賓主論)에서는 월령(月令)을 용(用)으로 한다. 이것은 심효첨(沈孝瞻)의 월령(月令)에서 용신(用神)을 정한다는 것과 일치한다. 여기서 심효첨(沈孝瞻)은 용(用)의 체(體)가 상신(相神)이지만, 서낙오(徐樂吾)는 용신(用神)이라고 한 것이다. 또한 서낙오(徐樂吾)는 상신(相神)을 희신(喜神)으로 바꾸어 말했는데, 희신(喜神)은 위에서 설명한 용(用)의 용(用) 개념이다.

　월령(月令)은 체(體)와 용(用)의 개념으로 용신(用神)이라고도 하고, 또 용(用)의 체(體)인 상신(相神)을 용신(用神)이라고도 한다. 서낙오(徐樂吾)는 왜 빈주론(賓主論)을 설명하면서 상신(相神)을 용신(用神)의 개념으로 바꾸어 말했을까. 이것은 빈주론(賓主論)에서 희신(喜神)의 개념도 설명하기 위해서라고 생각한다.

희신(喜神)은 서낙오(徐樂吾) 식의 용(用)의 용(用)이지만,『자평진전(子平眞詮)』으로 말하면 상신(相神)이라고 볼 수 있다. 희신(喜神)을 쉽게 설명하려는 의도가 오히려 용신(用神)의 개념에 혼란을 준 것이다.

이것에 대해 13대의 투파로 지목되는 장요문은「오술(五術)」이라는 연구지에서 '최근의 자평연구자 가운데는 용신(用神)을 희신(喜神)이라고 생각하는 답답한 자가 있다. 만약 용신(用神)과 희신(喜神)이 같은 것이라면 구태여 두 종류의 용어를 사용할 필요가 있겠는가' 라고 지적했다.

이 말은 서낙오(徐樂吾)를 추종하는 무리를 비판한 것이다. 분명히 말하지만 서낙오(徐樂吾)의 이론을 추종한 사람들이 혼동을 겪은 것이지, 결코 서낙오(徐樂吾)가 심효첨(沈孝瞻)의 이론을 왜곡하거나 이해하지 못한 것이 아니라는 것이다.

위의 내용을 다시 정리하면『자평진전(子平眞詮)』은 격국(格局)을 보좌하는 보조 구응(救應)의 신을 상신(相神)이라 하고, 서낙오(徐樂吾)는 보조 구응(救應)의 신을 용희신(用喜神)이라 했다. 길신의 의미를 부여할 때는 용신(用神)과 희신(喜神)을 구별하지 않았고, 희신(喜神)의 원칙은 용신(用神)을 돕는 신으로 규정했다.

격국(格局)도 용신(用神)이라 하고 구응신(救應神)도 용신(用神)이라 했으니, 『자평진전평주(子平眞詮評註)』를 탐독한 사람은 당연히 혼란스러울 수밖에 없을 것이다. 오늘날 명리학자들은 대부분 서낙오(徐樂吾) 식 용희신(用喜神)의 개념에 익숙해졌기 때문에 혼란을 회피하자는 의미에서, 이 책에서도 용희신(用喜神)을 길신, 기신(忌神)과 구신(救神)을 흉신의 개념으로 설명할 것이다. 희신(喜神)·용신(用神)·기신(忌神)·구신(救神)·한신(閑神)의 원리를 설명하면 다음과 같다.

격국(格局)을 보좌하는 신을 용신(用神)이라 하면, 용신(用神)을 파극(破剋)하는 신을 기신(忌神)이라 한다. 용신(用神)을 돕거나 기신(忌神)을 파극(破剋)하는 신을 희신(喜神)이라 하면, 기신(忌神)을 돕거나 희신(喜神)을 파극(破剋)하는 신을 구신(救神)이라 한다. 고로 길신은 용신(用神)과 희신(喜神), 흉신은 기신(忌神)과 구신(救神), 희기(喜忌)에 직접 영향을 주지 않는 신을 한신(閑神)이라고 할 수 있다. 그러니 먼저 용신(用神)만 알면 나머지는 저절로 윤곽을 잡을 수 있을 것이다.

용신(用神)을 구하는 방법은 크게 내격(內格)과 외격(外格)으로 나눈다. 내격(內格)에는 억부법(抑扶法)·조후법(調候法)·병약법(病藥法)·통관법(通關法)이 있고, 외격(外格)에는 전왕격(專旺格)·일행득기격(一行得氣格)·양신성상격(兩神成象格)·화기격(化氣格)이 있다. 어느 학자가 병약론(病藥論)을 억부론(抑扶論)과 동일시해서 해설하는 것을 보았는데, 이것이야말로 장요문의 말처럼 억부론(抑扶論)이 있는데 병약론(病藥論)을 굳이 만들 필요가 있을까 싶다.

용신법(用神法)에서 심효첨(沈孝瞻)과 서낙오(徐樂吾)의 차이라면, 심효첨(沈孝瞻)은 병약론(病藥論)과 억부론(抑扶論)을 위주로 하며 조후론(調候論)은 보조로 했다면, 서낙오(徐樂吾)는 조후론(調候論)에 비중을 많이 두었다는 것이다. 아마도 서낙오(徐樂吾)가 심효첨(沈孝瞻)의 『자평진전(子平眞詮)』을 높게 평가하면서도 『궁통보감(窮通寶鑑)』의 조후론(調候論)의 우월성을 은근히 강조했다는 느낌도 든다.

그러나 여러 용신론(用神論)의 가치를 구분할 필요는 없다. 억부(抑扶)가 시급하면 억부(抑扶)를 구하고, 병약(病藥)이 시급하면 병약(病藥)을 쓰고, 조후(調候)가 시급하면 조후(調候)로 조율하면 되는 것이다.

2. 내격용신법(內格用神法)

내격용신법(內格用神法)에는 억부법(抑扶法) · 조후법(調候法) · 병약법(病藥法)이 있다. 그 중 억부법(抑扶法)은 강약을 중시하지만 강약판단법과 극설부조(剋洩扶助)의 원리원칙을 정확하게 정의 내리는 명리학자는 매우 드물다.

기존 명리학서에는 대부분 신강(身强) 사주는 비겁(比劫) 인수(印

綬)가 많은 것이고, 신약(身弱) 사주는 식재관(食財官)이 많은 것이라고 설명한다. 또한 모든 고서에서도 신강(身强)의 조건과 신약(身弱)의 조건을 뚜렷하게 구분하지 않았다. 나름대로 추측하여 비겁(比劫) 인수(印綬)의 수를 헤아리거나, 통근(通根)의 유무를 살펴서 강약을 정하기는 하나 그 기준이 모호한 것이 현실이다.

그렇다보니 용신법(用神法)에서 가장 많은 비율을 차지한다는 억부용신(抑扶用神)조차 기존의 방법으로는 정확성을 기하기 어렵다. 십수년을 공부한 명리학자들도 같은 사주를 가지고 신강(身强)과 신약(身弱)의 판단이 다른 것만 보아도 그 경계가 뚜렷하지 않다는 것을 알 수 있다.

또한 신강(身强)과 신약(身弱)을 정확하게 구분했다고 해도 억부론(抑扶論)만 있는 것이 아니니, 조후법(調候法)과 병약법(病藥法)을 두고 고민해야 한다. 여기에 종격(從格)까지 포함하면 머리가 터질 지경이니 보통 심각한 일이 아니다.

어쩌면 감명에 별 문제가 없던 사주들도 원칙에서 벗어난 통변(通辯)을 했을 수도 있다. 억부론(抑扶論)의 완벽한 이해가 있어야 조후론(調候論)이나 병약론(病藥論) 등도 한결 수월하게 풀 수 있다. 어느 손에 동전이 있다는 사실을 알면 나머지 손은 비어 있다는 것을 저절로 알 수 있듯이 말이다.

필자의 용신법(用神法)은 오랜 세월 연구한 끝에 터득한 방법이라고 자부하나, 정독하지 않으면 쓸모없다. 본 학설이 완전무결하다고 주장하고 싶지는 않다. 필자 또한 아직도 임상하지 못한 사주들이 더 많기 때문에 여백은 남겨두고자 한다. 그러나 확실한 것은 기존의 신강(身强)과 신약(身弱)의 개념으로는 억부용신(抑扶用神)을 구한다는 것 자체가 문제가 많고, 적중에 대한 회의가 들 것이다. 또한 병약론(病藥論)과 조후론(調候論)에 대한 생각도 많은 변화가 올 것이다.

오늘날 용신론(用神論)에 대하여 일관된 논리가 없다는 것이 문제이고, 어느 한 방향으로 치우친 시각이 정법을 터득하지 못한 원인이라고 생각한다. 억부론(抑扶論)만 보더라도 신강(身强)과 신약(身弱)을 판단하는 방법부터가 불안한데, 억부론(抑扶論)으로 잡은 용신(用神)을 어떻게 믿겠는가.

억부론(抑扶論)으로 틀리면 대충 조후법(調候法)으로 무마하려고 하고, 아니면 종격(從格)을 거론하는 줏대없는 시각은 그만큼 용신론(用神論)에 대한 지식이 체계적이지 못하다는 증거이다. 적어도 명리학자라면 자신의 이론에 확신이 있어야 하고, 무엇이 문제인지도 인식해야 한다. 자신이 무엇을 모르고, 무엇을 고민해야 하는지조차도 모르면서 함부로 적중도를 자랑하는 사람들을 보면 참으로 애석하다. 새로운 이론을 습득하려면 고정관념을 버리는 것이 좋다. 지금부터는 필자의 새로운 용신법(用神法)에만 집중하자.

戊 丁 甲 戊
申 卯 寅 辰

이 사주를 기존의 신강신약론(身强身弱論)으로 보면, 인묘진(寅卯辰) 방국(方局)에 갑목(甲木) 정기(正氣)가 투간(透干)하니 인수격(印綬格)이다. 인수(印綬)의 생조(生助)가 많아 당연히 정화(丁火) 일간(日干)이 신강(身强)하기 때문에 신금(辛金)을 용신(用神)으로 잡았을 것이다.

신금(辛金)이 용신(用神)이라는 것은 두 말할 여지가 없다. 그러나 문제는 정화(丁火)가 신강(身强)하다는 것이다. 인수(印綬)가 많으면 무조건 신강(身强) 사주라는 사고가 문제이다. 진정 정화(丁火)를 인묘진(寅卯辰)에 갑목(甲木)까지 투간(透干)하여 4개가 중한데, 정화(丁火)가 불을 피울 수 있을까 하는 것이다. 분명 인수(印綬)의 생조(生助)가 있어도 생조(生助)하지 못하기 때문에 신강(身强) 사주가 아니다.

요지는 일간(日干)은 약한데 월령(月令)이 강하니, 월령(月令)을 극제(剋制)하여 중화를 이루어야 한다. 따라서 월령(月令)을 억제하는 신금(辛金)이 용신(用神)이다. 만약 인수(印綬) 때문에 신강(身强)해졌다면 신금(辛金)이 용신(用神)이 아니라 기세를 유통하는 무토(戊土)가 용신(用神)이 되어야 한다. 비록 신금(辛金)이 용신(用神)이라는 것은 같지만 논리는 판이하게 다르다. 여기서 중요한 것은 인수(印綬)가 많아 정화(丁火)가 신강(身强)해졌다는 생각을 버려야 한다는 것이다.

【포인트 1】용신(用神)이 유력하면 반드시 천간(天干)에 있어야 한

다고 하나, 지지(地支)에서 더 유력하면 지지(地支)를 쓸 수도 있다. 보통은 인수(印綬)로 신왕(身旺)하니 무토(戊土)로 설기(洩氣)하는 것을 용신(用神)으로 잡을 가능성이 많지만, 어떤 것을 용신(用神)으로 삼아야 중화에 더 가까운가를 연구해야 한다.

戊 戊 甲 丁
午 戌 辰 酉

이 사주 역시 『사주정설』에 나오는 것이다. 일원(日元)이 강하니 상식적으로 갑목(甲木)을 극제(剋制)하는 용신(用神)으로 생각할 것이나, 유금(酉金)을 용신(用神)으로 삼았다. 이유는 갑목(甲木) 옆에 정화(丁火)가 투간(透干)하여 목생화(木生火)하니 일원(日元)을 적극적으로 극(剋)할 마음이 없기 때문이다. 그러니 유금(酉金)이 설기(洩氣)하는 용신(用神)이다.

신축(辛丑) 대운(大運)에 발복했다고 했는데, 용신(用神) 본기(本氣)가 투간(透干)하고 축토(丑土)가 보호하니, 화기(火氣)의 극제(剋制)를 피할 수 있었다. 이처럼 용신(用神)은 천간(天干)에 있는 것이 유력하다고 하나, 지지(地支)에 있는 것을 취해도 합당하면 귀함을 얻는다는 것을 알아야 한다.

戊 丙 癸 丁
子 申 丑 卯

이것은 『자평진전(子平眞詮)』에 나오는 사주이다. 축(丑) 중 계수(癸水)가 투간(透干)했는데 신자합(申子合)하여 수기(水氣)의 기세가 강하여 일간(日干)을 생조(生助)하는 목화(木火)를 용신(用神)으로 삼아 일간(日干)을 부조(扶助)한다고 설명했다.

이것 또한 억부론(抑扶論)에 너무 얽매여 그릇된 판단을 한 것으로 본다. 억부론(抑扶論)만으로 논한다면 일원(日元)이 무근(無根)하니, 정화(丁火)가 무근(無根)하여 용신(用神)이 무력하고, 또한 격국론(格局論)에 의하여 무계합(戊癸合)하니 상관견관(傷官見官)이 되어 귀한 명조가 되지 못했다.

그러나 이 사주가 상관견관(傷官見官)이면서도 선생 소리라도 듣는 명예가 따른 것은, 정화(丁火)가 조후용신(調候用神)이면서 일원(日元)으로 생조(生助)하는 미덕이 있기 때문이다.만일 무계합(戊癸合)이 없었다면 정계충(丁癸沖)이 있으니 조후(調候)로써는 역량이 있지만, 억부(抑扶)로써는 전혀 역할을 하지 못하여 그리 귀한 사주는 못되었을 것이다. 천간(天干) 한 글자가 조후(調候)와 억부(抑扶)를 겸용하니 배합의 절묘함이 있는 사주는 귀한 신분을 가진다는 것도 숙지하기 바란다.

【포인트 1】 조후(調候)와 억부(抑扶)를 겸용하는 용신(用神)은 더욱 귀한 명조가 된다

【포인트 2】 억부(抑扶)는 천간충(天干沖)하면 무용지물이 되나, 조

후(調候)는 쓸 수 있다. 병화(丙火)가 태양이라면 어찌 임수(壬水)가 그 빛을 가리겠는가. 그러니 위에서 정계충(丁癸沖)도 조후(調候)로써는 역량이 있다고 한 것이다. 이런 부분까지 섬세하게 짚고 넘어가야 발전할 수 있는 것이다.

【포인트 3】 4흉신인 살상겁인(殺傷劫刃)과 4길신인 재관인식(財官印食)에 너무 얽매여서는 안된다. 이 명조도 정관(正官)이 합(合)하여 무력한데도 귀하게 될 수 있었다.

```
丁 乙 辛 癸
亥 酉 酉 未
```

초학자들은 음간(陰干) 을목(乙木)이 무근(無根)하여 신약(身弱)하니 일간(日干)을 생조(生助)하는 계수(癸水)가 용신(用神)이라고 생각할 것이다. 그러나 『자평진전(子平眞詮)』에서는 을목(乙木)이 인수(印綬)가 통근(通根)하여 신약(身弱)함을 꺼리지 않으니, 정화(丁火)를 신금(辛金)을 극제(剋制)하는 용신(用神)으로 정한다고 하였다.

억부론(抑扶論)적인 사고로만 보면 한눈에 관살(官殺) 때문에 인수(印綬)를 용신(用神)으로 삼아 소위 살중용인격(殺重用印格)이라 논할 것이다. 좀더 오버하면 『자평진전(子平眞詮)』이 틀렸다고 박박우겨댈지도 모른다. 『자평진전(子平眞詮)』으로 살중용인격(殺

重用印格)을 배운 사람들이 『자평진전(子平眞詮)』 앞에서 주름잡는 격이다.

이 사주만 보더라도 억부론(抑扶論) 자체가 위태롭고, 여기서는 조후론(調候論)도 통하지 않는다. 위의 해설 중에서 인수(印綬)가 통근(通根)하여 신약(身弱)함을 꺼리지 않는다는 것에 주목할 필요가 있다. 인수(印綬) 통근(通根)이면 신약(身弱)함을 논하지 않는다는 것인데, 그 경계선이 어디까지인가에 의문을 가져야 한다.

이 사주만 보더라도 보통 명리학자들은 기존의 신강신약법(身强身弱法)의 개념이 모호해지는 순간을 맞을 것이다. 실령(失令)·실지(失地)·실세(失勢)하고도 신약(身弱)함을 꺼리지 않는 것과, 신약(身弱)하여 인수(印綬)를 용신(用神)으로 삼지 않는 것을 납득하기 어려울 것이다. 병약용신법(病藥用神法)을 억부론(抑扶論)과 동일시하여 생각하는 학파들도 쉽게 이해할 수 없을 것이다.

아마도 식신용신(食神用神)이라면 신강(身强) 사주 쪽으로 최대한 초점을 맞출지도 모르겠다. 인수(印綬)가 둘인데다가 미(未)에 통근(通根)했으니 신강(身强)이 아닐까 생각했다가는 밑도 끝도 없는 미궁 속으로 빠질 것이다. 이쯤에서 잔머리는 스톱하고 다음으로 넘어가자.

필자가 거듭 강조했던 일간(日干)과 월령(月令)과의 조화를 생각하면 대부분 사주는 간단하게 용신(用神)이 나온다. 억부론(抑扶論)을 일간(日干)에만 적용하기 때문에 이런 문제가 생기는 것인데, 일간(日干)과 월령(月令)을 동시에 저울질해야 용신(用神)의 윤곽이 쉽게 드러난다.

좋은 사주란 일간(日干)과 격국(格局)의 힘이 균형을 이루어야 하고, 이것을 저울질하는 것이 용신론(用神論)의 핵심이며, 여기에 억부론(抑扶論)이 녹아 있는 것이다.

이 사주는 격국(格局)의 본기(本氣)가 투간(透干)하여 강하고, 일원(日元)은 상대적으로 약하다. 계수(癸水)를 용신(用神)으로 삼으면 일신이야 편하겠지만, 격국(格局)이 계수(癸水)로 향하니 귀함을 잃는다. 정화(丁火)로 살을 다스려서 부하로 삼아야 천군만마를 얻는 것과 같은 격이 된다.

【포인트 1】 을목(乙木)이 약한데 정화(丁火)를 쓰면 일간(日干)의 힘이 더 빠지는 것이 아니냐고 초보적인 의문을 가질 법도 하다. 그러나 기력이 빠지더라도 기회를 잡아서 부귀를 얻는 것이 났지, 그냥 평범하게 사는 것이 났겠는가. 만약 사주에 정화(丁火)가 없다면 그런 기회는 생기지도 않고, 계수(癸水)에 의지하면서 자신의 큰 꿈은 접어야 할 것이다.

【포인트 2】 일간(日干)과 격국(格局)과 용신(用神)은 삼위일체라는 것을 머리에 새겨야 한다. 용신(用神)은 나를 위해서 일하는 신하이지 나의 기운을 빼는 것이 아니다. 식신제살(食神制殺)은 장수가 칼을 쥔 격이라 큰 권세를 얻을 수 있다.

乙 壬 壬 丙
巳 申 辰 子

이 사주는 신자진(申子辰) 수국(水局)을 이루고, 임수(壬水)가 투
간(透干)하여 더욱 신강(身强)해졌다. 진(辰) 중 을목(乙木)이 투
간(透干)했으니 기세를 설기(洩氣)하는 용신(用神)이 된다.

【포인트 1】 격국(格局)과 용신(用神)을 겸하고, 재(財)가 투청(透
淸)해야 빼어난 격국(格局)이 되는 것이다. 단순히 신강(身强)하고
식신(食神)이 용신(用神)이라고 모두 귀격이 되는 것이 아니다. 신
강(身强)하고 식신(食神)이 용신(用神)이면 대개 지능은 높지만 부
는 이루지 못한다. 이 사주가 재무부장관까지 오른 것은 재성(財
星)이 투간(透干)하고, 시지(時支)에 통근(通根)했기 때문이다.

己 壬 丙 丁
酉 寅 午 亥

이것은 외무부장관을 지낸 사람의 사주이다. 재(財)가 강하고 기
토(己土)정관(正官)이 투간(透干)하여 일원(日元)이 더 약해졌다.
『자평진전(子平眞詮)』에서는 단순히 일원(日元)이 약해져 인수(印
綬)로 일원(日元)을 돕는 용신(用神)이라고 했지만, 재(財)가 관
(官)을 향하니 관성(官星)이 힘이 강하여 일원(日元)이 약해진 것

이다. 관(官)의 기운을 설기(洩氣)한 것이지, 유금(酉金)이 임수(壬水)를 생조(生助)할 수는 없다. 임수(壬水)는 해수(亥水)에 통근(通根)했으니, 관(官)의 기운만 설기(洩氣)되면 일간(日干)과 격국(格局)이 중화를 이룰 수 있다.

【포인트 1】 비겁(比劫)은 일간(日干)의 뿌리로 작용한다. 재성(財星)을 극(剋)하는 것으로 생각하면 안된다. 자칫 재다신약(財多身弱)과 비겁(比劫) 용신(用神)으로 착각할 수 있는 사주이다.

【포인트 2】 유금(酉金)이 일간(日干)을 생조(生助)하여 귀하게 되었다고 했는데, 임수(壬水)는 유금(酉金)의 생조(生助)를 받지 못한다. 통근법(通根法)의 원칙상 임수(壬水)가 유금(酉金)에게 기운을 얻는 것이 아니다. 정관(正官)은 너무 강해져 살의 작용을 하지 못하면 인수(印綬)의 설기(洩氣)를 기뻐한다. 식상(食傷)으로 극(剋)하면 안된다.

 보충설명을 하면, 음양간(陰陽干)은 투간(透干)하여 통근(通根)한 인수(印綬)만 있어도 종(從)하지 않지만, 인수(印綬) 때문에 신강(身强)해지지는 않는다. 만약 인수(印綬)가 투간(透干)하지 못하고, 지지(地支)에만 있으면서 맑지 못하면 세력을 쫓아 종(從)할 수도 있다. 이 사주도 해수(亥水)가 없는데 인오술(寅午戌) 삼합(三合)을 이루었다면 결코 높은 관직에 오를 수 없었을 것이다.

이 사주의 핵심은 일월(日月)의 중화에 있다. 임(壬) 일간(日干)은 해수(亥水)에 통근(通根)하고, 격국(格局)은 월지(月支)에 통근(通根)하며 재생관(財生官)하니, 정관(正官) 기토(己土)가 강하다. 그러니 유금(酉金)으로 격국(格局)을 설기(洩氣)하여 서로 균형을 이루는 것이다.

甲　丁　己　壬
辰　丑　酉　戌

이 명조는 억부(抑扶)의 개념에서 벗어나 병약용신(病藥用神)을 확실하게 알 수 있는 사주이다. 정화(丁火)가 술(戌)에 통근(通根)했으나, 식재(食財)가 강하여 신약(身弱)을 면하지 못했다. 갑인(甲寅)·을묘(乙卯) 대운(大運)에 부귀쌍전했다고 하는데, 억부론(抑扶論)의 맹신자와 초학자들은 신약(身弱)하니 인수(印綬)운이 기쁘지 않냐고 생각할 것이다.

그러나 갑목(甲木)이 용신(用神)이면 갑기합(甲己合)하여 용신(用神) 기반이라 격(格)이 떨어진다. 더불어 대운(大運)을 만나도 크게 발복하지 못할 것이다. 기토(己土)가 임수(壬水)를 극(剋)하면 상관견관(傷官見官)하여 병이 되는데, 갑기합(甲己合)하여 병을 제거한 것이다. 관(官)이 살아있으면서 인수(印綬)운을 만나니 부와 귀를 모두 얻은 것이다.

【포인트 1】투간(透干)한 정관(正官)은 식상격(食傷格)을 제외하고는 거의 모든 사주에 격(格)으로 역량을 미친다. 정관(正官)은 한 나라에서는 국법이요 가정에서는 가장이요 나에게는 양심이 된다. 이 사주는 비록 재격(財格)이나 정관(正官)이 투간(透干)하니, 재격(財格)의 기능을 잃고 단지 정관(正官)을 보필하는 신하가 되었다. 마치 재(財)가 성을 지키지만 정관(正官)이 오니 자리를 내주는 것과 같다. 허나 비록 정관(正官)이라 하여도 극(剋)되거나 합거(合去)되어 맑지 못하면 격(格)의 자격을 잃는다.

보충설명을 하면, 본래 정관격(正官格)은 파극(破剋)을 당해도 본래의 격국(格局)에는 변함이 없다. 그러나 재격(財格)이나 인격(印格)은 정관(正官)이 파극(破剋)을 당하지 않으면 정관(正官)이 격국(格局)의 역할을 한다. 상관격(傷官格)과 식신격(食神格)은 이미 정관(正官) 자체가 파격(破格)되니 격(格)의 역할을 할 수 없다.

지금까지 억부법(抑扶法)·조후법(調候法)·병약법(病藥法)을 살펴보았다. 다음은 외격용신법(外格用神法)을 설명할 것이다. 내격(內格)이 밝아야 외격(外格)도 분명하게 판단할 수 있으니, 먼저 내격용신법(內格用神法)에 대한 정확한 이해가 필요하다.

3. 외격용신법(外格用神法)

외격(外格)은 기본적으로 중화의 원리를 벗어난 특수한 구조의 사주를 뜻하고, 외격(外格)의 성격(成格) 여부 또한 음간(陰干)과 양간(陽干)에 따라 다르다.

丙 戊 己 戊
辰 辰 未 辰

이 사주는 동양철학인협회의 『명리(命理)』에서 뽑은 것인데, 박도란의 풀이를 한 번 감상해보자.

여름의 복중이니 온도는 엄청 높구나. 그리고 그늘도 없고, 흘러갈 방향도 없으니 그야말로 푹푹쪄대는 삼복의 황무지로다. 이렇게도 더운 날에 과연 무슨 일을 해서 먹고 살아야 하나? 직장생활을 하려니 관살(官殺)이 없고, 장사를 하려니 식상(食傷)도 보이지 않는구나. 그래도 뭔가 하기는 해야겠는데, 과연 이런 사주를 갖고 태어나서 할 수 있는 일이 뭐가 있겠는가. 참으로 안타까운 일이로다.

사주를 살펴보니 우선 써먹을 것이라고는 일지(日支)의 계수(癸水) 뿐이다. 미토(未土) 속의 을목(乙木)은 논할 가치가 없구나. 그렇다면 그 계수(癸水)는 어떠한 상황인고? 이렇게 더운 날에 태어났으니 그 물도 또한 온도가 상당히 높을 것이로다. 그리고 을목

(乙木)은 이미 물 속에서 잠겼으니 필시 맑은 물이 아님은 분명할 터. 그렇다면 오물이란 말이냐? 그리고 그 물이 흘러갈 곳이 전혀 없잖느냐. 이렇게 갇혀서 썩어가는 물이라면 하수구가 아니면 변소가 분명하도다. 하수구는 그래도 흘러갈 곳이라도 있지. 이것은 그런 것도 없으니 그야말로 고립되어 갇혀 있는 썩은 물이라.

이것은 필시 똥통이 분명하도다. 똥통이 여기저기 있으니 적어도 셋이로구나. 지지(地支)가 넷인데 셋이 똥통이라면 대단히 많아 이 사람은 남의집 화장실을 퍼주고 돈을 버는 사주이니라. 그러나 푸기만 하면 돈이 된다. 그 계수(癸水)는 정재(正財)에 해당하는 연고로다.

푸고 또 푼다. 푸는 대로 돈이 된다. 남들이야 냄새가 난다고 코를 막거나 말거나 나에게는 돈이 되는 소중한 똥물이로다. 과연 이런 일을 하지 않고 무엇을 할 것인가? 백 가지 일을 살펴봐도 이것말고는 없으리라. 천직인 줄 알고 만족하는 것이 이번 생에 주어진 최선이로다.

이 사주의 주인공은 실제 똥지개를 지는 사람이었다고 한다. 사주만 놓고 풀었다면 필시 대단한 경지에 이른 도사라고 했을 것이다. 그러나 명리학적으로 똥지개를 지는 팔자를 한 가지로 추측하기는 어렵다. 풀이방식으로 볼 때 아마도 이 분이 다녀간 후에 사주를 풀어서 자료로 남긴 것 같다.

여하튼 이 사주는 오행(五行)이 지나치게 편중되어 종격(從格)을을 떠올릴만하다. 만약 종격(從格)이라면 귀격을 논할 수 있는데, 이 사주는 귀함을 말하기는 어렵다. 이 사주로 음양간(陰陽干)에 대한 종격(從格)의 특성을 파악할 수가 있다. 재관(財官)이 천간(天干)에 투간(透干)하지 않고, 일간(日干)은 지나치게 신강(身强)하여 이미 중화를 잃어버렸다. 양간(陽干)이라 기세를 중시하여 장간(藏干)의 재관(財官)을 버리고 종(從)할 수도 없다. 아주 답답한 사주임을 알 수 있다. 만약 음간(陰干)이었다면 장간(藏干)의 기세보다는 본기(本氣)를 좋아하니 종격(從格)으로 볼 수 있다.

외격(外格)은 크게 일행득기격(一行得氣格)·종격(從格)·화기격(化氣格)으로 나눈다.

1) 일행득기격(一行得氣格) 용신(用神)에 따른 희기(喜忌)

— 곡직격(曲直格)의 용신(用神)은 목(木)이다. 수목화(水木火)운은 길하고 금(金)운은 흉하다.

— 염상격(炎上格)의 용신(用神)은 화(火)이다. 목화토(木火土)운은 길하고 수(水)운은 흉하다.

— 가색격(稼穡格)의 용신(用神)은 토(土)이다. 화토금(火土金)운은 길하고 목(木)운은 흉하다.

— 종혁격(縱革格)의 용신(用神)은 금(金)이다. 토금수(土金水)운은 길하고 화(火)운은 흉하다.

— 윤하격(潤下格)의 용신(用神)은 수(水)이다. 금수목(金水木)운

은 길하고 토(土)운은 흉하다.

2) 종격(從格) 용신(用神)에 따른 희기(喜忌)

— 종왕격(從旺格)의 용신(用神)은 비겁(比劫)이고, 희신(喜神)은
  인수(印綬)이다. 재관(財官)운을 꺼린다.

— 종강격(從强格)의 용신(用神)은 인수(印綬)이고, 희신(喜神)은
  비겁(比劫)이다. 식재관(食財官)운을 꺼린다.

— 종아격(從兒格)의 용신(用神)은 식상(食傷)이고, 희신(喜神)은
  재성(財星)이다. 관인(官印)운을 꺼린다.

— 종재격(從財格)의 용신(用神)은 재성(財星)이고, 희신(喜神)은
  식상(食傷)이다. 인비(印比)운을 꺼린다.

— 종살격(從殺格)의 용신(用神)은 관살(官殺)이고, 희신(喜神)은
  재성(財星)이다. 인비(印比)운을 꺼리다.

3) 화기격(化氣格) 용신(用神)에 따른 희기(喜忌)

— 화목격(化木格)의 용신(用神)은 목(木)이다. 수목화(水木火)운
  은 길하고 금(金)운은 흉하다.

— 화화격(化火格)의 용신(用神)은 화(火)이다. 수목화(水木火)운
  은 길하고 수(水)운은 흉하다.

— 화토격(化土格)의 용신(用神)은 토(土)이다. 화토금(火土金)운
  은 길하고 목(木)운은 흉하다.

— 화금격(化金格)의 용신(用神)은 금(金)이다. 토금수(土金水)운

은 길하고 화(火)운은 흉하다.

— 화수격(化水格)의 용신(用神)은 수(水)이다. 금수목(金水木)운
은 길하고 토(土)운은 흉하다.

　지금까지 외격용신법(外格用神法)과 희기(喜忌)를 종류별로 살펴
보았다. 종격(從格)에서는 양간(陽干)보다는 음간(陰干)이 합(合)
의 결속과 충(沖)의 파극(破剋)이 크고, 통근(通根)도 순기(純氣)
에 유력하기 때문에 비율적으로 보면 대부분은 음간(陰干)이 많다.
양간(陽干)은 인수(印綬)와 비겁(比劫)만 있어도 종(從)하지 않는
경우가 많지만, 인비(印比)가 지지(地支)에 무근(無根)하면 어쩔수
없이 기세를 쫓아 종(從)한다.

　종격(從格)도 청탁(淸濁)이 있다. 성립요건은 천간(天干)의 기세
를 중요시한다. 천간(天干)이 전일(全一)하고 지지(地支)에서 호응
하면 청(淸)하고, 천간(天干) 기세가 전일(全一)한데 지지(地支)에
서 역행하면 탁(濁)한 것으로 본다. 또한 격(格)이 청하다는 것은
유력한 기세를 반하는 오행(五行)이 없어야 하고, 반대로 탁하다는
것은 용신(用神)을 합거(合去)하거나 합거(合去)하는 대운(大運)을
만난 것을 말한다.

　내격(內格)이든 외격(外格)이든 청탁의 개념과 희기(喜忌)가 분명
하게 정해지고, 중화를 근본으로 하지만 기세에 역행하지 않고 순
응하여 종(從)하는 것도 자연의 이치이다. 마치 폭풍이 밀려올 때
함부로 맞서지 않고 일단 대피하는 것과 같다.

그리고 내격(內格)과 외격(外格) 용신법(用神法)에서 벗어난 특수한 구조의 용신법(用神法)이 있다. 바로 통관용신법(通關用神法)과 월겁격(月劫格)이다. 통관용신법(通關用神法)은 두 오행(五行)이 대치할 때 화해시켜 주는 것을 용신(用神)으로 삼는 것이다. 예를 들면 다음과 같다.

水 木 木 木
金 金 金 金

목(木)과 금(金)이 대치하고 있으니 수(水)를 용신(用神)으로 삼아 금생수(金生水)·수생목(水生木)하여 상생(相生)으로 화합시켜야 한다. 운에서 용신(用神)을 합거(合去)·파극(破剋)하면 용신(用神)이 무력하니, 금목(金木)이 싸우는 불운을 예고하는 것이다.

월겁격(月劫格, 建祿格·羊刃格)은 일월(日月)이 비겁(比劫)이니 일간(日干)과 같아 따로 중화를 논하지 않는다. 일간(日干)이 강하면 극설(剋洩)하고, 강하면 억부(抑扶)하는 방법으로 용신(用神)을 정하니 내격(內格)과 용법이 비슷하다고 볼 수 있다.

월겁격(月劫格)도 음양간(陰陽干)에 따라 용신(用神)의 용법이 다르다. 음간(陰干)은 신강(身强)하면 식상(食傷)을 기뻐하지만, 양간(陽干)은 신강(身强)하면 관성(官星)을 기뻐한다. 양간(陽干)은 신약(身弱)하면 비겁(比劫)의 생조(生助)를 기뻐하지만, 음간(陰干)은 신약(身弱)하면 인성(印星)의 생조(生助)를 기뻐한다.

월겁격(月劫格)도 음양간(陰陽干)과 월지(月支)의 음양(陰陽)에 따라 건록격(建祿格)과 양인격(羊刃格)으로 나뉜다. 건록격(建祿格)은 양간(陽干)이 녹지(祿地) 비견(比肩)을 얻는 경우로 갑(甲)-인(寅)·병(丙)-사(巳)·무(戊)-사(巳)·경(庚)-신(申)·임(壬)-해(亥)이고, 양인격(羊刃格)은 양간(陽干)이 왕지(旺地) 겁재(劫財)를 얻는 경우로 갑(甲)-묘(卯)·병(丙)-병(午)·무(戊)-오(午)·경(庚)-유(酉)·임(壬)-자(子)이다. 양인격(羊刃格)이 건록격(建祿格)보다 일간(日干)의 힘이 더 강하기 때문에 양인격(羊刃格)은 칠살(七殺)을 기뻐하고, 건록격(建祿格)은 정관(正官)을 기뻐한다.

8장. 격국론(格局論)

1. 격국(格局)의 변화

격(格)을 잡는 방법에도 여러 학설이 있는데 크게 3가지로 나눌 수 있다. 첫째는 월지(月支)의 정기(正氣)만을 격(格)으로 잡는 방법이고, 둘째는 월지(月支)의 장간(藏干)을 여기(餘氣)·중기(中氣)·정기(正氣)로 나누어 잡는 방법이고, 셋째는 월지(月支)에 장간(藏干)이 투간(透干)한 것을 위주로 잡는 방법이다.

첫번째는 주로 일본에서 취하는 방법이고, 세번째는 중국에서 취하는 방법이고, 두번째가 우리나라에서 많이 취하는 방법이다. 정작 문제가 심각한 부류도 있는데, 완전히 격(格) 자체를 부정하고 다른 간지(干支)에서 정하는 경우이다. 이것은 명리학(命理學)의 기본원리에서 완전히 이탈했다고 할 수 있다. 안타까운 것은 이탈을 초월로 착각하여 개선의 여지가 없다는 것이다.

명리학(命理學)의 근원은 음양(陰陽)이고, 음양(陰陽)이 체용(體用)이다. 음양(陰陽)이 오행(五行)을 낳고, 십간(十干)이 생겨 사주가 존재한다. 즉 일간(日干)의 체(體)가 없으면 용(用)인 월령(月令)이 없고, 일월(日月)이 없으면 천지도 없듯이 사주도 존재할 수 없는 것이다.

그러하니 『자평진전(子平眞詮)』에서도 '팔자비용신불위(八字非用神不立) 용신비변화불령(用神非變化不靈)'이라고 하였다. 이것은 팔자는 격국(格局) 없이는 존재할 수 없고, 용신(用神)은 변화없이는 영험함이 없다는 뜻이다. 사주를 보려면 이런 변화를 세밀히 살펴야 한다는 뜻이다.

명리의 실전감각이야 어떻든 이론의 체계는 바로 세워야 한다. 명리학(命理學)이 실증적인 학문으로 인정받지 못하는 것은 기본이론부터 불완전하기 때문이다. 이런 문제들이 한순간에 해결되기는 어렵지만 그렇다고 그냥 방관할 수만은 없지 않은가. 필자도 이런 문제를 인식하고 개선해보고자 열심히 키보드를 두드리는 것이다.

명리학자가 점쟁이 비슷하게 비춰지는 것이 좋을 리 없고, 동전으로 점을 쳐도 비슷한 적중률을 보이는 분야에 열정을 갖고 싶을 리가 없다. 이러한 지각없이 오직 자기 것만을 내세우며 밥벌이에만 연연한다면 결코 명리학(命理學)의 미래는 없다. 또한 후학들을 양성하지 않고는 수명이 길지 않은 법이니, 하루빨리 신뢰할 수 있는 이론의 기본틀을 마련하여야 한다. 물론 해결해야 할 문제가 많지만 가장 기본적인 틀인 격국(格局)의 체계를 바로 세우지 않으면 평생 공부해도 아미타불이 될 것이다. 그만큼 격국(格局)은 중요하니 확실히 짚고 넘어가야 한다.

일단 고서에서 답을 찾아보자. 『자평진전(子平眞詮)』은 '월령월사지신(月令用事之神)'이라 하여, 일단 월지(月支)에서 격(格)을 정하고, 지지(地支) 회합(會合)과 투출(透出) 여부에 따라 격(格)의 변화를 보이고 있다. 월지(月支) 장간(藏干)에서 중기(中氣)가 투출(透出)하면 월지(月支)의 정기(正氣)보다 우선한 것을 보면, 투출(透出)한 장간(藏干)이 가장 유력하다는 것을 알 수 있다.

또한 지지(地支)에 회국(會局)이 있으면 격국(格局)의 변화가 일어나고, 투간(透干)한 장간(藏干)에 여기(餘氣)·중기(中氣)·정기(正氣)가 있으면 정기(正氣)를 취하나, 지지(地支)가 회합(會合)하여 변한 오행(五行)이 중기(中氣)와 유정하면 정기(正氣)를 버리고 중기(中氣)를 취하기도 하였다. 중기(中氣)와 여기(餘氣)가 투간(透干)했을 때 둘 중 유력한 오행(五行)을 취하면, 투간(透干)한 격(格)이 합(合)하면 격용(格用)으로도 취하지 못하고, 월지(月支) 정기(正氣)를 다시 격(格)으로 정한다.

『적천수(滴天髓)』에서는 '인원용사지신(人元用事之神) 택지정향야(宅之定向也)'라고 했다. 택(宅)은 월령(月令)을 뜻하고, 인원(人元)은 지장간(支藏干)을 뜻하니, 월령(月令)에서 지장간(支藏干)의 향배를 정한다는 뜻으로 보인다.

결국 『자평진전(子平眞詮)』의 월령용사지신(月令用事之神)과 비슷한 개념이라고 볼 수 있다. 이것을 보면 심효첨(沈孝瞻)은 격국

(格局)의 개념을 유백온(劉伯溫)의 『적천수(滴天髓)』를 보고 정립하여, 격국(格局)이 변화하는 이치를 새롭게 보완했다고 생각한다. 격국(格局)의 변화 원리를 예를 들어 설명해보자.

① ○ 甲 ○ ○　② ○ 甲 庚 ○　③ ○ 甲 庚 壬
　 ○ ○ 申 ○ 　　 ○ ○ 申 ○ 　　 ○ ○ 申 ○

이 사주들은 모두 칠살격(七殺格)으로 변화가 없다. 우선 정기(正氣)를 취하고 투간(透干)한 천간(天干)이 정기(正氣)이니 변화가 없고, 임수(壬水) 중기(中氣)가 투간(透干)해도 투간(透干)한 정기(正氣)가 우선이니 변화가 없다.

① ○ 甲 庚 壬　② 丁 甲 壬 戊　③ ○ 甲 戊 ○
　 ○ 辰 申 子 　　 ○ ○ 申 ○ 　　 ○ 戌 申 酉

①은 비록 경금(庚金) 정기(正氣)가 투간(透干)했어도, 신자진(申子辰) 회국(會局)하면 수(水)가 되기 때문에 임수(壬水)가 더 유력하니 인수격(印綬格)이다.

②는 중기(中氣)인 임수(壬水)가 우선이나 여기(餘氣)인 무토(戊土)가 제압하고, 정임합(丁壬合)하여 격국(格局)으로 쓸 수 없으니 여기(餘氣)인 무토(戊土)로 격(格)을 정한다.

③은 여기(餘氣)인 무토(戊土)가 투간(透干)했어도 신유술(申酉

戌) 방국(方局)을 이루어 기세가 강하니, 인격(印格)이 아닌 칠살격(七殺格)으로 변함이 없다.

격국(格局)을 정하는 원칙은 투간(透干)한 장간(藏干)이 합충(合沖)되면 쓸 수 없으나, 지지(地支)는 방국(方局)과 삼합(三合)이 아니면 격국(格局)의 큰 변화가 없다고 할 수 있다.


```
○  丙  丙  ○
戌  申  午  ○
```


이 사주는 대운(大運) 때문에 사주 격국(格局)이 변한 경우이다. 신금(辛金) 때문에 종왕격(從旺格)은 되지 않고, 군겁쟁재(君劫爭財)로 흉명이라면 인(寅) 대운(大運)이 들어와 인신충(寅申沖)으로 밀어내고, 인오술(寅午戌) 화국(化局)으로 격(格)이 맑아질 수도 있다.


```
戊  壬  辛  丙
申  午  丑  戌
```


이 사주는 격국(格局)을 합(合)하여 변한 경우이다. 『자평진전평주(子平眞詮評註)』에 나온 명조인데, 축(丑)에 신금(辛金)이 투간(透干)했으나 병신합(丙辛合)하여 격(格)으로 쓸 수 없다. 천간(天干)에 있는 유력한 칠살(七殺) 무토(戊土)가 격국(格局)이 된다.

이 사람은 아들 8명과 딸 30명을 두었는데, 이렇게 자식복이 많은 이유가 무엇인지 짚어보자. 심효첨(沈孝瞻)은 음양간(陰陽干)을 십이운성(十二運星) 순행으로 짚어 시지(時支, 자식궁)에 장생(長生)·건록(建綠)·제왕(帝旺) 등이 있으면 아들이 많고, 시간(時干)에 길신이 있으면 귀하게 된다고 하였다.

일단 이 명조를 적용해보자. 아들성인 편관(偏官) 무토(戊土)가 시지(時支) 절지(絕地)에 임하고, 천간(天干) 무토(戊土)는 기존의 방법으로는 신약(身弱)하게 만드는 주범이니 길신일 리가 없다. 그렇다면 자식의 유무는 물론 희기(喜忌)도 좋아야 한다는 결론을 내리기가 어려운데 어찌된 일인가.

필자는 이러한 원칙이 바탕이 되지만 사주 전체의 희기(喜忌)를 보고 논해야 한다고 생각한다. 무토(戊土)는 기신(忌神)이 아니라 칠살(七殺) 격국(格局)을 의미하는 것이다. 병신합(丙辛合)하여 격(格)을 정하지 못하고 무토(戊土)로 옮겨간 것이니 기신(忌神)으로 논하면 안된다.

살강(殺强)하고 일원(日元)도 약하지 않으니 부귀한 명조인데, 살이 더 강하니 신금(申金)으로 설기(洩氣)하는 용신(用神)을 삼고, 살보다 약한 일원(日元)을 부조(扶助)하는 장생지(長生地)이니 두 가지를 모두 충족시킨다.

시지(時支)가 격국(格局)의 완화로 중화를 이루며 일원(日元)을 돕고, 시간(時干)이 격국(格局)을 이루니 그야말로 시주(時柱)에서 삼박자가 다 갖춘 절묘함이 있다. 본래 신금(辛金) 격국(格局)이 합(合)하면 좋지 않은데, 여기서는 병신합(丙辛合)으로 사주 전체가 더 맑아진 경우이다. 다른 예를 들어보자.

丁 甲 壬 己
卯 戌 申 酉

신(申)에 임수(壬水)가 투간(透干)했으나 정임합(丁壬合)이 있으니 인격(印格)이라고 할 수 없다. 지지(地支)에 신유술(申酉戌) 방국(方局)을 이루어 유력하니 칠살격(七殺格)이다. 시지(時支)에 묘(卯) 양인(羊刃)을 두었으니 정화(丁火)로 제살(制殺)하는 용신(用神)을 삼는다.

그러나 안타까운 것은 정임합(丁壬合)하여 용신(用神)이 기반이 되어 무력하다는 것이다. 격(格)은 합(合)하면 쓸 수 없지만, 용신(用神)은 무력해도 쓸 수 있다는 것을 명심해야 한다. 초보적인 발상으로 일원(日元)이 약하니 묘목(卯木)을 용신(用神)으로 삼아 일간(日干)을 부조(扶助)해야 한다고 생각하기 쉽다. 그러나 묘목(卯木)은 원국(元局) 일간(日干)을 지탱할 뿐 칠살(七殺)의 발동은 막을 수 없다.

용신(用神)이란 일원(日元)과 격국(格局)의 중화를 이루어야 하는 오행(五行)이기 때문에, 묘목(卯木)을 용신(用神)으로 삼아도 중화가 이루어지지 않는다. 따라서 식상(食傷)으로 살을 제압하는 용신(用神)을 삼는 것이다. 그리고 천간(天干)에 정화(丁火)가 투간(透

干)했으니 지지(地支)에서 사오미(巳午未)운을 만나면 제살(制殺)하여 발복하고, 천간(天干)으로 오는 화(火)는 제살(制殺)하는 덕이 없지만 칠살(七殺)의 발동을 막을 수 있어 일신이 편안해진다.

2. 격국(格局)의 순용(順用)과 역용(逆用)

격국(格局)에는 4길신인 재성(財星)·정관(正官)·인수(印綬)·식신(食神)과 4흉신인 편관(偏官)·상관(傷官)·겁재(劫財)·양인(羊刃)이 있다. 4길신은 길신이니 순용(順用)하고, 4흉신은 흉신이니 역용(逆用)한다는 원리이다. 이는 『자평진전(子平眞詮)』에서 격국(格局)에 따라 용신(用神)을 정하는 원칙이고 기본 바탕이다.

순용(順用)은 생(生)하여 용신(用神)을 정하고, 역용(逆用)은 극(剋)하여 용신(用神)을 구한다는 뜻이다. 그리고 길신이라 해서 무조건 길하고, 흉신이라 해서 무조건 흉한 것은 아니다. 배합에 따라 역용(逆用)과 순용(順用)이 적절하면 귀격을 이룰 수 있다. 그런데 근래 명리학계에서는 이런 원칙이 무너져 4길신과 4흉신을 구분하지 않는다. 그 배경은 격국(格局)과 용신(用神)의 혼동 때문이다.

서낙오(徐樂吾)의 『자평진전평주(子平眞詮評註)』에 '용신(用神)이 비록 월령(月令)에 없어 다른 곳에서 찾더라도 그 관건은 월령(月令)에 있다'는 말이 있다. 여기서 전자의 용신(用神)은 격국(格局)을 말하는 것이고, 후자의 용신(用神)은 상신(相神, 喜神)의 개념이다. 그런데 전자의 용신(用神)과 후자의 용신(用神)을 같은 개념으로 인식한데서 문제가 생긴 것이다. 오늘날 어느 스님의 학파가 생긴 이유로 생각하는데, 자신을 격국(格局)파가 아닌 용신(用神)파라고 주장하는 것도 격용(格用)의 원칙을 오해한데서 비롯된 것이라고 생각한다.

서낙오(徐樂吾)가 『자평진전(子平眞詮)』의 본뜻을 크게 왜곡한 흔적은 없다. 뒷부분을 보면 오직 용신(用神)은 월령(月令)에서 찾는다고 강조를 했기 때문이다. 위의 내용 중 '용신(用神)이 비록 월령(月令)에 없어'라는 표현에서 결정적으로 오해의 불씨가 생긴 것 같다. '격국(格局)은 오직 월령(月令)에서 구한다'는 말과 '용신(用神)이 비록 월령(月令)에 없어'라는 표현은 다소 상대적인 뜻이기 때문이다.

그러나 서낙오(徐樂吾)의 말은 월겁격(月劫格)은 일월(日月)과 오행(五行)이 같기 때문에 월령(月令) 밖에서 격국(格局)을 정한다는 뜻일 것이다. '그 관건은 월령(月令)에 있다'는 말은 두 가지 의미를 함축하기 때문이다. 하나는 월령(月令)이 비겁(比劫)일 때는 격(格)을 밖에서 정한다는 것과, 다른 하나는 월령(月令)이 강약을 결정하는 요처라는 것을 강조한 것이다.

서낙오(徐樂吾)의 말을 알기 쉽게 설명하면, 팔자의 격국(格局)은 반드시 월령(月令)에서 정하나 용신(用神)은 일원(日元)과 격국(格局)을 조율하는 것으로 정한다고 하면 무난할 것이다.

그런데도 서낙오(徐樂吾)의 이론에서 벗어나 진보된 학문을 설파라도 하듯이, 격국론(格局論) 자체를 무시하고 용신론(用神論)으로 독립된 학파로 분류되는 것은 웃기는 행위이다. 어찌 격국론(格局論)과 용신론(用神論)이 따로 존재한다는 말인가. 서낙오(徐樂吾)는 격국(格局)이 곧 용신(用神)이고, 용신(用神)이 곧 격국(格局)이라고 이해했다는 것을 그의 체용론(體用論)에서 확인할 수 있다.

여기부터 완전히 삼천포로 빠진 사람은 격국(格局)의 순용(順用)과 역용(逆用)의 의미는 전혀 고려할 필요가 없다고 생각할 것이다. 가령 칠살격(七殺格)이면 역용(逆用)하여 식신(食神)으로 제살(制殺)하는 것이 길하고, 칠살격(七殺格)에 순용(順用)하여 인수(印綬)로 화살(化殺)하는 것보다 더 귀하게 된다는 것을 알 리가 없을 테니 굳이 구분하지 않을 것이다.

생극제화(生剋制化)에만 입각한 소위 용신론(用神論)파는 격국(格局)보다는 오직 용신(用神)이 관건이기 때문에 둘의 비교우위를 판단할 수 없다. 그러나 이 점을 간과하면 큰 오류에 빠지게 된다. 위의 칠살격(七殺格)의 경우 식신(食神)과 인수(印綬)는 반대의 오행(五行)이기 때문에 대운(大運) 자체의 희기(喜忌)가 반대로 흘러가기 때문이다.

다만 여기서 주목해야 할 부분은 심효첨(沈孝瞻)은 칠살격(七殺格)은 무조건 역용(逆用)해야 한다는 논리이고, 서낙오(徐樂吾)는 일간(日干)이 약할 때는 식신(食神)보다는 인수(印綬)로 용신(用神)을 정한다는 것이 다르다는 것이다.

용신(用神) 학파는 순용(順用)이나 역용(逆用)의 개념은 전혀 없고, 신약(身弱)·인비(印比)·신강(身强)·식재관(食財官)으로 용신(用神)을 정해야 한다고 한다. 서낙오(徐樂吾)도 그런 관법(官法)으로 구사하면 명리학(命理學)이 지리멸렬한 학문이 된다고 하지 않았던가.

학설은 한 번 변질되면 좀처럼 종잡을 수 없는 형태로 나아간다. 비록 중국이 고려사를 왜곡하는 작태를 보여도 중국에서 건너온 명리학(命理學)을 왜곡할 수는 없는 노릇이다. 본래의 원칙이 고사된 이유를 뚜렷하게 규명하지 못하면서, 무조건 새로운 학설이라고 내놓는 것은 무책임한 지식의 남용이라고 할 수 있다.

3. 중화(中和)의 원리

신강(身强)과 신약(身弱)을 판단하는 것은 사주에서 가장 중요하다는 억부론(抑扶論)과 직결되고, 사주의 중화와도 밀접한 관계가 있다. 그런데도 역시 이 부분에서도 가장 많은 오류와 학설이 난무하니, 정신을 똑바로 집중하여 살펴봐야 한다. 일단 가장 널리 활용하는 몇 가지 학설부터 살펴보자. 본 이론은 충합(沖合)이 배제되고, 외격(外格)이 아닌 내격(內格)일 때를 기준으로 한다.

① 월령(月令)이 타주에 비하여 역량이 60% 차지하기 때문에 월령(月令)만 얻으면 신강(身强)이라고 생각하는 무지막지한 막가파가

있다.

② 아래와 같이 비율로 환산하기도 한다. 일간(日干)을 제외하고 비겁(比劫) 인수(印綬)를 합하여 50% 이상이면 신강(身强), 이하이면 신약(身弱)으로 정하거나, 60% 이상이면 신강(身强), 이하이면 신약(身弱)으로 정하기도 한다.

시	월	월	년
10%	일간	10%	5%
15%	20%	30%	10%

③ 근래에 가장 세력이 큰 낭월파의 주장이다. 득령(得令)은 월령(月令)에서 비겁(比劫)·인수(印綬)를 얻는 것이고, 득지(得地)는 일지(日支)에서 비겁(比劫)·인수(印綬)를 얻는 것이고, 득세(得勢)는 다른 간지(干支)에서 3개 이상 비겁(比劫)·인수(印綬)를 얻는 것이라고 하여, 득령(得令)·득지(得地)·득세(得勢) 중에서 2개 이상을 얻으면 신강(身强), 이하이면 신약(身弱)으로 판단한다.

④ 위의 낭월파와 득령(得令)과 득세(得勢)의 개념은 같고, 득지(得地)만 다르다. 득지(得地)를 지장간(支藏干)에서 비겁(比劫)만을 얻는 것이라고 하여, 낭월파와 마찬가지로 2개 이상이면 신강(身强)으로 판단한다.

⑤ 최근에 가장 주목받는 이수문파의 이론인데, 투간(透干)한 오행

(五行)이 월령(月令)에 통근(通根)하여 비겁(比劫) 인수(印綬)이면 신강(身强)으로 본다. 투간(透干)한 오행(五行)이 통근(通根)하지 못하면 거의 역량이 없고, 지지(地支)의 역량은 월시일년의 순서라는 것이다. 투간(透干)하고 통근(通根)한 오행(五行)을 주도세력으로 보는 것이 특징이다. 예를 들면 다음과 같다.

○ 甲 ○ 丙
○ ○ 亥 午

갑(甲)월이 해(亥)월이니 월령(月令)을 얻었지만 투간(透干)하지 않았고, 병화(丙火)가 오(午)에 통근(通根)했으니 식상(食傷)이 주도세력이 되어 신약(身弱)하다.

그러나 본 이론을 제외한 나머지 4가지 이론을 적용하면 모두 신강(身强)한 명이 된다. 역시 다른 학설임에는 틀림이 없다. 나머지 학설은 낭월파와 거의 비슷하다고 할 수 있다. 어쨌든 낭월파와 이 수문파는 전혀 다른 이론을 전개하는 데도 두 학파가 동시에 번창하는 것을 보면 정말 신기하다.

이 외에 국내에서 세력을 떨치는 걸죽한 학파로는 녹현학파·자연학파가 있다. 모두 신강(身强)과 신약(身弱)의 원칙에 큰 차이가 있다. 이들 학파에서 배운 수많은 역학인이 대중을 상대로 감명할 때는 더 큰 차이가 날 것이다. 각각 용신(用神)이 다르게 보일 테고, 운의 희기(喜忌)가 엇갈리는 것은 두 말할 필요도 없을 것이다.

각성하지 못하고 각자의 둥지에서 세력만 자랑하며 서로 토론이 없다는 것은 점점 더 큰 격차를 만든다. 이러한 심각성을 자각하고 한시라도 빨리 서로 부족한 점을 인정하며 수용한다면, 다양한 이론의 장점만을 모아 완전무결한 명리학(命理學)이 탄생할 수도 있을 것이다. 여하튼 명리학(命理學)의 이치를 하나로 올바르게 통합하는 것이 시급한 과제라고 할 수 있다. 이런 시점에서 새로운 학설을 내세워 유감이지만, 가장 유력한 이론이 나오면 저절로 하나로 통하는 법이니 난제를 평정한다는 의미에서 소개해본다.

필자의 신강신약법(身强身弱法)은 기본원리에 충실했으며, 세 가지 유형으로 간명하게 정리할 수 있다.

① 월일시지(月日時支) 중에 인수(印綬)나 비겁(比劫)이 2개 있고, 천간(天干)에 비겁(比劫)이나 인수(印綬)가 1개만 투출(透出)하면 신강(身强)으로 본다.

② 월일시지(月日時支) 중에 비겁(比劫)이나 인수(印綬)가 1개 있으면서 반드시 년지(年支)에 통근(通根)해야 하고, 천간(天干)에 비겁(比劫)이나 인수(印綬)가 2개 투출(透出)하면 신강(身强)으로 본다.

③ 년월일시지(年月日時支) 중에 비겁(比劫)이나 인수(印綬)가 3개

있으면, 천간(天干)에 비겁(比劫)이나 인수(印綬)가 투출(透出)하지 않아도 신강(身强)으로 본다.

단 삼합(三合)이나 방합(方合)은 완전한 뿌리로 인정하지만 육합(六合)은 미력한 것으로 본다. 여기에 건록(建綠)·제왕(帝旺)·인수(印綬)·비겁(比劫)이 여기(餘氣)와 묘고(墓庫)와 충합(沖合)에 따라 차이가 있고, 음양간(陰陽干)의 특성에 따라 강약의 변화가 있다.

다시 말하면, 양간(陽干)의 역량 순서는 제왕(帝旺), 건록(建綠), 통근(通根)할 수 있는 인수(印綬), 여기(餘氣), 묘고(墓庫), 인수(印綬)이다. 갑목(甲木)을 예로 들면 묘인해진미자(卯寅亥辰未子) 순이다. 음간(陰干)의 역량 순서는 을목(乙木)을 예로 들면 비견(比肩), 겁재(劫財), 인수(印綬), 통근(通根)할 수 있는 인수(印綬), 여기(餘氣), 묘고(墓庫)이며 묘인자해진미(卯寅子亥辰未) 순이다.

양간(陽干)보다는 음간(陰干)이 더 강하기 때문에, 갑목(甲木)이 묘(卯)월에 통근(通根)하고 을목(乙木)이 묘(卯)월에 통근(通根)했다면 갑목(甲木)의 역량이 더 강하다. 그러나 갑목(甲木)이 미(未)월에 통근(通根)하고, 을목(乙木)이 묘(卯)월에 통근(通根)했다면 을목(乙木)이 더 강하다.

을목(乙木)의 특징은 장생(長生)·건록(建綠)·여기(餘氣)·묘고(墓庫)·인수(印綬)보다는 순수한 왕지(旺地)의 비견(比肩)을 얻었을 때가 가장 강하다(乙-卯, 丁-午, 己-未丑, 辛-酉, 癸-子).

양간(陽干)의 특징은 지장간(支藏干)에 통근(通根)만 하면 강한 역량이 있어 부귀를 탐한다. 가령 같은 인수(印綬)라도 목(木)은 해수(亥水)를 얻으면 강해지나, 자수(子水)를 얻으면 그렇지 않다.

또한 양간(陽干)은 강한 것을 좋아하니 신약(身弱)한 것을 두려워하고, 신약(身弱)한 사주는 필히 대운(大運)의 생조(生助)를 기뻐한다. 음간(陰干)은 신약(身弱)한 것을 꺼리지 않고 조후(調候)의 영향도 덜 타니, 어느 정도 뿌리가 있으면 능히 재관(財官)을 다스리는 운도 기대할 수 있다. 또한 을목(乙木)은 순수한 것을 좋아하니 해수(亥水)보다는 자수(子水)를 더 기뻐하고, 천간(天干)도 임수(壬水)보다는 계수(癸水)를 더 신뢰한다.

이러한 원리는 양간(陽干)은 기(氣)이고, 음간(陰干)은 질(質)이라는 차이에서 비롯된 것이다. 양간(陽干)은 기(氣)를 쫓기 때문에 지장간(支藏干)에 통기(通氣)만 하면 강해지고, 음간(陰干)의 질(質)은 꾸미지 않고 본래 그대로를 좋아하는 속성이 있어 양간(陽干)처럼 지장간(支藏干)의 통근(通根)보다는 본래의 비견(比肩)이나 인수(印綬)를 더 좋아하는 것이다.

그리고 지지(地支) 자체의 역량은 특별히 월지(月支)가 강하다고 할 수는 없다. 일지(日支)와 시지(時支)가 비슷하고, 년지(年支)는 일간(日干)과 거리가 멀기 때문에 역량이 미력하다고 할 수 있다. 양간(陽干)은 다른 지지(地支)에도 능히 통근(通根)하지만, 음간(陰干)은 같은 주(柱)에 통근(通根)한 것이 강하다. 또한 양간(陽干)은 통근(通根)의 횟수에 의하여 강해지지만, 음간(陰干)은 통근

(通根)의 질을 중요시 한다.

그리고 기존의 학설은 일간(日干)의 억부(抑扶)만을 논하여, 신강(身强)하면 일주(日柱)를 생조(生助)하고, 강하면 설기(洩氣)하는 것으로만 용신(用神)을 정한다. 그러나 이는 중화의 개념을 모르기 때문이다. 일간(日干)과 격국(格局)을 나누어 따로 강약을 분별하여, 일간(日干)이 강하고 격국(格局)이 약하면 격국(格局)을 부조(扶助)하고, 일간(日干)이 약하면 반대로 격국(格局)을 극설(剋洩)하여 중화를 이루는 이치를 모르기 때문이다. 진정한 중화의 개념은 일간(日干) 자체의 억부(抑扶)만 있는 것이 아니라, 일간(日干)과 격국(格局)을 저울질하여 상호균형을 살피는 것이다.

그러니 억부법(抑扶法)에서 용신(用神)이란 거듭 강조하지만 일간(日干)과 격국(格局)의 균형을 잡아주는 오행(五行)이 되는 것이다. 월지(月支)에서 격국(格局)이 투출(透出)했을 때는 일간(日干)과 월지(月支)를 같은 자격으로 놓고 억부(抑扶)를 살펴야 하고, 일월(日月)이 같은 월겁격(月劫格)은 격(格)을 정할 수 없으니 일간(日干)의 억부(抑扶)만 다스려도 되고, 일간(日干)과 격국(格局)보다 상대적으로 다른 간지(干支)에서 지나치게 강하면 그것을 제거하는 것을 용신(用神)으로 삼는다.

일간(日干)은 통근(通根)하면 강하고, 격국(格局)은 투출(透出)하면 강하다. 결국 일간(日干)의 통근(通根)은 곧 지지(地支)의 투출(透出)이요, 격국(格局)의 투출(透出)은 곧 월지(月支)의 통근(通根)이다. 이것을 오해하여 어느 학파에서는 일간(日干)을 제외한 투출(透出)한 오행(五行)이 비겁(比劫)이나 인수(印綬)이면 신강(身强)이라는 논리는 미세한 차이지만 문제가 있다.

일간(日干)은 지지(地支)의 통근(通根)으로 강약을 정한다. 따라서 격국(格局)의 투출(透出) 여부에 따라 약해질 수도 있고 강해질 수도 있다. 일간(日干)은 통근(通根)하고 격이 투출(透出)하지 못했을 경우에는 일원(日元)이 격국(格局)보다 강하다고 보아야 한다. 그렇지 않고 단순히 일간(日干)만의 통근(通根) 여부에 따라 결정하면 안된다.

인수(印綬)와 비겁(比劫)은 모두 신강(身强)하게 만드는 요인이지만, 인수(印綬)보다는 비겁(比劫)이 더 강한 힘을 실어준다. 그러나 주변에 관성(官星)이 많으면 인성(印星)이 더 강하고, 재성(財星)이 많으면 비겁(比劫)이 더 강하니 한 가지로 생각할 수는 없다.

인수(印綬)로 신강(身强)해진 경우와 비겁(比劫)으로 신강(身强)해진 사람의 성정에는 차이가 많다. 인수(印綬)로 강해진 사람은 결코 독하거나 강하거나 주관이 뚜렷하지 못하고, 타의나 환경의 영향을 받는다. 그러나 비겁(比劫)으로 강해진 사람은 남의 이목을 신경쓰지 않고 행동한다.

그리고 자수(子水)에 갑목(甲木)이 앉아 있는 것보다 을목(乙木)이 있는 것이 더 기쁘다. 양간(陽干)은 지장간(支藏干)에 통근(通根)하고, 음간(陰干)은 순수한 오행(五行)을 기뻐하기 때문이다.

일간(日干)과 격국(格局)의 중화의 개념을 정리하면 다음과 같다.

일간(日干) ━━━━━━━ ▲ ━━━━━━━ 격국(格局)

— 일간(日干)이 통근(通根)하면 신강(身强)하고, 다시 격국(格局)이 투출(透出)하면 일원(日元)이 중화를 이룬다.

— 일간(日干)이 묘고(墓庫)에 통근(通根)하면 일원(日元)이 강해진다.

— 격국(格局)이 비견(比肩)에 통근(通根)하면 다시 격국(格局)이 강해진다.

— 일간(日干)이 통근(通根)하고 격국(格局)이 투출(透出)하지 않으면 일간(日干)이 강하기 때문에 식재관(食財官)을 용신(用神)으로 쓸 수 있다.

— 일간(日干)보다 격국(格局)이 강하면 격국(格局)을 극설(剋洩)하는 것을 용신(用神)으로 삼는다. 그러나 순용(順用)과 역용(逆用)을 적용한다. 가령 칠살(七殺)이 강하면 식신제살(食神制殺)하고, 정관(正官)이 강하면 인수(印綬)로 설기(洩氣)하고, 상관(傷官)이 강하면 인수(印綬)로 극제(剋制)하고, 식신(食神)이 강하면 재성(財星)으로 설기(洩氣)하는 것이 원칙이다. 그러나 일원(日元)이 너무 약하면 식신(食神)도 상관(傷官)이 되니 인성(印星)으로 제압해야 한다.

— 일간(日干)이나 격국(格局)보다 주변의 가신(假神)들이 강하면 그것을 제압하는 것을 용신(用神)으로 삼는다.

이상으로 신강(身强)·신약(身弱)·중화·용신(用神)의 원리를 살펴보았다 앞에서 설명한 내용이 자꾸 반복되는 것은 그만큼 정리하기가 어렵고 중요하다는 뜻이다. 모름지기 본 장을 충분히 이

해해야 한 차원 다른 명리의 세계를 실감할 수 있다. 대충 넘어가면 명리도 그만큼 멀어질 것이다.

4. 격국(格局)에 따른 조후(調候)와 희기(喜忌)

억부론(抑扶論)은 중화를 이루고, 조후론(調候論)은 기후를 다스린다. 조후(調候)와 억부(抑扶)는 바늘과 실처럼 용신론(用神論)의 핵심이라고 할 수 있다. 조후(調候)를 잘 갖추면 사고가 편협되지 않고, 대인관계가 활발하며 주변의 원조가 따른다.

가령 겨울생이 병정화(丙丁火)가 하늘에 있으면 아버지의 공이 크고, 땅에 화(火)가 있으면 어머니의 덕이 후하다. 부모덕을 십성(十星)에만 연연하면 적중률이 떨어진다. 조후(調候)가 천간(天干)에 갖추어져 있으면 공덕이 드러나지만, 지지(地支)에 통근(通根)하지 않으면 큰 은덕은 없다. 조후(調候)도 억부(抑扶)처럼 통근(通根)의 원리는 다르지 않으나, 천간(天干)의 조후(調候)는 억부(抑扶)에 비하여 합충(合沖)의 영향을 덜 받는다는 것이 다르다.

조후(調候)를 갖춘 사람을 『자평진전(子平眞詮)』에서는 영웅호걸이 때를 얻는 것과 같아 절반의 노력으로 갑절의 능력을 발휘하고, 반대로 조후(調候)가 미비하면 능력이 있어도 기회를 얻지 못한다고 했다. 따라서 조후법(調候法)도 억부론(抑扶論)만큼 중요하니, 여름생과 겨울생은 용신(用神)을 정할 때 기후를 잘 살펴야 한다.

조후(調候)를 십성(十星)으로 논하면, 인수(印綬)와 식상(食傷)은
상생(相生)의 이치이기 때문에 계절의 순환을 의미한다. 즉 인수
(印綬)가 조후용신(調候用神)이면 그 귀함이 더 크고, 식상(食傷)
이 조후용신(調候用神)이면 그 빼어남이 더욱 뛰어나다. 예를 들면
다음과 같다.

丙 甲 戊 庚
寅 寅 子 寅

이 사주는 갑목(甲木)이 자(子)월에 태어나, 일월(日月)이 신강
(身强)하여 설기(洩氣)하는 병화(丙火)가 용신(用神)인데, 조후(調
候)를 겸용하여 더욱 빼어남이 있다.

① 甲 戊 辛 丙   ② 癸 戊 辛 丙
　寅 子 丑 子   　丑 子 丑 子

①은 겨울 무토(戊土)가 꽁꽁얼었으나, 다행히 천간(天干) 인수
(印綬) 병화(丙火)가 합화(合化)하지 않아, 조후용신(調候用神)으
로 쓸 수 있다. 사오미(巳午未) 대운(大運)에 강직한 관리로 유명
했던 사람이다.

②는 서낙오(徐樂吾)의 평주(評註)에 실려 있는데, 사람의 성품과
직업과 발복의 정도를 볼 때 축(丑)시가 아니라 인(寅)시가 틀림없

다. 만약 축(丑)시라면 병신합화(丙辛合化)하여 용신(用神)의 역할을 할 수가 없고, 대운(大運)이 온다고 해도 크게 발복하지 못했을 것이다. 억부(抑扶)와는 달리 조후(調候)는 기후를 보기 때문에 합충(合沖)에 상관없이 기능을 발휘하지만, 합화(合化)를 하면 오행(五行)이 완전이 변하니 어찌 조후(調候)를 논할 수 있겠는가.

상관견관(傷官見官)은 흉한 것이나, 금수(金水) 상관격(傷官格)에서는 조후(調候)를 쓰니 정관(正官)이 나쁘지 않고, 관살(官殺)이 있어도 상관대살(傷官帶殺)하니 더욱 귀하게 되는 경우가 있다.

```
戊 庚 丙 甲
寅 辰 子 申
```

이 사주는 금수(金水) 상관(傷官)이라 더 추운데, 병화(丙火)가 투출(透出)하여 조후용신(調候用神)이 되고, 더불어 상관대살(傷官帶殺)이 되어 큰 벼슬을 지냈다. 단순히 조후용신(調候用神)의 개념만으로는 크게 귀할 수 없다. 그리고 인수격(印綬格)이 정관(正官)이 있으면 관인(官印)이 쌍전하여 귀명을 이룬다. 그러나 겨울 나무는 경신금(庚辛金)이 투간(透干)하면 더욱 추워 얼어붙으니 무조건 귀하게 되는 것은 아니다.

음양간(陰陽干)에 따라 조후법(調候法)의 차이가 있다.

① 丙乙庚甲　② 丁甲壬庚
　子卯午寅　　　卯辰午辰

두 사주는 목화(木火) 식상(食傷)에 조후(調候) 인수(印綬)를 갖추고, 관살(官殺)도 갖추어 매우 비슷하다. 그런데 ①은 거지사주이고 ②는 귀한 사주이다. 그 차이가 무엇일까.

『자평진전(子平眞詮)』에서는 ①을 자오충(子午沖)하고, 관성(官星)을 돕는 재성(財星)도 없고, 경금(庚金) 또한 상관견관(傷官見官)하여 거지가 되었다고 풀이했고, ②는 굳이 설명하지 않아도 관인(官印)이 조후(調候)를 병행하니 귀한 신분임을 알 것이다.

거지사주를 다시 풀어보자. 인오합(寅午合)으로 자오충(子午沖)을 해소했으니 효신탈식(梟神奪食)은 논할 필요가 없다. 병화(丙火)가 경금(庚金)을 극(剋)하며 갑경충(甲庚沖)하는데, 갑목(甲木)의 뿌리는 인목(寅木)에 있으나 경금(庚金)은 뿌리가 전혀 없다. 고로 관(官)이 손상되어 뚜렷한 직업없이 거지로 유리걸식한 것이다.

이 경우를 보면 음간(陰干)은 기후의 영향을 덜 받고, 양간(陽干)은 조후(調候)를 중시한다는 것을 알 수 있을 것이다. 또한 조후(調候)는 환경을 의미하니 지지(地支)보다는 천간(天干)에 있는 것이 더 두드러진다.

금수(金水) 상관격(傷官格)이라도 배합에 따라 조후(調候)가 급하지 않은 경우이다.

丁　辛　壬　丁
酉　巳　子　巳

금수(金水) 상관격(傷官格)이라도 화(火)가 많기 때문에 정화(丁火)를 조후용신(調候用神)으로 취하지 않고, 유금(酉金)으로 일원(日元)을 생조(生助)하는 용신(用神)을 삼는다고 했다. 사주가 거의 중화를 이루며 조후(調候)도 갖추면서 상관대살(傷官帶殺)하니, 역시 삼박자를 완벽하게 갖춘 귀격 사주이다. 이런 사주는 어떤 운이 와도 무방하다.

양간(陽干)은 음간(陰干)보다 조후(調候)의 영향을 많이 받는 경우이다.

丁　丙　辛　己
酉　午　未　巳

병화(丙火)가 미(未)월 기토(己土)가 투간(透干)하여 상관격(傷官格)을 이루었고, 신금(辛金)을 생하니 상관생재격(傷官生財格)이 되어 국면이 아름답다. 그런데 문제는 사오미(巳午未) 방국(方局)

이 있고 정화(丁火)가 투간(透干)하여 그 조열함이 극에 이르렀다는 것이다.

이 사람은 초년에 조실부모하고 고생을 거듭하며 60세가 되도록 처자도 없었고 아무것도 이루지 못했다. 그러나 이후에 북방 수(水)운이 오자 재(財)가 발동하여 처자를 얻고 재물도 번창하여 엄청난 부를 누렸다고 한다. 이 명조로 조후(調候)와 대운(大運)의 중요성을 실감할 수 있을 것이다.

5. 격국(格局)의 고저(高低)

격국(格局)의 고저란 사주가 좋고 나쁜 것을 말한다. 사주가 좋다는 것은 대운(大運)을 포괄하는 의미이나, 사주만 좋다고 해서 성공하는 것은 아니다. 더불어 부귀빈천은 사주의 원국(元局)에서 가늠할 수 있지만, 성패는 대운(大運)에서 결정된다.

격국(格局)은 크게 부와 귀로 나누고, 귀도 높고 낮음이 있고, 부도 상중하가 있다. 그리고 부귀의 개념은 인격과는 무관한 외적인 성공을 의미한다. 그러니 부귀를 갖춘 사주라 해서 인격이 좋고, 빈천한 사주라 해서 악한 것은 아니다. 그러나 삶이 고단하면 좋은 천성을 지키는 것이 쉽지 않기 때문에 출세는 어느 정도 인격에 영향을 주는 것은 사실이다.

오늘날에는 사주가 좋으면 외모도 호감을 주는 경우가 많다. 예를 들어 취직면접을 볼 때도 외모가 많이 반영된다. 그러니 사주가 외모와 연관성이 있다는 것도 하나의 흐름이라고 할 수 있다. 시대에 따라 사주의 원리가 변하듯이 사주의 고저에 따라 외모도 변하는 모양이다.

십성(十星)에서 부를 상징하는 것은 재성(財星)이고, 귀를 상징하는 것은 관성(官星)이다. 재성(財星)과 관성(官星)이 격(格)과 용(用)으로써 배합이 적절하면 부귀를 보증받아 언제고 대운(大運)에서 때를 만나면 반드시 성공을 보장받는다.

명리에 어느 정도 능통하면 사주만 봐도 상격인지 하격인지 구분이 된다. 또한 대운(大運)을 보면 성패의 시기도 판단할 수 있다. 이런 능력을 갖추려면 사주를 많이 감명해보는 것도 중요하지만, 우선 격국(格局)의 고저를 가리는 원리를 터득해야 한다. 그것을 토대로 많은 경험을 하다보면 귀한 명조라도 장관급인지 말단공무원인지를 가려낼 수 있는 안목이 생긴다.

격국(格局)의 고저를 판단하는 것은 가장 고급한 추명의 단계라고 할 수 있다. 단순한 암기의 차원이 아니라 고도의 통찰력과 집중력이 필요하고, 묘리를 채득하는 것이 중요하다. 아무리 실력이 출중한 학자라도 합(合)과 충(沖)의 변화를 다 읽어내는 것은 쉽지 않다. 그 변화가 다양하고 미묘하기 때문이다. 격국(格局)의 고저는 어느 한 글자 때문에 전체가 망가질 수도 있고 살아날 수도 있다. 따라서 딱히 한 가지로 설명하는 것이 곤란한 감은 있으나, 격국(格局)의 고저를 판단하는 기준을 대략 3가지로 요약할 수 있다.

① 격국용신(格局用神)이 유력유정하고, 기신(忌神)은 무력무정해
야 한다.
② 용신(用神) 한 글자로 일간(日干)과 격국(格局)이 중화를 이룰
수 있어야 한다.
③ 조후(調候)와 억부(抑扶)를 절충하거나, 병을 약으로 제거하면
더욱 발달한다.

다음은 위의 세 가지 조건을 절충하여 매우 귀하게 된 예이다.

壬 丁 丙 辛　　庚 辛 壬 癸 甲 乙
寅 亥 申 未　　寅 卯 辰 巳 午 未

　임수(壬水) 정관(正官)이 투간(透干)하여 격국(格局)인데, 병임충
(丙壬沖)을 병신합(丙辛合)으로 해소하여 ①의 조건에 부합한다.
일원(日元)은 약하고 임수(壬水) 격국(格局)은 강하니, 정관(正官)
을 순용(順用)으로 설기(洩氣)하는 인목(寅木)이 용신(用神)이다.
용신(用神) 한 글자로 중화를 시키니 ②의 조건에 부합한다. 다시
용신(用神) 인목(寅木)이 인해합(寅亥合)하여 충(沖)에서 해소되니
③의 조건에 부합한다. 또한 격용(格用)이 관인상생(官印相生)하고
일원(日元)과 가까이 있어 유력유정하니 ①의 조건에 부합한다.
　이 사주는 세 가지 조건을 모두 갖춘 대귀한 명이 틀림없다. 그러
나 아쉬운 것은 격용(格用)이 관인(官印)으로 유력유정하나, 기신

(忌神) 또한 일원(日元)과 가까이 있어 항상 시한폭탄을 앉고 사는 것과 같다.

　이러한 원인은 그의 운명에서 알 수 있다. 이것은 격동기였던 청나라 말에 황제를 지낸 광서제(光緖帝)의 사주이다. 임진(壬辰) 대운(大運)의 무신(戊申)년에 타계했다고 기록되어 있다. 병임충(丙壬沖)이 일어나면서 병(病)인 재성(財星) 신금(辛金)이 동하고, 무신(戊申)년에는 인신충(寅申沖)이 일어나 원국(元局)의 합(合)이 해소되어, 인목(寅木) 용신(用神)이 손상된 것이다. 간지합(干支合)으로 절묘하게 조화를 이룬 사주였는데, 대세운(大歲運)에서 간지충(干支沖)으로 격이 무너져 명을 다한 것이다.

　그리고 이 사주가 신약(身弱)하여 인목(寅木)이 일간(日干)을 생조(生助)하는 차원에서 용신(用神)이 된 것이 아니다. 거듭 강조하지만 정관(正官)의 기운을 순용(順用)으로 설기(洩氣)하는 차원에서 용신(用神)으로 정한 것이다. 용신(用神)이란 중화를 이루는 한 글자라는 것을 상기하고 다시 살펴보라. 신약(身弱)하여 인목(寅木)을 쓴다는 발상은 자기 마음대로 용신(用神)을 정하는 격이다.

　원국(元局)에서 인목(寅木)을 용신(用神)으로 쓴다고 해도 이미 일원(日元)이 신약(身弱)한 것이 달라지지 않는다는 것에 주목해야 한다. 만약 일간(日干)이 신약(身弱)하여 일원(日元)을 부조(扶助)하는 용신(用神)이라면, 격국(格局) 임수(壬水)가 신약(身弱)하게 만드는 주범이니 기신(忌神)이라고 주장하는 것과 같다. 이 명조가 정관격국(正官格局)이 기신(忌神)이라면 어찌 황제의 격국

(格局)이라고 할 수 있겠는가. 가령 칠살격(七殺格)에 식신(食神)이 있으면, 이는 역용(逆用)하여 제살(制殺)하니 칠살(七殺)을 기신(忌神)이라고 할 수 없다.

앞에서도 설명한 것처럼 일원(日元)과 격국(格局)과 용신(用神)을 삼위일체라고 생각하면 된다. 일간(日干)이 천(天)이면, 격국(格局)은 월령(月令)에서 구하니 지(地)가 되고, 용신(用神)은 천지를 중재하는 인(人)이 되는 것이다. 이것을 무너뜨리고 위협하는 오행(五行)이 바로 기신(忌神)이다.

기신(忌神)이 유력유정하고 용신(用神)이 무력무정하면 귀하지 못하다.

丙 甲 丁 辛
寅 寅 酉 亥

이 명조는 비록 정관(正官)이 투출(透出)했지만, 일원(日元)이 지지(地支)에서 건록(建綠)·장생(長生)을 얻어 신강(身强)하고, 식상(食傷)의 극설(剋洩)로 격국(格局)이 약해졌다. 그러니 격국(格局)을 보좌하는 해수(亥水)가 용신(用神)이다.

격국론(格局論) 자체를 부정하는 사람들은 일간(日干)이 강하기 때문에 무조건 정화(丁火)를 설기(洩氣)하거나, 신금(辛金)으로 일간(日干)을 극(剋)하는 것을 용신(用神)으로 삼을 것이다. 그러나 월령(月令)을 일간(日干)의 강약이나 정하는 근거로 삼는다면 도대체 격(格)을 정할 이유가 없다.

이 사주는 좀더 많은 궁리를 해야 한다. 일간(日干)은 강한데 격국(格局)이 약하기 때문에 격국(格局)을 부조(扶助)하는 재성(財星)을 용신(用神)으로 정해야 하는데, 원국(元局)에 없으니 일차적으로 격(格)이 떨어진다.

격국(格局)을 약하게 만드는 원인인 정화(丁火) 상관(傷官)을 파극(破剋)하려면, 해수(亥水)인 인수(印綬)로 용신(用神)을 삼으면 되나, 용신(用神)이 지지(地支)에 있어 천간(天干)의 병을 제거하니 또 격(格)이 떨어진다. 이는 정관(正官)이 무력하니 임금이 신하에게 몸을 의탁하여 안위를 도모하는 격이다. 물론 여기에 재성(財星)이라도 있어 관(官)을 생조(生助)한다면 좌청룡 우백호를 겸한 훌륭한 격국(格局)이 될 수 있다.

이런 복잡한 단계를 생략하고 그냥 일간(日干)이 신강(身强)하다는 결론을 내리고, 정화(丁火)를 용신(用神)으로 결정하면 정관(正官)이 손상되는 이치를 모르는 것이다. 정관(正官)으로 용신(用神)을 삼으면 정화(丁火)에게 깨질 것이 뻔하다. 이러한 원리에 충실하지 못하고 마음대로 용신(用神)을 정하면 안된다.

결과적으로 이 명조는 용신(用神)이 일간(日干)과 멀리 있고, 병을 제거하지 못하니 무력무정하고, 기신(忌神)은 일간(日干) 가까이 있어 유정유력하기 때문에 귀명이 되지 못한 것이다.

한 글자로 중화를 이루지 못하면 귀하게 될 수 없다.

丙 甲 辛 戊
寅 戌 酉 午

갑목(甲木)이 건록(建祿)에 통근(通根)하여 신왕(身旺)하나, 격국
(格局)이 투간(透干)하고 재생관(財生官)하여 더 강하다. 그러니
중화를 이루려면 부득불 관(官)을 병화(丙火)로 설기(洩氣)하는 용
신(用神)으로 잡아야 한다. 본래 정관(正官)은 상관견관(傷官見官)
을 꺼리나, 일원(日元)이 격(格)보다 약하기 때문에 어쩔 수 없다.

원칙은 인수(印綬)로 정관(正官)을 화관(化官)해야 하는데, 인수
(印綬)가 없으니 격(格)이 떨어진다. 비록 식신(食神)이 관(官)을
제압하지만, 식상(食傷)이 지나치게 강하여 관(官)이 손상된 점도
격이 떨어진 이유이다.

엄밀하게 말하면 병화(丙火)도 병이지만 어쩔수 없이 원국(元局)
에서 병화(丙火)에게 마음을 쓰게 되고, 관(官)이 지나치게 손상되
어 귀를 이루기는 어렵지만, 무토(戊土)가 관(官)을 생조(生助)하
여 보완하니, 재물은 어느 정도 모을 수 있다.

이 사주는 본래의 정관격(正官格)을 버리고 식재(食財)를 취하니,
오늘날로 말하면 직장생활을 하다가 사업가로 전향하는 형태라고
생각하면 된다. 이러한 변화를 읽어내는 것이 명리학(命理學)의 기
술이며 묘미이다. 일간(日干)을 신강(身强)과 신약(身弱)으로 나누

어 무조건 강하면 부조(扶助)하고, 약하면 극설(剋洩)하는 단순한 논리는 마땅히 배제되어야 한다.

한 글자로 중화를 이루는 경우가 있다.

庚　壬　壬　壬
戌　戌　寅　午

지지(地支)에는 인오술(寅午戌) 화국(火局)이 있고, 천간(天干)은 수기(水氣)가 쌍청하다. 일간(日干) 임수(壬水)가 무근(無根)하여 신약(身弱)하니, 경금(庚金)이 술(戌)에 통근(通根)하여 일원(日元)을 생조(生助)하는 용신(用神)이 된다. 만약 인수(印綬)가 통근(通根)하지 않았다면 종재(從財)할 정도로 매우 균형을 잃게 되는데, 절묘하게 경금(庚金)이 천지를 중재하여 중화를 유도했다.

이 사주는 비록 사오미(巳午未) 대운(大運)에 운이 거꾸로 흘러 30년을 허송세월로 보냈지만, 무신(戊申) 대운(大運)에 용신(用神)을 생조(生助)하고 통근(通根)하니 한 번에 거부(巨富)가 되었다. 또 60세에 아내를 얻어 삼형제를 두었다. 원국(元局)에 중화지도(中和之道)의 절묘함이 있으니, 오랜 세월을 허망하게 보내도 한 번의 기회로 성공한 것이다.

조후(調候)와 억부(抑扶)를 병용하면 격국(格局)이 높아지는 경우이다.

```
癸  丁  乙  丁
卯  酉  巳  未
```

정화(丁火)가 사(巳)월에 태어나 정화(丁火)가 투출(透出)하니 매
우 신강(身强)하지만 무척 더운 명조이다. 계수(癸水)가 억부(抑
扶)와 조후(調候)를 병용하는 용신(用神)인데, 계수(癸水)가 뿌리
가 없으니 빈한한 가정에서 태어나 크게 출중하지 못했다. 그러나
계(癸) 대운(大運)에 아내를 얻고, 임(壬) 대운(大運)에 등과하고,
신축(辛丑) 대운(大運)에 이름을 떨쳤다.

격국(格局)의 고저를 판단할 때는 조후(調候)와의 관계를 눈여겨
봐야 한다.

```
癸  癸  辛  辛
丑  酉  丑  丑
```

이 명조는 얼핏보면 금수(金水) 쌍청에 살인상생(殺印相生)의 맑
은 사주 같다. 그러나 매우 금한수냉(金寒水冷)하여 탁하다. 신탁신
고(氣濁神枯)하여 사람이 우매했는데 무술(戊戌)운에 극수(剋水)
하여 요절했다.

癸 癸 丙 甲
亥 亥 子 申

이 사주는 겨울생이 한습(寒濕)하지만 목화(木火) 조후(調候)를 갖추어, 벼슬길에 올라 공명을 얻었다.

한습(寒濕)한 사주가 조후(調候)를 갖추지 않아도 귀하게 되는 경우가 있다.

辛 壬 甲 戊
亥 子 子 辰

임수(壬水)가 자(子)월에 태어나 북방 수국(水局)을 이루었다. 이른바 흐르는 물이니 물살을 거스르면 좋지 않다. 다행히 무토(戊土)가 뿌리가 약하여 해(害)가 되지 않고, 갑목(甲木)으로 설기(洩氣)하여 범람을 막아 분발의 기미가 나타났다. 병인(丙寅)·정묘(丁卯) 대운(大運)에 부귀를 모두 얻었다.

6. 격국(格局)의 중요성

격국(格局)은 오직 월령(月令)에서 정해야만 격(格)의 고저와 희기(喜忌)를 정확히 알 수 있다. 『자평진전(子平眞詮)』에서는 월령(月令)에서 먼저 격국(格局)을 정하고, 순용(順用)할 것인지 역용(逆用)할 것인지를 가린 후, 간지(干支)를 배합하여 균형을 이루었는지를 살핀다고 하였다.

또한 간지(干支) 배합의 희기(喜忌)는 격국(格局)과 대조하여 살피는 것이라고 했다. 가령 격국(格局)이 정관격(正官格)에 일지(日支) 상관(傷官)이면 상관견관(傷官見官)하여 무정하니 아내가 바르지 못하고, 식신격(食神格)에 일지(日支) 편인(偏印)이 있으면 효신탈식(梟神奪食)이 되어 역시 아내와 문제가 있다.

또한 정관격(正官格)이 인수(印綬)가 있으면 정관패인(正官佩印)인데, 인수격(印綬格)에 정관(正官)이 있는 인수용관(印綬用官)의 차이를 모르고 무조건 관인(官印) 쌍전이라고 한다.

또 재격(財格)에 식신(食神)이 투출(透出)하면 재투식신(財透食神)인데, 식신격(食神格)에 재(財)가 투출(透出)하는 식신생재(食神生財)와 같은 것으로 생각한다.

편인격(偏印格)에 식신(食神)이 있으면 편인투식(偏印透食)인데, 이것을 식신격(食神格)에 편인(偏印)이 있는 식신봉효(食神逢梟)와 같은 것으로 생각하여, 효신탈식(梟神奪食)으로 취급하면서 재성(財星)으로 편인(偏印)을 극제(剋制)해야 한다고 생각한다.

칠살격(七殺格)인데 식신(食神)이 칠살(七殺)을 제살(制殺)하면 편인(偏印)이 투출(透出)하여 거식호살(去食護殺)하니 나쁜 것인데, 이것을 살인상생(殺印相生)이라 해서 좋게 평가한다.

식신격(食神格)에 칠살(七殺)이 투출(透出)하여 인수(印綬)가 투청(透淸)하면 식신(食神)을 버리고 인수(印綬)로 화살(化殺)하는 것은 이때는 거식호살(去食護殺)이 기쁜 것인데, 이때 편인(偏印)이 식신(食神)을 제거하는 것을 효신탈식(梟神奪食)이라 논하니 한심하기 그지없다. 또한 이것도 살인상생(殺印相生)이라 하면서 인수격(印綬格)에 칠살(七殺)이 있는 인수봉살(印綬逢殺)과 같게 논하니 더욱 답답하다.

또한 칠살격(七殺格)에 양인(羊刃)이 있는 것은 살격봉인(殺格逢刃)인데, 양인격(羊刃格)에 칠살(七殺)이 있는 양인노살(陽刃露殺)과 같이 취급하면 안된다.

이상의 오류는 모두 월령(月令)을 무시하고 격국(格局)을 취한 까닭에 생긴 것이다. 이러한 이치는 오늘날에도 변함이 없다. 격국(格局)을 떠나서는 명리의 체계가 세워지지 않는데도 격국론(格局論)을 버리고 용신론(用神論)을 주장하는 사람들이 많다. 격국론(格局論)을 부정하더라도 이유와 논리를 타당하게 제시한 사람이 한 명도 없다는 것이 문제이다.

또한 그런 체제를 여과없이 수용하는 태도도 참으로 답답하다. 이것은 온고지신(溫故知新)하여 새로운 명리학(命理學)의 진보를 보여주는 것이 아니라, 다시 『자평진전(子平眞詮)』이전의 수준으로 돌아가자는 것에 불과하다.

『적천수(滴天髓)』를 이유로 내세우는 사람들도 있는데, 실상은 심효첨(沈孝瞻)의 『자평진전(子平眞詮)』도 유백온(劉伯溫)의 『적천수

『滴天髓(滴天髓)』의 원리에서 나온 것이고, 유백온(劉伯溫)의 『적천수(滴天髓)』를 임철조는 『자평진전(子平眞詮)』을 보고 재해석하여 『적천수천미(滴天髓闡微)』를 편저한 것으로 생각된다. 그러니 두 고서의 관법(官法)은 통하는 맥이 있다.

그러니 『적천수(滴天髓)』를 『자평진전(子平眞詮)』식으로 풀어도 크게 벗어나지 않고, 『자평진전(子平眞詮)』을 『적천수(滴天髓)』로 풀어도 별반 차이가 없다. 다만 특정부분을 더 강조하는 것과 표현방식의 차이일 뿐 이론체제의 차이는 없다. 그래서 서낙오(徐樂吾)는 『자평진전(子平眞詮)』을 교과서로 하고, 『적천수(滴天髓)』를 참고서로 인용하라고 제시한 것이다.

격국론(格局論)과 용신론(用神論)이 오늘날 완전히 다른 학설처럼 분류가 된 것은, 『자평진전(子平眞詮)』을 평주(評註)한 서낙오(徐樂吾)의 이론을 오해한 사람들에게서 비롯된 것이고, 결정적으로 작자미상의 『난강망(欄江網)』을 『궁통보감(窮通寶鑑)』이라는 훌륭한 보서로 둔갑시킨 서낙오(徐樂吾)의 영향 때문이다.

결국은 서낙오(徐樂吾) 때문에 명리의 체계를 잡은 사람도 많지만, 서낙오(徐樂吾) 때문에 완전히 벗어난 사람도 많다. 자신은 용신론(用神論)자이지 격국론(格局論)자가 아니라고 망언을 일삼는 사람들은 다시 한 번 진지하게 궁리해봐야 할 것이다.

7. 격국(格局)의 순잡(純雜)

 격국(格局)의 순잡(純雜)을 『자평진전(子平眞詮)』에서는 월령(月令)에 투간(透干)한 천간(天干) 희기(喜忌)라고 말했는데,『적천수(滴天髓)』에서는 청탁론(淸濁論)과 진신가신론(眞神假神論)을 혼합한 것 같다. 격국(格局)의 순잡론(純雜論)만 보더라도 심효첨(沈孝瞻)은 유백온(劉伯溫)의 『적천수(滴天髓)』를 보고 체계를 세운 것으로 짐작된다.

 격국(格局)이 순하다는 것은 호용이상득(互用而相得)이라 해서 상호간에 서로 득을 본다는 뜻이다. 이는 월령(月令)에서 투간(透干)한 격국(格局)이 서로 좋은 작용을 한다는 것이다. 가령 신금(辛金)이 인(寅)월에 태어났는데 천간(天干)에 갑병(甲丙)이 투간(透干)하면, 중기(中氣)·정기(正氣)가 재성(財星)·관성(官星)이 되니 서로 이득이 되는 것이다.

 이와 같이 식신(食神)·칠살(七殺)이 투간(透干)하여 제살(制殺)하고, 식신(食神)·재성(財星)이 투간(透干)하여 식신생재(食神生財)하고, 관성(官星)·인성(印星)이 투간(透干)하여 관인상생(官印相生)하면 순청한 국면을 이룬다.

 만약 월지(月支)에서 투출(透出)하지 않고 다른 신이 주도하면, 이를 『적천수(滴天髓)』에서는 진신(眞神)이 아니라 가신(假神)이라고 했는데, 가신(假神)도 배합이 적절하면 길격이 되는 경우가 많다. 그런 면에서는 『적천수(滴天髓)』의 진신(眞神)과 가신(假神)의

개념은 『자평진전(子平眞詮)』의 4길신 4흉신의 개념과 비슷하다고
볼 수 있다.

　격국(格局)이 잡(雜)하다는 것은, 위와 반대로 투간(透干)한 천간
(天干)이 서로 무정한 것을 말한다. 가령 임수(壬水)가 미(未)월에
태어나 기토(己土) 정관(正官)과 상관(傷官) 을목(乙木)이 동시에
투간(透干)하면, 상관견관(傷官見官)이 되어 서로 탁(濁)하게 되는
것이다. 또한 갑목(甲木)이 진(辰)월에 태어났는데 무토(戊土) 임
수(壬水)가 투간(透干)하면, 서로 파극(破剋)하여 역시 잡(雜)하고
탁(濁)한 격국(格局)이 되는 것이다.

　순잡(純雜)의 이치는 천간(天干)에만 국한하여 논할 것이 아니라,
전국면의 배합을 고려하여야 한다. 격(格)과 용(用)이 병행하여 유
정하면 길격이나, 병행하지 않아도 귀한 사주가 많다. 이런 다양한
변화를 터득해야 한다.

8. 격국(格局)의 성패구응(成敗救應)

　월령(月令)에서 격국(格局)을 정하면 반드시 성격(成格)과 패격
(敗格)이 있다. 성격(成格)인 것 같으나 패격(敗格)인 경우가 있고,
패격(敗格)인 것 같으나 성격(成格)인 경우가 있는데, 패격(敗格)
을 구응(救應)하는 신(神)이 바로 용신(用神)이다.

　『자평진전(子平眞詮)』에서는 구응(救應)의 신을 상신(相神)이라

했고, 현대의 관점으로는 상신(相神)을 용신(用神)·희신(喜神)·길신으로 본다. 상신(相神)이란 말은 세월이 흐르면서 자연스럽게 사라진 것 같다. 이 책에서도 상신(相神)을 용신(用神)으로 칭한다.

필자는 이 책에서는 물론 앞으로도 월령(月令)을 격국(格局), 상신(相神)을 용신(用神)이라 하고, 용신(用神)을 보좌하는 신을 희신(喜神)이라 할 것이니, 이것에 대한 시시비비를 논할 필요가 없을 것이다.

격국(格局)이 성격(成格)되었다는 것은 사주가 좋다는 것을 의미하니, 격국(格局)의 고저와 연관하여 이해하면 된다. 격국(格局)의 고저를 포괄적으로 설명하면 다음과 같다. 격국(格局)이 높다는 것은 순(順)하고 순청(純淸)하고 유정유력하고 진신진기(眞神進氣)이어서 성격(成格)을 이룬 것을 말한다. 그리고 격국(格局)이 낮다는 것은 역(逆)하고 잡탁(雜濁)하고 무정무력하고 가신퇴기(假神退氣)이어서 패격(敗格)을 이룬 것을 말한다.

이를 『자평진전(子平眞詮)』에서는 순역(順逆)·순잡(純雜)·유정·유력으로 표현했고, 『적천수(滴天髓)』에서는 청탁(淸濁)·진가(眞假)·진기(進氣)·퇴기(退氣)로 표현했을 뿐 원리는 비슷하다. 『적천수(滴天髓)』의 진기퇴기(進氣退氣)설을 『자평진전(子平眞詮)』에서는 양생음사(陽生陰死), 즉 십이운성(十二運星)의 원리가 녹아 있는 것으로 해설했다.

본 장에서 소개한 월령(月令)을 위주로 하는 격국(格局)별 성패구응법(成敗救應法)은 내용이 가장 정미롭고 논리적이며 학문적 효

용성이 느껴진다. 격국(格局)의 성패를 간단하게 말하면 격(格)을
보좌하는 용신(用神)의 상태에 따라 결정되는 것이다. 격(格)을 위
협하는 것을 용신(用神)이 보호하면 성격(成格)이고, 그 용신(用
神)을 위협하는 기신(忌神)이 있으면 파격(破格)이 된다.

1) 정관격(正官格)의 성패구응(成敗救應)

— 재(財)와 인(印)이 투간(透干)하여 서로 극(剋)하지 않고 정관
  (正官)을 보좌하면 성격(成格)이다.

— 일원(日元)이 신왕(身旺)하고 정관(正官)이 약한데 재(財)가 관
  (官)을 생조(生助)하면 성격(成格)이다.

— 일원(日元)이 신약(身弱)한데 정관(正官)이 강하여 인수(印綬)
  로 관(官)을 설기(洩氣)하여 중화를 이루면 성격(成格)이다.

— 상관(傷官)이 정관(正官)을 극(剋)하면 파격(破格)인데 인수(印
  綬)로 상관(傷官)을 제압하면 다시 성격(成格)이 된다.

— 정관(正官)을 형충(刑沖)하면 파격(破格)인데 회합(會合)으로
  해소하면 성격(成格)이 된다.

— 정관격(正官格)에 칠살(七殺)이 투간(透干)하면 파격(破格)인데
  합살(合殺)하면 성격(成格)이 된다.

— 정관격(正官格)에 식상(食傷)이 있으면 파격(破格)인데 식상(食
  傷)이 천간(天干)에서 무근(無根)하고 관(官)을 제압할 수 없으
  면 성격(成格)이 된다.

— 정관격(正官格)이 식신(食神)이 투간(透干)하면 파격(破格)인데

다시 칠살(七殺)이 있으면 성격(成格)이 된다.

2) 재격(財格)의 성패구응(成敗救應)

— 재격(財格)에 정관(正官)이 투간(透干)하여 비겁(比劫)의 겁탈을 막으면 성격(成格)이 된다.

— 재격(財格)에 식상(食傷)이 투간(透干)하여 재(財)를 생조(生助)하면 성격(成格)이 된다.

— 재격(財格)에 재(財)가 투출(透出)하여 신약(身弱)한데 천간(天干)에 인수(印綬)가 있어 재(財)와 인(印)이 파극(破剋)되지 않으면 성격(成格)이 된다.

— 재격(財格)에 칠살(七殺)이 투간(透干)하면 살이 발동하니 파격(破格)인데 다시 합살(合殺)하면 성격(成格)이 된다.

— 식신(食神)으로 제살(制殺)하면 일원(日元)이 매우 약해지니 오직 합거(合去)해야만 성격(成格)이 된다.

— 재격(財格)에 정관(正官)이 투출(透出)했는데 관살(官殺)이 투출(透出)하면 파격(破格)인데, 이때는 합살(合殺)을 해도 중화를 이루기 어렵다. 오직 관살(官殺)의 뿌리를 충(沖)으로 다스려야 성격(成格)이 된다.

— 재격(財格)에 식상(食傷)이 혼잡되면 파격(破格)인데 인성(印星)으로 중화시키면 성격(成格)이 된다.

3) 인격(印格)의 성패구응(成敗救應)

— 인격(印格)이 신약(身弱)한데 관살(官殺)이 있으면 인수봉살(印 綬逢殺)이라 하여 성격(成格)이 된다.

— 인격(印格)이 신왕(身旺)한데 식상(食傷)이 투간(透干)하면 성 격(成格)이 된다.

— 인격(印格)이 신왕(身旺)한데 관살(官殺)이 있으면 파격(破格) 이 된다.

— 인격(印格)이 신왕(身旺)한데 관성(官星)이 있고 다시 재(財)가 있으면 성격(成格)이 된다.

— 인격(印格)이 신약(身弱)한데 재(財)가 인(寅)을 극(剋)하면 탐 재괴인(貪財壞印)이라 하여 파격(破格)이 된다.

— 인격(印格)이 식상(食傷)이 혼잡되면 파격(破格)인데 다시 재 (財)가 투간(透干)하면 더 나빠진다.

4) 식신격(食神格)의 성패구응(成敗救應)

— 식신격(食神格)에 재(財)가 투출(透出)하면 성격(成格)이 된다.

— 식신격(食神格)에 인수(印綬)가 식신(食神)을 극(剋)하면 효신 탈식(梟神奪食)이 되어 가장 꺼린다.

— 식신격(食神格)에 칠살(七殺)이 투출(透出)하면 제살(制殺)하니 성격(成格)인데, 다시 재(財)가 투출(透出)하면 파격(破格)이다.

— 식신격(食神格)에 칠살(七殺)이 투출(透出)하고 다시 인수(印 綬)가 있으면 거식호살(去食護殺)이라 하여 성격(成格)이 되니

효신탈식(梟神奪食)을 논하지 않는다.

— 식신격(食神格)에 정관(正官)이 투간(透干)하면 파격(破格)인
데, 이때는 인수(印綬)가 있어도 관인상생(官印相生)으로 논하
지 않고, 재(財)로 관(官)을 보호해야 한다.

5) 상관격(傷官格)의 성패구응(成敗救應)

— 상관격(傷官格)에 인수(印綬)가 있으면 상관패인(傷官佩印)이
되어 성격(成格)이 된다.

— 상관격(傷官格)에 재(財)가 투청(透淸)하면 성격(成格)이 된다.

— 상관격(傷官格)에 재(財)가 투청(透淸)했는데 관살(官殺)이 투
청(透淸)하면 파격(破格)이 된다.

— 상관격(傷官格)에 인수(印綬)가 많아 상관(傷官)이 무기력하면
파격(破格)이 된다.

— 상관격(傷官格)에 칠살(七殺)이 있으면 상관대살(傷官帶殺)이
라 하여 성격(成格)이 된다.

— 상관격(傷官格)에 정관(正官)이 있으면 파격(破格)인데 인수(印
綬)가 관(官)을 보호하면 성격(成格)이 된다.

— 목화(木火) 상관격(傷官格)에 인수(印綬)가 있고 살이 있으면
더욱 빼어난 격이 된다.

— 금수(金水) 상관격(傷官格)에 정관(正官)이 있어도 조후(調候)
하여 나쁘지 않지만 재(財)가 관(官)을 보호하면 더욱더 귀격을
이룬다.

6) 칠살격(七殺格)의 성패구응(成敗救應)

— 칠살격(七殺格)에 식신(食神)이 제살(制殺)하면 식신제살(食神制殺)이 되어 성격(成格)이 된다

— 칠살격(七殺格)에 식상(食傷)이 중첩되면 제살태과(制殺太過)라 파격(破格)이 된다.

— 칠살격(七殺格)에 정관(正官)이 투출(透出)해도 식신(食神)으로 제살(制殺)하면 관살(官殺) 혼잡으로 논하지 않는다.

— 칠살격(七殺格)에 재(財)가 투출(透出)하면 파격(破格)이 되는데 재(財)를 합거(合去)하면 성격(成格)이 된다.

— 칠살격(七殺格)에 식신(食神)이 제살(制殺)하는데 인수(印綬)가 식신(食神)을 파극(破剋)하면 파격(破格)이 된다.

— 칠살격(七殺格)에 인수(印綬)로 화살(化殺)하는 용신(用神)을 삼더라도 조후(調候)를 갖추지 못하면 귀격이 되지 못한다.

— 칠살격(七殺格)에 칠살(七殺)이 투간(透干)하여 강하더라도 양인(羊刃)으로 중화를 이루면 귀격이 된다.

— 칠살격(七殺格)에 식상(食傷)이 투간(透干)하면 반드시 칠살(七殺)이 투간(透干)하여야 귀격이 된다. 만일 식상(食傷)이 강하고 칠살(七殺)이 무력하면 천한 명조가 된다.

— 칠살격(七殺格)에 식상(食傷)이 강하더라도 재성(財星)으로 살을 도우면 성격(成格)이 된다.

7) 월겁격(月劫格)의 성패구응(成敗救應)

― 양인격(羊刃格)은 정관(正官)보다 칠살(七殺) 투간(透干)하여 재인(財印)이 보좌하면 격(格)이 높아진다.

― 건록격(建祿格)은 재관(財官)이 있으면 격(格)으로 삼는데 재격(財格)·정관격(正官格)의 용법과 같다.

― 양인격(羊刃格)은 식상생재(食傷生財)보다 관살(官殺)의 제극(制剋)을 기뻐하고, 음간(陰干) 월겁격(月劫格)은 식상(食傷)으로 기세를 설기(洩氣)하는 것이 좋고, 양간(陽干) 건록격(建祿格)은 정관(正官)으로 극제(剋制)하는 것이 좋다.

9. 종격(從格)의 완전한 분석

팔자진언(八字眞言)에 오행(五行)의 이치와 사시의 기후를 잘 살펴, 왕한 것은 억제하고 약한 것은 살리되, 만일 태강(太强)하여 억제할 수 없으면 쫓아가고, 살리지 못할 것은 버려야 하니, 왕약(旺弱)을 살피면 자연히 용신(用神)이 나온다고 하였다. 이 말은 인수(印綬) 비겁(比劫)이 극히 미약하고 세를 거스를 수 없으면 종(從)한다는 뜻이다. 그러나 문제는 인비(印比)가 어느 정도 미약해야 쓰지 못하고, 태강(太强)하다는 뜻도 어느 정도 강하다는 것인지 그 경계가 모호하다는 것이다.

종격(從格)에 대한 원리를 확실하게 해두지 않으면 사주감명시

운의 희기(喜忌)가 달라지는 것은 당연하다. 그러니 종격(從格)의 완벽한 이해없이는 함부로 사주를 감명하면 안된다. 온건학파들은 종격(從格) 여부가 불투명하면 과거의 운을 물어 보고 최종 판단을 하라고 가르치기도 한다. 물론 나쁘지는 않지만 종격(從格) 이론의 불완전함을 스스로 털어놓는 것 같아 개운하지가 않다.

학자라면 먼저 학(覺)을 열고 행(行)을 해야 한다. 궁색하게 물어보기 전에 먼저 아는 것이 바람직하다. 몰라서 물어봐야 한다면 어찌 명리학(命理學)에 매력을 느끼겠는가. 그럴 것이라면 복잡하게 생각할 것 없고 용신(用神)도 정할 필요도 없다. 그냥 육십갑자(六十甲子)만 토대로 하여 과거의 몇 가지 사건을 귀납적으로 추론하여 설명하면 될 것이다.

명리학(命理學)도 자연철학이다. 만물은 태어나면 죽는다는 절대명제가 있듯이 '명(命)은 불변의 이치가 있다'는 절대적인 믿음을 연역적으로 귀추하여 증명하여야 학문으로서 위용이 선다. 그러니 모르면 물어보고 결론을 내린다는 생각에 앞서 확실한 이치를 구하는 것이 우선되어야 한다.

1) 종살(從殺)·종재(從財)·종아(從我)의 기본원칙

— 천간(天干) 인수(印綬)가 통근(通根)하여 합충(合沖)하지 않으면 종(從)하지 않는다.

— 천간(天干) 비겁(比劫)이 통근(通根)해도 한 글자로 중화를 이

루지 않으면 종(從)할 수 있다.

— 지장간(支藏干)의 비겁(比劫)이 충합(沖合)하여도 통근(通根)하
  니 종(從)하지 않는다.

— 천간(天干)의 인수(印綬)와 비겁(比劫)이 합충(合沖)으로 무력
  하면 종(從)할 수 있다.

— 지지(地支)의 인수(印綬)와 비겁(比劫)이 충합(沖合)되지 않으
  면 종(從)하지 않는다

— 지지(地支)의 인수(印綬)와 비겁(比劫)이 충합(沖合)되면 종
  (從)할 수도 있다.

— 장간(藏干)에 통근(通根)해도 일주(日柱)와 거리가 멀면 종(從)
  할 수 있다.

  종격(從格)에 대해서는 간단하게 설명하는 것이 무리이기 때문에
다양한 유형의 사주를 살펴보면서 맥을 짚어 보도록 한다.

  癸　戊　己　乙
  亥　辰　卯　卯

  비겁(比劫)이 통근(通根)했으나 화살(化殺)하는 인수(印綬)와 제
살(制殺)하는 식신(食神)이 없으니, 한 글자로 중화시키는 오행(五
行)이 없어 종살격(從殺格)이 되었다. 이는 비겁(比劫)이 있고 합
(合)하지 않고 유력유정해도 한 글자로 중화시키지 못하여 기세를

쫓아 종(從)하는 경우이므로 내격(內格)에 너무 집착하면 실수할
우려가 있다.

乙 己 丁 壬
亥 卯 未 寅

　기토(己土)가 토왕절(土旺節)에 태어나 해묘미(亥卯未) 목국(木
局)을 이루고, 천간(天干) 인수(印綬)가 정임합목(丁壬合木)으로
변하니, 인수(印綬)·비겁(比劫)이 통근(通根)해도 종살격(從殺格)
이 성립된다. 그러니 전체의 형세를 보고 판단해야지 비겁(比劫)과
인수(印綬)의 숫자만을 세는 것은 무의미하다.

癸 戊 乙 癸
亥 子 丑 巳

무토(戊土)가 비겁(比劫) 인수(印綬)에 통근(通根)하지만 해자축
(亥子丑) 방국(方局)을 이루고, 사(巳) 중 병화(丙火)가 축(丑) 중
신금(辛金)과 암합(暗合)하여 세를 거슬리지 않아 맑아졌다. 인수
(印綬)와 비겁(比劫)이 있어도 종(從)하는 경우이니 한 가지 원칙
에만 얽매이면 안된다.

丙 壬 甲 戊
午 戌 寅 辰

임수(壬水)가 진(辰)에 통근(通根)했지만 일주(日柱)와 거리가 멀어 종재격(從財格)이 되었다.

丁 庚 丁 甲
亥 寅 卯 戌

경금(庚金)이 술(戌)에 통근(通根)했지만 일원(日元)과 거리가 멀고, 세를 거스르는 식신(食神)이 없으니 종살격(從殺格)이다.

庚 丁 乙 庚
戌 丑 酉 申

정화(丁火)가 술(戌)에 통근(通根)하고, 을목(乙木) 인수(印綬)가 합화(合化)하여 재(財)로 변하여 벙어리가 되었다고 하는데, 종재격(從財格)이었다면 을경합(乙庚合)이 나쁠 리가 없다. 문제는 정화(丁火)가 술(戌) 중에 통근(通根)했기 때문에 재다신약(財多身弱) 사주가 되어 몸에 문제가 생긴 것이고, 인수(印綬)가 무정하여 병이 된 것이다. ☆재성(財星)이 많아도 비겁(比劫)에 통근(通根)하면 종(從)하지 않는다. ☆신유술(申酉戌) 방국(方局)을 이루어도 일주(日柱)와 가까우니 통근(通根)할 수 있다.

乙 丙 乙 庚
丑 申 酉 申

　앞의 사주와 비슷하지만 종재격(從財格)이니 귀격이다. 앞의 사주
는 정화(丁火)는 통근(通根)했지만 병화(丙火)가 통근(通根)하지
못했고, 을목(乙木)도 무근(無根)이라 재(財)로 종(從)하는데 문제
가 없다. 『자평진전(子平眞詮)』에서는 인수(印綬)가 있어 성립되지
않는다고 했는데, 인수(印綬) 비겁(比劫)이 무근(無根)하면 종(從)
한다.

辛 乙 辛 癸
巳 丑 酉 酉

　을목(乙木)이 무근(無根)하고 관살합국(官殺合局)을 이루었는데
도 종살격(從殺格)이 되지 않았다. 계수(癸水)가 축토(丑土)에 통
근(通根)했기 때문이다. ☆관살(官殺)이 강해도 인수(印綬)가 투출
(透出)하여 합거(合去)되지 않으면 종(從)하지 않는다. ☆사유축
(巳酉丑) 금국(金局)을 이루어도 계수(癸水)가 축토(丑土)에 통근
(通根)할 수 있다.

己 庚 丙 丁
卯 午 午 卯

경금(庚金) 일간(日干)이 통근(通根)하지 않아도 인수(印綬)가 오
(午) 기토(己土)에 통근(通根)하여 종살격(從殺格)이 되지 않았다.
☆음양간(陰陽干) 모두 인수(印綬)가 통근(通根)하면 관살(官殺)이
강해도 종(從)하지 않는다.

壬 壬 庚 丙
寅 午 寅 午

임(壬) 일간(日干)이 무근(無根)하고 비견(比肩) 인수(印綬)가 무
근(無根)하여 종재격(從財格)이다. ☆인비(印比)가 모두 무근(無
根)하면 종(從)할 수 있다.

甲 乙 乙 乙
申 酉 酉 酉

비겁(比劫)이 무근(無根)하여 종살격(從殺格)이다. ☆천간(天干)
에 비겁(比劫)이 많아도 통근(通根)하지 못하면 종(從)한다.

壬 乙 乙 乙
午 酉 酉 酉

천간(天干)에 임수(壬水)가 있어도 통근(通根)하지 못하니 살인격(殺印格)이 되지 못한다. ☆천간(天干)의 인수(印綬) 비겁(比劫)이 무근(無根)하니 종살격(從殺格)이지만 오화(午火)가 병이다.

甲 癸 癸 乙
寅 卯 卯 未

비겁(比劫)이 무근(無根)하니 종아격(從兒格)이 된다.

甲 甲 甲 甲
子 子 戌 申

천간(天干)은 통근(通根)하지 못하니 신약(身弱)하다. 뿌리의 개념을 모르면 인수(印綬)가 두 개이고, 비견(比肩)이 많기 때문에 매우 신강(身强)하여 신금(申金)을 용신(用神)으로 삼을 것이다. 신금(申金)이 자(子)를 도와 가장 강한 세력이 된다. 그러니 무토(戌土)로 제압하여 중화를 이루어야 한다. 토(土)를 생조(生助)하는 술(戌) 중 정화(丁火)가 희신(喜神)이니 운에서 오면 수생목(水生木) 목생화(木生火) 화생토(火生土)로 중화를 이루어 길하다. 중화를 대개 억부(抑扶)로 이루지만 기(氣)가 막힘없이 돌아가는 것이 가장 완벽한 중화이다.

통근(通根)하지 않아 신약(身弱)하면 인수(印綬) 비겁(比劫)으로 용신(用神)을 삼지, 어찌 재성(財星)을 용신(用神)으로 삼느냐고 의문을 가질 수 있겠다. 역시 중화의 개념을 모르기 때문이다. 위의 사주에서 갑목(甲木)이 무근(無根)하여 용신(用神)으로 쓸 수 없고, 자수(子水) 역시 갑목(甲木)이 통근(通根)하지 못하니 힘이 되지 못한다. 사주에서 가장 강한 것이 자수(子水)이니 그것을 술토(戌土)로 제압하면 중화된다.

이 사주가 만약 자(子)가 1개이고 술(戌)이 2개이면 신(申)으로 술토(戌土)를 설기(洩氣)해야 중화를 이루고, 신(申)과 자(子)가 없이 술(戌)로만 이루어져 있으면 한 글자로는 중화를 이룰 수 없으니 세력을 쫓아 종재격(從財格)이 된다. ☆지지(地支)에 인수(印綬)가 있으면 일간(日干)이 무근(無根)해도 종(從)하지 않는다.

① 己 甲 丙 丁 ② 甲 丙 甲 丙 ③ 戊 戊 戊 戊
   巳 寅 午 未   午 午 午 午   午 午 午 午

위의 사주들 중에서 어느 사주가 더 좋아 보이는가. 한눈에 ②가 일기(一氣)가 청수(淸秀)하여 종강격(從强格, 炎上格)의 귀격이라고 생각할 것이다. ①은 얼핏보면 종아격(從兒格)이 재(財)를 낳아 아우생아격으로 귀격이란 생각이 들 것이나, 기토(己土)가 화염토조(火焰土燥)하여 쓸 수 없게 되었다. 일명 걸인사주이다. ③은 화염토조(火焰土燥)라 해도 잡(雜)하지 않고 기(氣)가 청수하다(관운장의 사주이다). 말 위에서 달리는 거구의 느낌이 들고 평소 융통성 없이 한 사람만을 위해 충성을 다한 것이 느껴지는 사주이다. 요즘 시대에 태어났다면 너무 고지식해서 사회적응력이 떨어질 것이라는 생각도 든다. ☆종격(從格)이라도 조후(調候)를 고려하여 구분해야 한다.

甲 甲 甲 甲
戌 戌 戌 戌

일간(日干)이 통근(通根)하지 못하여 종재격(從財格)이다. 보통 종재격(從財格)은 부귀할 수 있지만 이 명조는 술(戌) 중 신금(辛金)이 정관(正官)을 쓰지 못하기 때문에 부는 이루나 귀할 수는 없는 명조이다. ☆역시 갑목(甲木)이 많아도 무근(無根)하니 종재격(從財格)이 된 것이다.

甲甲甲甲   甲甲甲甲
子子子子   亥亥亥亥

갑자(甲子) 일주(日柱)도 갑목(甲木)이 통근(通根)하는 것이 아니니 신강(身强) 사주가 아니라, 자수(子水)가 강하기 때문에 종강격

(從强格)이 된다. 갑목(甲木)을 충(沖)해도 너무 약하기 때문에 좋지 않고, 수(水)를 극(剋)해도 너무 강한 것을 충(沖)하니 좋지 않다. 인수(印綬)가 많아 신강(身强)하다고 생각한다면 금(金)운이 어찌 나쁘겠는가.

갑해(甲亥) 일주(日柱)는 갑목(甲木)이 해수(亥水)에 통근(通根)하니 같은 인수(印綬)라도 강하다. 역시 너무 강해서 종강격(從强格)이니 금(金)으로 충(沖)하면 흉하다. 금(金)을 꺼리는 것은 같지만 용법이 다르다는 것을 알아야 한다.

丁 乙 丁 辛
丑 未 酉 酉

을목(乙木)이 미(未)에 통근(通根)하니 정화(丁火)가 관살(官殺)을 제살(制殺)하는 용신(用神)이다. 이 사주는 주의깊게 볼 필요가 있는데, 축미충(丑未沖)을 하는데도 을목(乙木)이 미(未)에 통근(通根)하여 종살격(從殺格)이 되지 않는다는 것이다. 계사(癸巳) 대운(大運)에 축토(丑土)가 동하여 축미충(丑未沖)이 일어나고, 천간(天干)의 정계충(丁癸沖)으로 용신(用神)이 사라져 사망했다.

원국(元局)과 대운(大運)은 선후를 파악해야 하는데 원국(元局)이 체(體)이고 대운(大運)이 용(用)이다. 그러니 원국(元局)의 충(沖)이 있어도 그대로 통근(通根)하는 것으로 보고 운에서 회합(會合)하여 동하면 그때 충(沖)이 일어나 격국(格局)이 무너진다. 이것을 혼동하여 축미충(丑未沖)으로 을목(乙木)이 통근(通根)하지 못하여 종살격(從殺格)이 되고, 정화(丁火)는 살을 극(剋)하는 기신(忌神)이라고 추론하면 역시 선후의 체용(體用)을 모르는 것이다. 이런 부류의 학인들이 이것을 오해하여 합충론(合沖論) 자체를 부정하기도 한다. ☆지지(地支)의 근이 충(沖)되어도 통근(通根)한다는 것을 알 수 있다.

```
甲  戊  戊  庚
寅  寅  寅  寅
```

지지(地支)가 관살(官殺)로만 이루어져 종살격(從殺格)으로 보이는 사주이다. 이 사주는 대운(大運)이 남방 사오미(巳午未)운으로 흐를 때 평탄했던 것을 보면 종살격(從殺格)은 아닌 것이 분명하다. 혹여 종살격(從殺格)으로 비춰질 수 있는 사주이나 장생(長生)설과 통근법(通根法)에 의하여 무토(戊土)가 약하지 않다는 것을 알아야 한다. 일원(日元)과 관살(官殺)이 절묘하게 중화를 이루어 식신(食神)으로 제살(制殺)하는 대귀한 사주가 되었다.

```
甲  乙  己  戊
申  亥  酉  辰
```

을목(乙木)이 해수(亥水)에 통근(通根)하여 신약(身弱)하지만 종

(從)하지 않는다. 무토(戊土)가 득세(得勢)하니 갑목(甲木)으로 극제(剋制)하는 용신(用神)이 된다. 이 사주를 신약(身弱)하다고 하여 단순히 해수(亥水)를 용신(用神)으로 생각하는 경우가 많은데, 실제는 토(土)가 강해서 중화가 이루어지지 않은 것이다. 칠살(七殺) 자체는 투간(透干)하지 않아 강한 것이 아니니 목(木)으로 토(土)를 다스려 중화를 이룬 것이다. 갑인(甲寅) 을묘(乙卯)운에 명성을 떨친 사주이다. ☆재관(財官)이 강해도 지지(地支)에 통근(通根)하면 종(從)하지 않는다.

① 丙 庚 丙 丙　② 丙 庚 丙 庚　③ 丙 庚 丙 壬
　 戌 午 寅 申　　 戌 午 寅 申　　 戌 午 寅 辰

①은 경금(庚金)이 비록 신금(辛金)에 통근(通根)해도 종살(從殺)하였다. ②는 경금(庚金)이 투출(透出)하여 종(從)하지 못하니 격이 나빠졌다. ③은 경금(庚金)이 통근(通根)하지 못했지만 인수(印綬) 진토(辰土)가 있어 종(從)하지 않는다. 만약 미토(未土)나 술토(戌土)이면 조토(燥土)이기 때문에 인수(印綬)라도 종(從)한다.

① 丙 庚 丙 丙　② 丙 庚 丙 丙　③ 丙 庚 丙 丙
　 戌 午 寅 子　　 戌 寅 午 子　　 戌 辰 午 寅

①은 식신(食神)이 술(戌)에 통근(通根)하여 종(從)하지 않는다.

②는 자오충(子午沖)으로 삼합(三合)이 방해되니 술(戌)에 통근(通根)하여 종(從)하지 않는다. ③은 인수(印綬) 진토(辰土)를 깔고 있어 종(從)하지 않는다. 이렇게 아무리 강한 세력이라도 배합에 따라 변화가 많으니 종격(從格)이 되는 것이 쉬운 것은 아니다. 그러니 완전한 종격(從格)을 이루면 부귀한 명조가 된다.

지금까지 종살격(從殺格)·종재격(從財格)·종아격(從兒格)을 살펴보았는데, 실질적으로는 종왕종강격(從旺從强格)이 어려우나, 반대의 개념으로 생각하면 된다.

2) 종왕종강격(從旺從强格)의 기본원칙

— 천간(天干)에 비겁(比劫)이나 인수(印綬)만 있어야 하고, 근(根)이 강해야 종강격(從强格)이 된다.
— 식재관(食財官)이 있어도 투간(透干)하지 않고 매우 미약하면 종격(從格)이 된다.
— 천간(天干)에 식재관(食財官)이 있어도 합거(合去)하여 무력하거나 근(根)이 없으면 종강격(從强格)이 된다.

丙 乙 辛 壬
子 亥 亥 子

지지(地支)에 수국(水局)을 이루고, 천간(天干) 병화(丙火)가 병신합수(丙辛合水)하여 종강격(從强格)이 되었다. 정사(丁巳) 대운(大運)에 사해충(巳亥沖)으로 사망했는데, 강한 세력을 거슬렀기 때문이다. 병신합(丙辛合)을 간과하면 억부법(抑扶法)의 설기(洩氣)하는 상관(傷官) 병화(丙火)가 용신(用神)이고, 조후법(調候法)으로도 따뜻한 병화(丙火)가 용신(用神)이 되기 때문에 자칫 화(火)운을 좋게 평할 수 있으니 결코 종격(從格)을 가볍게 보면 안된다.

이런 사주는 종격(從格)이 되어도 안된 것만 못하다. 억부(抑扶)와 조후(調候)가 한 글자로 무너졌으니 빼어날 수가 없다. 오직 강한 물의 흐름을 쫓아 살아야 하는데 운은 돌고도는 것이니 어찌 기복이 없겠는가. 그러니 종격(從格) 사주는 편중된 기세를 쫓아 순응하는 것일 뿐 중화의 덕이 없으니 내격(內格) 사주의 성격(成格)보다 못하다.

壬　丙　丙　丁
辰　午　午　丑

사주 전체에 비겁(比劫)이 왕하지만 임수(壬水)가 투간(透干)하여 진(辰)에 통근(通根)하니 종강격(從强格)이 되지 못했다. 만약 임수(壬水)가 통근(通根)하지 않았으면 천간(天干)이 비겁(比劫)으로만 되지 않아도 종강격(從强格)이 된다.

壬 乙 乙 癸
午 未 卯 亥

천간(天干)이 인수(印綬) 비겁(比劫)으로만 이루어졌고, 식상(食傷)이 투출(透出)하지 않았으며, 지지(地支)도 해묘미(亥卯未) 목국(木局)을 이루어 천지가 순응하니 종강격(從强格)이다. 사주 전체가 수목화(水木火)로 상생(相生)으로 흐르니 부귀할 명조이다. 보통 종강격(從强格)은 재(財)운을 꺼리지만 이 사주는 오화(午火)가 있어 재(財)운도 꺼리지 않는다.

甲 壬 丁 甲
辰 寅 卯 戌

천간(天干)에 정화(丁火)가 있지만 정임합(丁壬合)하여 목국(木局)으로 변하여 종강격(從强格)이 되었다. 인수(印綬)·비겁(比劫)·식상(食傷)운은 무방하나 관살(官殺)운은 꺼린다. 자칫 내격(內格)으로 진(辰)에 통근(通根)하여 용신(用神)을 정하면 신약(身弱)하여 인수(印綬)운을 바라며, 금(金)운에 목(木)을 제거하면 운이 좋다고 할 것이니 진중하게 살펴야 한다.

甲 丙 庚 甲
午 午 午 寅

천간(天干)에 비록 경금(庚金)이 있지만 무근(無根)하니 종강격(從强格)이 되었다.

戊 辛 辛 戊
子 酉 酉 辰

비겁(比劫)이 많으나 수금(水金) 식신격(食神格)이다. 기세가 토금수(土金水)로 흐르니 순응하는 것이 좋고, 거슬리는 목화(木火)운만 꺼린다.

庚 戊 戊 己
申 辰 辰 未

앞의 사주와 비슷하다. 비겁(比劫)이 세력을 이루지만 종강격(從强格)이 아니라 토금(土金) 식신격(食神格)이다. 목화(木火)운은 흉하고, 식재(食財)운은 가장 길하다.

庚 辛 辛 辛
寅 丑 丑 丑

천간(天干)에 비겁(比劫)이 왕하고, 지지(地支)에 인목(寅木) 재(財)가 있지만 식재(食財)가 투출(透出)하지 않아 종강격(從强格)

이 되었다. 목화(木火)운은 기세를 거역하니 꺼리고, 토금수(土金水)운은 길하다.

```
己 乙 庚 辛
卯 未 寅 亥
```

을목(乙木)이 사지에 통근(通根)하고 태강(太强)한데 재관(財官)이 통근(通根)하지 않아 무력하다. 중화가 어려워 종강격(從强格)이 되었다. 병술(丙戌) 대운(大運) 무신(戊申)년에 재관(財官)이 강하고, 인신충(寅申沖)으로 강한 목(木)을 거역하니 사망했다.

```
甲 乙 辛 丙
申 卯 卯 辰
```

신금(辛金)이 투간(透干)했지만 병신합(丙辛合)으로 기능을 상실하니 종강격(從强格)이 되었다. 얼핏보면 통근(通根)했으니 기능을 발휘할 것이라고 생각하겠지만, 간합(干合) 자체로 이미 용신(用神)의 기능은 정지되었고, 합화(合化)하면 오행(五行) 자체가 사라진다. ☆천간(天干)은 동(動)하니 합(合)이 바로 작용하지만 지지(地支)는 정(靜)이니 운에 의하여 동(動)한다.

甲　丙　庚　丙
午　午　子　午

　천간(天干)이 비겁(比劫) 인수(印綬)로만 되어 있지만, 월령(月
令)이 정관(正官)이기 때문에 정관격(正官格)의 파격(破格)이며,
종강격(從强格)이 되지 않는다. 자오충(子午沖)으로 수기(水氣)가
마르고, 오(午) 기토(己土) 식상(食傷)이 자식이기 때문에 남편과
의 사이에 자식이 없었다.

辛　辛　辛　辛
卯　丑　卯　酉

　천간(天干)이 비겁(比劫)으로만 이루어져 있지만, 월령(月令)이
재성(財星)이기 때문에 종강격(從强格)이 되지 못한다. 일명 군겁
쟁재(君劫爭財)의 사주인데 신용카드로 사치를 일삼아 신용불량자
가 된 사주이다.

丙　丙　丙　丙
申　寅　申　午

　앞의 명조와 오행(五行)만 다를뿐 십성(十星)으로는 똑같은 구조
이다. 역시 비겁(比劫)이 많지만 월령(月令)이 재격(財格)이기 때

문에 종강격(從强格)이 되지 못했다. 역시 군겁쟁재(君劫爭財)로 재물과 처자와 인연이 없었다. 지난날 대구지하철 참사를 일으킨 장본인이다.

甲 丁 甲 甲
辰 亥 戌 辰

이 명조는 중화민국 명외교관이었던 사람의 사주이다. 상관격(傷官格) 같으나 정화(丁火)가 술(戌)에 통근(通根)하고, 천간(天干)이 인수(印綬)로만 이루어져 종강격(從强格)이 되었다. 진술충(辰戌沖)이 있는 것이 결함이지만 격(格)을 이루는 데는 문제가 없다. 만약 상관격(傷官格)이면 지나치게 인수(印綬)가 많아 우둔한 사람이 되었을 것이다. 종강격(從强格)인데 상관(傷官)으로 기세가 유통되니 상관(傷官) 특유의 언변술이 장점으로 발휘될 수 있었다.

이상은 종격(從格)에 대하여 알아보았다. 종격(從格)의 정의는 편중된 세력을 한 글자로 중화할 수 없을 때 종(從)한다는 것이다. 너무 일간(日干)의 통근(通根)·인수(印綬)·비겁(比劫)의 숫자에만 집착해서도 종격(從格)의 의미를 간과할 수 있다.
그리고 모든 종격(從格)은 천간(天干)의 흐름에 의하여 결정된다. 내격(內格)의 격국(格局)도 천간(天干)에서 정하기 때문에 종격(從格)도 엄연하게 천간(天干)의 세력이 중요하다. 가령 천간(天干)이 재관(財官)으로만 이루어져 있으면 일단 종살격(從殺格)을 생각해야 하고, 천간(天干)이 비겁(比劫)이나 인수(印綬)로만 이루어져 있으면 종강격(從强格)을 생각해야 한다.

또한 천간(天干)에 관살(官殺)이 많은데 식상(食傷)이 있으면 파격(破格)이나 식상(食傷)이 무근(無根)하면 가종살격(假從殺格)이 되고, 천간(天干)에 재성(財星)이 많은데 비겁(比劫)이 있으면 파격(破格)이나 비겁(比劫)이 무근(無根)하면 가종재격(假從財格)이 되고, 천간(天干)에 식상(食傷)이 많은데 인수(印綬)가 있으면 파격(破格)이나 인수(印綬)가 무근(無根)하면 가종아격(假從兒格)이 된다.

『자평진전(子平眞詮)』은 종격(從格)에 대하여 깊이 다루지 않았지만, 『적천수(滴天髓)』는 강유론(剛柔論)과 순역론(順逆論)에서 그나마 조금 더 심도있게 다루었다. 강유론(剛柔論)과 순역론(順逆論)도 약간의 차이가 있다. 순역론(順逆論)은 확실한 종격(從格)을 다루지만, 강유론(剛柔論)은 강한 세력이 종격(從格)이 되지 않아도 그것을 거역하는 것에 대한 파급을 다루었다.

　戊　甲　壬　己
　辰　戌　申　酉

신유술(申酉戌) 방국(方局)이면 종살격(從殺格)이 아니더라도 세력이 매우 강하기 때문에 금(金)에게 가장 피해를 보는 목(木)은 좋지 않다. 대운(大運)에서도 신약(身弱)하지만 방신(幇身)하는 비겁(比劫)운을 나쁘다고 하니, 이에 대한 연구도 해보길 바란다.

강유론(剛柔論)은 보기에 따라서는 별 흥미를 주지 못할 수도 있다. 그러나 필자는 내격(內格)과 종격(從格) 사이를 이어주는 연결고리라고 생각한다. 『적천수(滴天髓)』를 다 보고나면 다시 강유론(剛柔論)을 음미해 볼 필요가 있을 것이다.

10. 양신성상격(兩神成象格)의 희기(喜忌)

두 가지 오행(五行)만으로 구성된 명식을 양신성상격(兩神成象格)이라고 한다. 고저와 희기(喜忌)를 분별하지 못하는 사람들이 많은데 원리에 입각하여 판단하면 어렵지 않다.

戊　戊　戊　戊
寅　寅　寅　寅

이 사주는 생극제화(生剋制化)로 풀면 목극토(木剋土)하니 종살격(從殺格)으로 판단할 수 있다. 그러나 십이운성(十二運星)으로 보면 무토(戊土)가 인목(寅木)에서 장생(長生)하고, 무토(戊土)가 인목(寅木)에게 통근(通根)하니, 무토(戊土)가 약하지 않다. 반대로 인목(寅木)은 천간(天干)에 투간(透干)하지 않았기 때문에 무토(戊

土)가 인목(寅木)보다 강하다고 판단된다. 운은 이를 통관(通關)하는 화(火)운이 가장 길하고, 금(金)운은 강한 목(木)을 거스르니 꺼리고, 수목(水木)운은 나쁘지 않다.

<pre>
庚 庚 庚 庚
巳 巳 巳 巳
</pre>

앞의 사주와 비슷한 구조인데 사(巳) 중 경금(庚金)이 투간(透干)하여 주도세력을 이루니, 역시 지지(地支)가 화(火)로만 이루어져 있어도 경금(庚金)이 강하다. 그러니 종살격(從殺格)은 논할 필요도 없다. 두 오행(五行)을 통관(通關)하는 토(土)운이 길하고, 사화(巳火)를 극(剋)하는 수(水)운을 가장 꺼린다. ☆통근(通根)과 투출(透出)의 개념을 모르는 경우가 많은데, 이 명조를 통근(通根)의 입장에서 보면 지지(地支)의 목(木) 세력이 강해 보일 것이고, 인(寅) 중에 무토(戊土)가 투출(透出)한 입장에서 보면 전혀 목(木) 세력이 부담이 없을 것이다.

격국(格局)을 정할 때 월령(月令)에서 투출(透出)한 천간(天干)으로 정하는 것이지, 월령(月令)에 통근(通根)한 천간(天干)을 격국(格局)으로 정하는 것이 아니다. 결과적으로 비슷하지만 선후를 따지면 통근(通根)보다는 투출(透出)이 우선이다. ☆고로 천간(天干)에 영향을 주지 않는 지지(地支)끼리의 충(沖)은 별 의미가 없고, 통근(通根)하지 않는 천간(天干)끼리의 합(合)도 작용이 약하다.

甲 甲 甲 甲
子 子 子 子

지지(地支)가 인수(印綬)로만 이루어져 갑목(甲木)이 강하다고 생각할 것이다. 그러나 갑목(甲木)이 통근(通根)하지 못했으니 약하고 자수(子水)가 더 강하다. 2가지 오행(五行)으로만 이루어졌는데 상생(相生)하니 귀격으로 판단한다. 화(火)운에 발영하니 가장 길하고, 지지(地支)에서 오화(午火)는 자오충(子午沖)하니 꺼린다.

丙 丙 丙 丙　　乙 乙 乙 乙
申 申 申 申　　酉 酉 酉 酉

이 사주들은 2가지 오행(五行)으로만 이루어져 있고, 종재(從財)·종살격(從殺格)이나 천지가 쟁극하여 파란이 많아 안정되지 못한 삶을 살았다. 두 사주 모두 통관(通關)운이 오면 길하다. 병신(丙辛) 일주(日柱)는 재(財)운이 길하고, 을유(乙酉) 일주(日柱)는 금(金)운이 길하다.

① 戊 戊 戊 戊　② 丙 丙 丙 丙
　 午 午 午 午　　 午 午 午 午

①은 관운장의 사주로 전해오나 확실하지는 않다. 그래서 인물됨

을 보고 가장 관운장다운 사주를 만들어냈을 것이라는 생각도 해본다. ②는 장비의 사주라고 하는데 역시 예사롭지 않다. 중국인들은 삼국지 인물들을 너무 영웅시한 나머지 사주팔자도 범상치 않게 만들었을지도 모른다.

관운장 사주는 두 오행(五行)이 상생(相生)하지만 화염토조(火焰土燥)하여 평탄하지 않다. 장비의 사주는 염상격(炎上格)이라 오히려 청수한데 실제라면 장비가 더 귀격이다. 관운장은 설기(洩氣)하는 금(金)운이 길하고, 장비는 금수(金水)운이 흉하다. 이렇게 양신성상격(兩神成象格)이라도 고저와 희기(喜忌)가 다르다.

11. 군겁쟁재(君劫爭財)의 희기(喜忌)

현대사회는 물질이 뒷받침되지 않으면 제대로 대접받지 못하는 것 같다. 바람직한 현상은 아니지만 어쩌겠는가. 사회가 요구하는 인간으로 적응하는 것이 나쁘다고 할 수는 없다. 그러니 이 계통에서도 유독 재물복에 대한 관심이 많다. 그런 측면에서 군겁쟁재격(君劫爭財格) 사주는 가장 흉하다고 할 수 있다.

재격(財格)에서 가장 꺼리는 것이 군겁쟁재(君劫爭財)이다. 군겁쟁재(君劫爭財)는 비겁(比劫)이 무리를 지어 재(財)를 겁탈하는 것이다. 일명 거지팔자라 해서 재물은 물론 처자와도 인연이 없는 천한 명이라고 할 수 있다. 그러나 군겁쟁재(君劫爭財)라도 배합에 따라서 귀천이 달라지니, 자세히 살피지 않고 잘못 판단하면 거부 팔자를 거지팔자로 볼 수도 있으니 주의를 기울여야 한다.

일반적으로 비겁(比劫)이 무리를 지어 재(財)를 강탈하면 무조건 군겁쟁재(君劫爭財)로 보고, 식상(食傷)·관살(官殺)만 투간(透干) 하여 비겁(比劫)을 막으면 군겁(君劫)이 없는 것으로 단정하는데, 반드시 그런 것만은 아니다. 예를 들면서 살펴보자.

甲 甲 甲 甲
子 子 戌 申

재격(財格)에 비겁(比劫)이 무리를 지었고, 식상(食傷)·정관(正官)이 투간(透干)하지 않았지만 군겁(君劫)이 이루어지지 않았다. 이유는 비겁(比劫)이 근(根)이 없어 무력하기 때문이다.

庚 辛 辛 辛
寅 丑 丑 丑

이 사주도 비겁(比劫)이 무리를 지었지만 재(財)를 겁탈하지는 않았다. 종강격(從强格)이니 군겁쟁재(君劫爭財)를 논할 필요가 없다.

甲 丙 庚 甲
午 午 午 寅

이 명조도 비겁(比劫)이 무리를 지어 재(財)를 보지만, 종강격(從强格)이니 군겁(君劫)을 논하지 않는다.

辛 辛 辛 辛
卯 丑 卯 酉

이 명조는 재격(財格)에 비겁(比劫)이 무리를 지어 재(財)를 겁탈하는 형세이다. 전형적인 군겁쟁재격(君劫爭財格)이다.

丙 丙 丙 丙
申 寅 申 午

재격(財格)에 비겁(比劫)이 무리를 이루어 재(財)를 겁탈하나, 식상(食傷)·정관(正官)이 투간(透干)하지 않았다. 앞의 사주와 마찬가지로 역시 군겁쟁재격(君劫爭財格)이다.

戊 甲 甲 甲
辰 子 戌 戌

비겁(比劫)이 많고 식상(食傷)·관살(官殺)이 없지만, 재(財)가 유력하니 군겁쟁재(君劫爭財)라고 할 수 없다.

① 丙 丙 庚 丙　　② 甲 甲 甲 己
　　午 申 午 午　　　　寅 寅 戌 卯

　①은 완전한 종강격(從强格)이 아니고, 식상(食傷)·관살(官殺)이 없으니 군겁(君劫)이 일어난다. ②는 재(財)가 투간(透干)했지만 식상(食傷)·관살(官殺)이 없고, 비겁(比劫)의 힘이 더 강하니 군겁(君劫)이 일어난다.

　이상으로 군겁(君劫)의 형태들을 살펴보았다. 실제 군겁(君劫)이 일어나는 경우를 정리해보면 다음과 같다.

— 군겁쟁재(君劫爭財)는 주로 재격(財格)과 월겁격(月劫格)에서 일어난다.
— 식상(食傷)이나 관성(官星)으로 비겁(比劫)을 설기(洩氣)하거나 제압하지 못하면 군겁(君劫)이 일어난다.
— 재(財)가 투출(透出)이나 통근(通根)하지 못하여 무력하니 종격(從格)을 이루면 군겁쟁재(君劫爭財)라고 할 수 없다.
— 재(財)가 투출(透出)이나 통근(通根)해도 식상(食傷)이나 관살(官殺)이 없고 비겁(比劫)보다 많이 무력하면 군겁쟁재(君劫爭財)가 일어난다.

12. 상관견관(傷官見官)의 희기(喜忌)

상관견관(傷官見官)도 군겁쟁재(君劫爭財)와 마찬가지로 상관(傷官)이 정관(正官)을 손상시키기 때문에 가장 천한 명으로 간주한다. 상관견관(傷官見官)이 있으면 결혼생활에 문제가 생기고, 생계도 불완전하며, 자신의 과오로 법적인 손해를 보는 경우가 많다. 그러나 상관견관(傷官見官)도 배합에 따라 희기(喜忌)가 달라지니 정확하게 구분할 줄 알아야 한다.

『자평진전(子平眞詮)』에서도 '근적견유대귀자(近亦見有大貴子) 불지가고(不知何故)'라 하였다. 이 말은 상관견관(傷官見官)은 대개 천한 사람들에게서 많이 나타나지만 대귀한 사람들도 있어 그 이유를 명백히 알지 못한다는 뜻이다.

심효첨(沈孝瞻)이 어떤 명조를 보고 이유를 알지 못하겠다는 것인지 예를 들지 않아 알 길이 없지만, 정관격(正官格)에 관(官)이 중첩되면 식상(食傷)으로 제관(制官)하여 역용(逆用)하여도 무방한데, 너무 순용론(順用論)에 입각하여 간과한 것이 아닌가 생각한다. 예를 들어보면 다음과 같다.

丁 甲 辛 ○
○ 辛 酉 ○

비록 정관(正官)이 투간(透干)했지만 정화(丁火)로 제복(制伏)해야 하니, 상관견관(傷官見官)을 논할 수 없다. 혹은 정관격(正官格)에 상관(傷官)이 투간(透干)했을 때 인수(印綬)가 없어도 천간(天干) 상관(傷官)이 월지(月支) 정관(正官)을 파극(破剋)하지 못하면 나쁘지 않다.

이 점에 대해서 『자평진전(子平眞詮)』에서는 설명하지 못했다. 고로 심효첨(沈孝瞻)이 미처 발견하지 못하고 그런 명식을 접하니 이유를 알지 못했다고 솔직하게 밝힌 것이라고 짐작한다.

그리고 상관견관(傷官見官)은 상관(傷官)이 정관(正官)을 보는 것이지, 칠살(七殺)을 보는 것이 아니다. 상관(傷官)이 살을 제압하여 일간(日干)을 구제하는 것은 아능생모(兒能生母)나 상관대살(傷官帶殺)이라 하여 귀격으로 작용한다. 상관견관(傷官見官)이 흉으로 작용할 때는 상관(傷官)이 정관(正官)만을 보는 경우를 말한다.

금수(金水) 상관격(傷官格)과 목화(木火) 상관격(傷官格)은 조후(調候) 작용으로 흉이 길로 변하는 것이니 거론할 것은 없고, 다른 경우를 살펴보자.

戊 丙 癸 丁
子 申 丑 卯

이 사주는 무계(戊癸)가 상관견관(傷官見官)이지만, 역시 정화(丁火)가 조후(調候)와 억부(抑扶)를 겸하여 귀하게 되었다.

壬 辛 戊 丙
辰 未 戌 戌

이 사주는 임병(壬丙)이 상관견관(傷官見官)이지만, 무토(戊土)가
막아 정관(正官)을 파극(破剋)하지 못하니 귀격이 되었다.

己 丙 甲 癸
亥 寅 子 酉

이 사주는 기토(己土) 상관(傷官)이 투출(透出)했지만, 갑목(甲
木) 인수(印綬)로 제압하니 상관견관(傷官見官)이 아니다.

丙 甲 辛 戊
寅 戌 酉 午

이 사주는 병신(丙辛)이 합(合)하였으니 상관견관(傷官見官)이라
고 할 수 있다.

丁 甲 辛 己
卯 申 酉 酉

이 사주는 정신(丁辛)이 상관견관(傷官見官)이지만, 정관(正官)이

일원(日元)이 약하고 정관(正官)이 너무 강하니 살로 변했다. 그러니 정화(丁火)로 제살(制殺)하여 나쁘지 않다. 또한 정관격(正官格)에 칠살(七殺)이 투간(透干)하여 상관(傷官)이 있을 때는 상관대살(傷官帶殺)이라 나쁘지 않고, 칠살격(七殺格)에 정관(正官)이 투간(透干)하여 상관(傷官)이 있을 때도 용법이 비슷하니 상관견관(傷官見官)이 나쁘지 않다.

■ 상관견관(傷官見官)이 드러나는 경우를 정리하면 다음과 같다.
— 정관격(正官格)에 상관(傷官)이 있지만 인수(印綬)가 없는 경우
— 상관격(傷官格)에 정관(正官)이 있지만 인수(印綬)가 없는 경우
— 월겁격(月劫格)에 상관(傷官)이나 정관(正官)이 투간(透干)하고 인수(印綬)가 없는 경우

■ 상관견관(傷官見官)이 드러나지 않는 경우는 반대로 보면 된다.
— 조후용신(調候用神)으로 중요한 경우
— 인수(印綬)로 상관(傷官)을 제압하거나, 관살(官殺) 혼잡이 되어 상관(傷官)으로 제살(制殺)하는 경우
— 인수(印綬)가 없어도 배합상 상관(傷官)이 정관(正官)을 극(剋)할 수 없는 경우

제Ⅱ부. 격국 종합분석

격국(格局)은 크게 내격(內格)과 외격(外格)으로 나눈다. 내격(內格)은 다시 정관격(正官格)·편관격(偏官格)·정재격(正財格)·편재격(偏財格)·편인격(偏印格)·정인격(正印格)·식신격(食神格)·상관격(傷官格)·양인격(羊刃格)·월겁격(月劫格)의 열 가지로 나뉘나, 재격(財格)과 인격(印格)은 정편법(正偏法)이 비슷하여 합치면 모두 팔격이다. 내격(內格)에서 벗어난 외격(外格)도 격용(格用)을 취하는 것은 월령(月令)에 의하여 좌우되니 모든 격국(格局)은 결국 팔격이다.

우주의 생성과정은 무극(無極) → 태극(太極) → 양의(兩儀) → 사상(四象) → 팔괘(八卦)로 완성되고, 팔괘(八卦)를 중심으로 88=64괘가 완성된다. 이는 천지완성의 숫자가 8이기 때문이다. 팔괘(八卦)가 5번째에서 완성는데, 음양(陰陽)이 5행에서 완성이 되는 것과 같은 맥락이다.

1 즉 3이요, 3 즉 5요, 5 즉 8이다. 8자도 역시 팔괘(八卦)로 통하고, 사주(四柱) 또한 중화지도(中和之道)를 찾으면 5로 완성된다. 64괘는 다시 음양(陰陽)으로 귀결되고, 음양(陰陽)을 도(道)라고 한다. 도(道)는 이치와 경위가 있어야 하니 중화지도(中和之道)를 찾는 용신(用神)도 반드시 이치가 있다.

소천지 소우주라 했다. 사람 안에 우주가 담겨 있고, 팔자 안에 운명이 숨어 있다. 비록 수많은 팔자가 있어도 팔격의 이치에 녹아 있다. 팔자를 머리 속에 암기하는 사람도 있는데, 열성은 대단하나 원리를 터득하여 맥을 짚어내는 것이 중요하다. 어떤 사주도 팔격에서 벗어나지 못하니 사주를 팔격에 담아야지, 팔격을 사주에 맞추려고 하면 중심을 찾기 어렵다. 앉아서도 천리를 본다는 말이 있다. 천 가지 만 가지 사주를 쫓아 방황하지 말고, 팔격의 이치로 관통하는 묘리를 찾아야 한다.

1장. 정관격(正官格)

정관격(正官格)은 공직계통에서 출세하고, 조직과 질서와 안정을 중시한다. 성품은 충직하며 절제하고 규율적이며 섬세하다. 정관격(正官格) 사주가 상격을 이루려면 일원(日元)이 통근(通根)하여 신약(身弱)하지 않고, 정관(正官)이 투출(透出)하여 청하고, 상관(傷官)이 투출(透出)하지 않아 맑고, 재(財)가 관(官)을 부조(扶助)하되 재극인(財剋印)하여 인성(印星)을 해치지 않고, 관살혼잡(官殺混雜)과 관합형충(官合刑沖)이 없어야 한다.

일원(日元)이 너무 신약(身弱)하면 재관(財官)이 무용지물이 되는데, 이 때 중화할 수 있는 용신(用神)이 없으면 오직 종관(從官)해야 귀하게 된다. 또한 정관격(正官格)이라도 관(官)이 무력하면 재(財)를 쫓아 부를 축적할 수도 있으니, 관(官)이 무력하다고 무조건 나쁜사주로 판단하면 안된다.

정관격(正官格)의 이치는 여기서 벗어나지 않으니, 다른 데서 구하지 말고 정관격(正官格)에 관한 다양한 형태의 사주를 집중하여 살펴보는 것이 중요하다.

```
官      財 財
癸  丙  庚 辛      壬癸甲乙丙丁戊己
巳  寅  子 酉      辰巳午未申酉戌亥
    印
```

■ 격국(格局) : 병화(丙火)가 일시(日時)에 통근(通根)하여 신약(身弱)하지 않다. 정관(正官)이 투청(透淸)하고 상관(傷官)이 없으니 청(淸)하다. 재(財)는 천간(天干)에 있고 인수(印綬)는 지지(地支)에 있어 재극인(財剋印)하지 않았다. 흠잡을 데 없는 최상격 사주이다.

■ 용신(用神) : 병화(丙火)가 장생(長生)과 건록(建祿)을 얻었지만, 재관(財官)이 더 강하니 다소 신약(身弱)하여 인수(印綬)가 용신(用神)이다. 용신(用神)이 일원(日元)과 가까이 있고 재(財)가 멀어, 용신(用神)을 극(剋)하지 않으니 유정유력하다. 용신(用神)은 상급이라고 할 수 있다.

■ 대운(大運) : 무술(戊戌) 대운(大運)이 상관(傷官)운이라 꺼리

지만, 인수(印綬)가 막으니 많이 흥하지는 않다. 정병(丁丙)운부터 발복하여 명리를 모두 얻고, 신(申) 대운(大運)에 신자합(申子合)하여 인신충(寅申沖)이 해소되니 역시 기신(忌神)운이 나쁘지 않다. 그러나 임진(壬辰) 대운(大運)에 관살(官殺)이 혼잡하여 가장 흉하다.

```
財      比 官
庚  丙  丙 癸        庚 辛 壬 癸 甲 乙
辰  午  辰 巳        戌 亥 子 丑 寅 卯
```

■ 격국(格局) : 진(辰) 중 계수(癸水) 정관(正官)이 투간(透干)하여 정관격(正官格)이다. 재(財)가 투출(透出)했으나 너무 멀어 관(官)을 생조(生助)하지 못하고, 관(官)의 통근(通根)이 무력하니 정관격(正官格)의 하격이 되어 관직을 얻기 어렵다.

■ 용신(用神) : 병화(丙火)가 사오(巳午)에 통근(通根)했으나 관(官)이 무력하니 신강(身强)하다. 격국(格局)이 약하니 관(官)을 생조(生助)하는 경금(庚金)이 용신(用神)이고, 수(水)가 희신(喜神)이다. 용신(用神)이 일원(日元)과 가까이 있어 유정하고, 식신(食神)이 동주(同柱)하여 생조(生助)하니 유력하다. 비록 관(官)운은 없지만 운을 만나면 발재(發財)할 것이다.

■ 대운(大運) : 초년인 갑인(甲寅)·을묘(乙卯) 대운(大運)에는 곤궁했으나, 계축(癸丑) 희신(喜神)운에 국외에서 축재했다.

傷　印　官
乙　壬　辛　己　　乙丙丁戊己庚
巳　午　未　巳　　丑寅卯辰巳午

■ 격국(格局) : 정관격(正官格)이나 화염토조(火焰土燥)하여 관(官)을 쓸 수 없어, 하격이 되어 관직에 오를 수 없다. 일원(日元)이 무근(無根)하고 인수(印綬)가 무력하여 종재격(從財格)이다.

■ 용신(用神) : 인수(印綬)가 통근(通根)하여 도리어 병이 되었지만, 사오미(巳午未) 방국(方局)을 이루어 큰 흠은 없다. 식재(食財)가 용희신(用喜神)이고, 인수(印綬)가 기신(忌神)이다.

■ 대운(大運) : 정묘(丁卯)·병인(丙寅) 대운(大運)에 병인 신금(辛金)을 극진(剋盡)하여 거부가 되었다.

官　印　傷
戊　癸　辛　甲　　丁丙乙甲癸壬
午　亥　未　寅　　丑子亥戌酉申

■ 격국(格局) : 무토(戊土) 정관(正官)이 투간(透干)했으나 혼잡하니 칠살격(七殺格)이다. 계수(癸水)가 통근(通根)했으니 상관(傷官)으로 제살(制殺)해야 한다. 인수(印綬)가 투간(透干)했지만 무근(無根)하니, 큰 결함은 없어 중상격 정도는 된다.

■ 용신(用神) : 갑목(甲木)이 제살(制殺)하는 용신(用神)이고, 신금(辛金)이 병이다. 일원(日元)이 신약(身弱)하니 방신(幫身)하는 비겁(比劫)운이 좋다. 그러나 인수(印綬)운은 기신(忌神)이 통근(通根)하여 좋지 않다.

■ 대운(大運) : 초년에는 신금(辛金) 병이 신유(申酉)에 통근(通根)하여 곤궁했으나, 갑술(甲戌) 대운(大運)에 제살(制殺)하니 출세했고, 을해(乙亥)운에는 재물도 풍족했다.

```
比      官 殺
己  辛  丙 丁        庚辛壬癸甲乙
丑  亥  寅 卯        申酉戌亥子丑
```

이 사주는 『적천수천미(滴天髓闡微)』에 경해(庚寅)시로 나와 있다. 경인(庚寅)시라면 시간(時干)이 병이 되는데 비록 무근(無根)이어도 어찌 자식이 출세할 수 있고, 식상(食傷)운에 관성(官星)이 극제(剋制)당하는데 어찌 자식이 잘된다는 것인지 의문이다. 고로 기축(己丑)시가 틀림없을 것이다.

■ 격국(格局) : 인(寅) 중 병화(丙火)가 투간(透干)하여 정관격(正官格)이고, 신금(辛金)이 축토(丑土)에 통근(通根)하여 약하지 않다. 칠살(七殺)은 화살(化殺)하는 인수(印綬)가 투청(透淸)하여 격이 맑다. 상격으로 관직에서 출세할 수 있는 사주이다.

■ 용신(用神) : 시간(時干)의 인수(印綬)가 용신(用神)이고, 용신(用神)이 유정유력하니 상격으로 자식 셋이 모두 출세했다고 한다. 운에서 식신(食神)으로 제살(制殺)하면 부와 명예를 모두 얻을 수 있고, 신약(身弱)하니 인비(印比)운도 나쁘지 않다.

■ 대운(大運) : 계해(癸亥)·임술(壬戌) 대운(大運)에 칠살(七殺)을 제살(制殺)하여 명리를 모두 얻었다.

```
財    比 官
癸  戊 己 乙      癸甲乙丙丁戊
亥  辰 卯 卯      酉戌亥子丑寅
```

■ 격국(格局) : 일원(日元)이 진토(辰土)에 통근(通根)했지만 한 줌의 화기(火氣)와 금기(金氣)가 없으니, 제살(制殺)·화살(化殺)을 하지 못한다. 부득이 관살(官殺)을 종(從)해야 한다. 거슬리는

오행(五行)이 없으나 비겁(比劫)이 왕하니, 가종격(從格)이 되어 중상격은 되었다.

■ 용신(用神) : 종살격(從殺格)이니 왕(旺)한 수목(水木)이 희용신(喜用神)이고, 비겁(比劫)과 인수(印綬)는 기신(忌神)이다.

■ 대운(大運) : 병자(丙子)·을해(乙亥) 대운(大運)의 재관(財官) 운에 오늘날로 말하면 도지사급의 출세를 했다.

```
傷    劫 財
甲 癸 壬 丙        己戊丁丙乙甲癸
寅 巳 辰 戌        亥戌酉申未午巳
    官
```

■ 격국(格局) : 월지(月支) 정관(正官)을 충(沖)했으나, 격(格)을 정하는 데는 문제가 없다. 일원(日元)이 무근(無根)하니 부득불 종관(從官)해야 한다. 상관(傷官)이 시간(時干)에 있어 관(官)을 위협하지 않고, 재(財)가 상관(傷官)을 인사생(寅巳生)으로 인통(引通)하고, 진술충(辰戌沖)으로 상관(傷官)의 근(根)이 제거되어 절묘하게 상격을 이루었다.

■ 용신(用神) : 관종(官從)하니 화토(火土)가 희용신(喜用神)이

고, 비겁(比劫)과 상관(傷官)을 꺼린다. 일지(日支) 사화(巳火)가 상관(傷官)을 흡수하여 관(官)을 생조(生助)하고, 일원(日元)이 가까이 있어 유정유력한 용신(用神)이니 상급이다.

■ 대운(大運) : 갑오(甲午)·을미(乙未)·병신(丙申)·정유(丁酉) 대운(大運)을 꺼리지 않아 승승장구하다 무술(戊戌) 대운(大運)에 관찰사에 이르렀다. 그러나 기해(己亥) 대운(大運)에 갑기합(甲己合)으로 관합(官合)이 되고, 사해충(巳亥沖)으로 희신(喜神)이 사라지니 희용신(喜用神)이 동시에 충극(沖剋)하여 사망했다.

```
官     寅 傷
丁 庚 戊 癸      壬癸甲乙丙丁
丑 寅 午 酉      子丑寅卯辰巳
    財
```

■ 격국(格局) : 일원(日元)이 유축(酉丑)에 통근(通根)하고, 정관(正官)이 투간(透干)하고, 재(財)와 인(印)이 극(剋)하지 않고, 상관(傷官)의 탁한 기운을 무계합(戊癸合)으로 제거하니, 청고하여 상격을 이루었다.

■ 용신(用神) : 일원(日元)이 유축(酉丑)에 통근(通根)했지만 정관(正官)이 월일(月日)에 통근(通根)하고, 격(格)이 강하니 설기

(洩氣)하는 무토(戊土)를 용신(用神)으로 삼는다. 그런데 무토(戊土)가 계(癸)를 합(合)하는 것은 일원(日元)을 돌보지 않음이요, 계(癸)를 합(合)한 것은 탁함을 제거하여 청고해진 것이니 이를 어찌 보아야 할 것인가가 문제이다. 이것은 이 사람의 삶을 보면 대략 짐작이 간다. 이 사람은 관직에 뜻이 없어 벼슬길에서 물러나 안빈낙도를 즐기며 교육에 진력했다고 한다.

■ 대운(大運) : 정관(正官)운에 등과했지만 대운(大運)이 재(財)운으로 흐르니 신약(身弱)하여 관직을 지탱하게 힘들다. 임자(壬子) 대운(大運)에 관(官)을 파극(破剋)하니 명이 위태롭다.

```
劫    官 財
丁 丙 癸 辛        丁戊己庚辛壬
酉 子 巳 丑        亥子丑寅卯辰
```

■ 격국(格局) : 일월(日月)이 사(巳)에 통근(通根)하고, 정관(正官)이 투철하여 정관격(正官格)이다. 재(財)가 투출(透出)하여 관(官)을 생조(生助)하니, 얼핏보면 좋은 격국(格局)인 것 같지만 인수(印綬)가 없고 신약(身弱)하니 중격이다. 그러나 대운(大運)에서 비겁(比劫)·인수(印綬)운으로만 흐르면 능히 출세 할 수 있다.

■ 용신(用神) : 정관격(正官格) 사주가 신약(身弱)하고 인수(印

綏)가 없으면 비겁(比劫)으로는 중화시킬 수 없다. 인수(印綬)로
관(官)을 유통시켜야 하기 때문에 오직 대운(大運)에서 비겁(比劫)
이 오기를 기다려야 한다.

■ 대운(大運) : 대운(大運)이 인수(印綬)운으로 흘러 기대되지만,
안타깝게도 초운인 신해(申亥)년 11세에 사망했다. 일원(日元)이
극히 신약(身弱)하고 인수(印綬)가 없으니, 병신합(丙辛合)하고 사
해충(巳亥沖)하여 뿌리가 완전히 뽑힌 것이다.

```
印     官 財
甲 丁 壬 辛      己戊丁丙乙甲癸
辰 巳 辰 酉      亥戌酉申未午巳
```

■ 격국(格局) : 진(辰)에 임수(壬水)가 투간(透干)하여 정관격(正
官格)이다. 진유합(辰酉合)하여 상관(傷官)이 합거(合去)하니 정관
(正官)이 맑고, 재(財)와 인(印)이 극(剋)하지 않아 상격이다.

■ 용신(用神) : 일원(日元)보다는 관(官)이 강하니 설기(洩氣)하
는 갑목(甲木)이 용신(用神)이고, 일원(日元) 가까이 있고 진토(辰
土)에 통근(通根)했으니 유정유력하여 상급이다.

■ 대운(大運) : 목화(木火)운으로 흘러 대체로 일생 큰 풍파없이

대체로 평탄했다. 신유(申酉) 재(財)운도 개두(蓋頭)되어 크게 흥하지 않았으나, 기해(己亥) 대운(大運)에 용신(用神)이 합거(合去)하고 사해충(巳亥沖)하니 명이 위태롭다.

傷　　官　財
己　丙　壬　庚　　　戊丁丙乙甲癸
丑　寅　午　午　　　子亥戌酉申未
　　刃

이 사주는 『적천수천미(滴天髓闡微)』에 경인(庚寅)시로 되어 있으나, 경인(庚寅)시이면 재관(財官)이 무근(無根)하여 종강격(從强格)이니, 병술(丙戌) 대운(大運)이 나쁠 리가 없다. 기축(己丑)시이면 내격(內格)으로 관법(官法)에 문제없이 풀 수 있을 것이다.

■ 격국(格局) : 양인격(羊刃格)에 정관(正官)이 투간(透干)했으니 용법은 정관격(正官格)과 같다. 정관(正官)은 재(財)와 인(印)이 필요하다고 하나, 재(財)가 무력하여 관(官)을 돕지 못하고, 인수(印綬)는 양인(羊刃)을 생조(生助)하니 도리어 병이 된다. 얼핏보면 관(官)이 투간(透干)하고, 재(財)와 인(印)이 극(剋)하지 않고, 신강(身强)하니 격조가 그리 나쁘다는 생각은 들지 않을 것이다. 허나 있어도 도움이 되지 않고 오히려 병이 되었으니 하격이다. 기신(忌神) 기토(己土)는 인수(印綬)는 가깝고 용신(用神)은 경금(庚

金)은 멀리 있으니 운을 잘못 만나면 큰 낭패를 본다.

■ 용신(用神) : 용신(用神)은 관(官)을 생조(生助)하는 경금(庚金)이고, 축토(丑土)에 통근(通根)하니 미력하다. 기토(己土) 상관(傷官)·정관(正官)을 극(剋)하니 병이고, 인수(印綬)는 약이 되지 못하고 도리어 양인(羊刃)을 도우니 용신(用神)도 최하급이다.

■ 대운(大運) : 갑신(甲申)·을유(乙酉) 대운(大運)에 병이 되는 기토(己土)를 제거하고, 용신(用神) 경금(庚金)이 통근(通根)하여 풍족했다. 그러나 병술(丙戌) 대운(大運)에 오술(午戌)이 회합(會合)하여 기신(忌神) 양인(羊刃)이 동(動)하니 처자를 잃고 가업을 파하였다. 결국 정해(丁亥) 대운(大運)에 용신합거(用神合去)하고 인해합목(寅亥合木)하여 기신(忌神)으로 변하니 고독하게 죽었다.

```
劫    官 財
癸 壬 乙 丙      辛 庚 己 戊 丁 丙
卯 午 未 辰      丑 子 亥 戌 酉 申
     官
```

■ 격국(格局) : 월령(月令)이 미토(未土) 정관(正官)이지만 을목(乙木)이 투간(透干)하여 상관격(傷官格)으로 변했다. 병화(丙火) 월령(月令)에 통근(通根)하니 식재(食財)가 강하고, 비겁(比劫)이

중화시키기에는 무력하니 종재격(從財格)이다. 본래는 정관(正官) 미토(未土)와 상관(傷官)만 투출(透出)하여 격(格)이 나쁘지만, 종재격(從財格)이니 정관(正官)이 불리하지는 않아 중격은 된다.

■ 용신(用神) : 목화토(木火土)운이 모두 길하고, 금수(金水)운은 흉하다. 계수(癸水) 진토(辰土)에 근(根)이 있으나 미력하니 큰 결함은 없다.

■ 대운(大運) : 신유(申酉) 대운(大運)에 개두(蓋頭)하니 일간(日干)을 돕지 않아 초년운이 나쁘지 않고, 무술(戊戌) 대운(大運)에 가업이 풍성하며, 기해(己亥) 대운(大運) 역시 해묘합(亥卯合)하여 일간(日干)을 돕지 않으니 나쁘지 않다. 그러나 경자(庚子) 대운(大運)은 자진합(子辰合)하여 기신(忌神)이 동(動)하니 흉하다.

```
官     財 劫
丁 庚 乙 辛      己 庚 辛 壬 癸 甲
丑 辰 未 丑      丑 寅 卯 辰 巳 午
```

■ 격국(格局) : 미(未) 중에 정화(丁火)가 투출(透出)하여 정관격(正官格)이다. 재(財)가 투출(透出)했지만 을신충(乙辛沖)으로 사라져 관(官)을 돕지 못하고, 습토(濕土)가 많아 정관(正官) 정화(丁火)도 무력하다. 여기다 축미충(丑未沖)까지 있으니 관(官)의

뿌리가 뽑힐 지경이라 최하격이다.

■ 용신(用神) : 관(官)이 무력하니 재(財)로 관(官)을 생조(生助)
해야 하는데, 축미충(丑未沖)하여 근(根)이 미력하고, 을신충(乙辛
沖)으로 무력하니 용신(用神)도 하급이다.

■ 대운(大運) : 갑오(甲午)·계사(癸巳) 대운(大運)은 재관(財官)
이 강하니 부모덕으로 잘 살았다. 그러나 임진(壬辰) 대운(大運)에
정임합(丁壬合)하니 관(官)이 사라져 재관(財官)이 모두 무용지물
이 되니, 처자식을 잃고 패가하여 스님이 되었다. 이후로 재(財)운
으로 흐르는데, 이를 좋다고 해야 할지 나쁘다고 해야 할지. 사주에
화개살(華蓋殺)이 많으니 중으로 번영할지, 아니면 축(丑)에 탁기
가 있으니 여자를 얻어 하산할지, 이 역시 판단이 서질 않는다. 이
사람의 운명은 필자도 모른다고 고백하는 것이 나을 것 같다.

```
官 財 劫
丁 庚 乙 辛        己 庚 辛 壬 癸 甲
亥 辰 未 卯        丑 寅 卯 辰 巳 午
```

앞의 명조와 비슷한데 벼슬길에 올라 한평생 부귀했다. 재관(財
官)이 통근(通根)하고 유력한 차이가 이렇게 크다는 것을 보여준
다. 이 사주의 최고 결함은 축미충(丑未沖)인데, 축(丑) 대운(大運)

에 축미충(丑未沖)으로 재관(財官)이 동시에 흔들려 사망했다.

```
印 印 官
辛 壬 辛 己        乙 丙 丁 戊 己 庚
亥 寅 未 卯        丑 寅 卯 辰 巳 午
      官
```

■ 격국(格局) : 임수(壬水)가 해수(亥水)에 통근(通根)하고, 기토(己土) 정관(正官)이 투간(透干)하니 정관격(正官格)이다. 상관(傷官)이 회국(會局)하여 정관(正官)을 위협하지만, 인수(印綬)가 이를 제지하여 사주가 맑아졌다. 그러나 인수(印綬)가 근(根)이 약하니 재(財)운이 오면 감당하기 힘들 것이다.

■ 용신(用神) : 정관격(正官格)인데 식상(食傷)이 병이 되니 인수(印綬)가 약신(藥神)이다. 인수(印綬)를 돕는 운이 좋고, 재(財)운은 흉하다.

■ 대운(大運) : 기사(己巳) · 무진(戊辰)운은 인수(印綬)를 돕는 운이라 길하나, 정묘(丁卯) 대운(大運)부터는 인수(印綬)를 극(剋)하며 관(官)을 위협하니 좋지 않다.

```
財    比  寅
庚  丁  丁  乙        辛壬癸甲乙丙
戌  未  亥  卯        巳午未申酉戌
```

■ 격국(格局) : 월지(月支) 정관(正官)이 해묘미합국(亥卯未合局)하여 인수격(印綬格)으로 변했다. 본래 정관격(正官格)은 재극인(財剋印)을 꺼리는데, 격(格)이 변하여 도리어 기뻐한다. 격국(格局)이 좋다는 것을 십성(十星)의 의미로 보지 말고 쓸모를 찾는 것이 중요하다. 흉이 길로 변하니 격이 높아진 것이다.

■ 용신(用神) : 경금(庚金)이 술(戌)에 통근(通根)하고, 일원(日元) 가까이 있으며 유력하니 상급이다.

■ 대운(大運) : 신유술(申酉戌) 금(金)운은 길하지만 사오미(巳午未) 대운(大運)은 흉하다.

```
官    印  財
乙  戊  丁  壬        癸壬辛庚己戊
卯  申  未  戌        丑子亥戌酉辛
```

■ 격국(格局) : 미(未) 중 을목(乙木)이 투간(透干)하여 정관격(正官格)이다. 재(財)와 인(印)이 투출(透出)했으나 정임합(丁壬

合)하여 정관(正官)을 돕지 않는다. 격(格)이 떨어졌지만 일원(日元)이 신강(身强)하고 격국(格局)도 강하니 중화되어 중격이다.

■ 용신(用神) : 무토(戊土)가 당령(當令)하고 신강(身强)하니, 재(財)가 관(官)을 돕는 용신(用神)이나, 정임합(丁壬合)으로 용신(用神)의 급이 떨어졌다.

■ 대운(大運) : 경술(庚戌) 대운(大運) 이전은 좋지 않으나, 해자축(亥子丑) 북방운은 길하다.

```
財    印 劫
戊 乙 壬 甲      戊丁丙乙甲癸
寅 巳 申 申      寅丑子亥戌酉
      官
```

■ 격국(格局) : 월지(月支) 정관(正官)에 재(財)와 인(印)이 투간(透干)했으나, 을목(乙木)이 무토(戊土)를 제지하여 재극인(財剋印)이 되지 않았다. 다행히 쓸모를 얻어 상격이 되었다.

■ 용신(用神) : 재관(財官)이 강하고 일원(日元)이 약하니, 인수(印綬)로 관(官)을 설기(洩氣)하여 일원(日元)을 생조(生助)하는 용신(用神)을 삼는다. 용신(用神)이 일원(日元) 가까이 있고, 월령

(月令)에 통근(通根)하니 유력하여 상급이 되었다.

■ 대운(大運) : 해자축(亥子丑) 인수(印綬)운이 길하고, 재(財)운은 흉하다. 무인(戊寅) 대운(大運)에 재(財)가 인(印)을 극(剋)하고, 인신충(寅申沖)으로 격을 파하니 사망했다. 정관격(正官格)은 용신(用神)과 정관(正官)을 동시에 파극(破剋)하면 명이 위태롭다.

```
財    劫 殺
戊 甲 乙 庚        辛 庚 己 戊 丁 丙
辰 子 酉 寅        卯 寅 丑 子 亥 戌
       官
```

■ 격국(格局) : 정관격(正官格)에 칠살(七殺)이 투간(透干)하여 관살(官殺)이 혼잡되었다. 다행히 겁재(劫財)가 을경합(乙庚合)하여 국이 맑아져 상격이 되었다.

■ 용신(用神) : 일원(日元)은 진인(辰寅)에 통근(通根)하여 약하지 않고, 정관(正官)은 무력하니 재(財)로 도와야 하고, 일원(日元)도 강한 편은 아니니 인수(印綬)운도 가하고, 관살(官殺)이 혼잡하니 천간(天干) 식상(食傷)운 역시 크게 꺼리지 않는다. 그러나 지지(地支)에 오(午)운이 오면 인오(寅午)가 회합(會合)하여 상관(傷官)이 동하니 좋지 않고, 칠살(七殺)운이 오면 혼잡되니 흉하다.

■ 대운(大運) : 경(庚) 대운(大運)은 혼잡하여 좋지 않고, 신묘(辛卯) 대운(大運)은 묘유충(卯酉沖)으로 정관충(正官沖)하니 명이 위태롭다.

```
傷    官 財
丁  甲 辛 己        癸甲乙丙丁戊己庚
卯  申 酉 酉        丑寅卯辰巳午未申
```

■ 격국(格局) : 정관격(正官格)이나 일원(日元)이 매우 약하니 식신(食神)으로 제살(制殺)하는 것이 좋다. 정관순용(正官順用)의 원칙에서 벗어났으나, 관(官)이 강하고 일원(日元)이 약하니 중화를 이루어 상격이 되었다.

■ 용신(用神) : 정화(丁火)가 관(官)을 제관(制官)하는 용신(用神)인데, 일원(日元)과 가까이 있으니 유력하고, 묘목(卯木)의 생조(生助)를 받아 유력하여 상급이 되었다.

■ 대운(大運) : 사오미(巳午未)·임묘진(壬卯辰) 식상(食傷)·비겁(比劫)운이 모두 길하다. 그러나 계축(癸丑) 대운(大運)에 용신(用神)이 충극(沖剋)되고 유축합(酉丑合)하여 관(官)을 도우니 명이 위태롭다.

```
食    官 劫
戊 丙 癸 丁        丙丁戊己庚辛壬
子 申 丑 卯        午未申酉戌亥子
```

■ 격국용신(格局用神) : 축(丑) 중 계수(癸水)가 투간(透干)하여
정관격(正官格)이나, 일원(日元)이 신약(身弱)하여 관(官)이 부담
스럽다. 정화(丁火)로 일원(日元)을 부조(扶助)하고 조후(調候)해
야 한다. 정화(丁火)가 억부(抑扶)와 조후(調候)를 겸용하여 소중
한데, 무계합(戊癸合)이 도리어 정계충(丁癸沖)을 막아 격(格)이
사라지고 용신(用神)은 뚜렷해진 묘한 사주이다. 부귀는 없지만 학
식은 풍부하다.

■ 용신(用神) : 조후(調候)와 억부(抑扶)를 겸용하니, 목화(木火)
가 희용신(喜用神)이다.

■ 대운(大運) : 금수(金水)운으로 흘러 크게 발달하지는 못하나,
정미(丁未)·병오(丙午) 대운(大運)에는 안정된다.

2장. 편관격(偏官格)

편관(偏官)은 칠살(七殺)이라고도 한다. 일주(日柱)가 감당하지 못할 만큼 신약(身弱)하면 살(殺)이라 하고, 신강(身强)하면 관(官)이라고 한다. 살(殺)을 식신(食神)으로 제복(制伏)하면 권력을 얻고, 인수(印綬)를 얻으면 교육자가 되고, 약한 살(殺)을 재(財)로 생조(生助)하면 부를 얻으나, 칠살(七殺)이 강하여 일주(日柱)가 극히 신약(身弱)하면 출세는커녕 가난을 면하기도 어렵다. 비록 살이 강해도 지나치게 억제하면 말만 많고 실속이 없으니, 결국 중화의 이치를 염두하면서 살펴야 한다.

칠살격(七殺格)의 귀격은 식신제살격(食神制殺格)·살중용인격(殺重用印格)·재자약살격(財滋弱殺格)·합관유살격(合官有殺格)이고, 꺼리는 것은 제살태과격(制殺太過格)·관살혼잡격(官殺混雜格)이다. 칠살격(七殺格)은 다른 격국(格局)에 비하여 귀천이 분명하고 희기(喜忌)가 극명하기 때문에 판단하기가 가장 쉽다고 할 수 있다.

칠살(七殺)을 잘 다스리는 격국(格局)은 최고 통치권자의 사주에서 많이 보이니, 정치에 뜻을 둔 사람은 일단 칠살격(七殺格)이 유리하다고 할 수 있다. 실제 사주를 살펴보면 칠살격(七殺格)의 이치를 알 수 있을 것이다.

食　　殺 殺
甲 壬 戊 戊　　　甲 癸 壬 辛 庚 己
辰 辰 午 辰　　　子 亥 戌 酉 申 未

■ 격국(格局) : 본래 재격(財格)이나 칠살(七殺)이 투출(透出)하여 오(午) 중 기토(己土)에 통근(通根)하여 유력하니 칠살격(七殺格)이 되었다. 식신(食神) 갑목(甲木)이 제살(制殺)하고, 일간(日干)이 진(辰)에 통근(通根)하여 약하지 않으니 신왕살왕(身旺殺旺)하고, 식신(食神)도 유력하여 삼박자를 두루 갖춘 상격이다.

■ 용신(用神) : 갑목(甲木)이 제살(制殺)하는 용신(用神)인데, 좌근(坐根)하며 일간(日干) 가까이 있어 유정유력하니 상급이다.

■ 대운(大運) : 식신(食神)으로 제살(制殺)하는 사주는 반드시 일간(日干)이 신약(身弱)하기 마련이다. 일원(日元)을 방신(幇身)하

는 운이 좋은데, 대운(大運)이 일간(日干)을 생조(生助)하는 금수(金水)운이라 일생 풍요로웠고, 계해(癸亥) 대운(大運)에 식신(食神)이 장생(長生)을 얻어 벼슬에 올랐다. 그러나 갑자(甲子) 대운(大運)에 일원(日元)이 극히 신약(身弱)해지며 자오충(子午沖)하여 사망했다. 월지(月支)에서 투출(透出)하여 격(格)을 이룬 경우에는 월지(月支)가 상충(相沖)하면 격(格)이 깨지니, 사주 전체를 대운(大運)의 용신(用神)이 극(剋)하여 국(局)이 깨졌다.

```
殺    殺  食
丙  庚  丙  壬        壬 辛 庚 己 戊 丁
戌  午  午  申        子 亥 戌 酉 申 未
```

■ 격국(格局) : 칠살(七殺)이 중하지만 식신(食神)이 투출(透出)하여 제압했다. 일원(日元)이 신(申)에 통근(通根)했지만 다소 신약(身弱)하다. 그러나 대운(大運)에서 일주(日柱)를 돕는 운으로 흐르면 발달할 수 있다.

■ 용신(用神) : 임수(壬水)로 제살(制殺)하는 용신(用神)을 삼고, 신(申)에 통근(通根)했지만 다소 무력하다.

■ 대운(大運) : 일주(日柱)가 신약(身弱)하니 돕는 운을 기뻐하는데, 무신(戊申)·기유(己酉)운으로 흘러 군수에 올랐다.

比　　殺　食
庚　庚　丙　壬　　　壬辛庚己戊丁
辰　午　午　申　　　子亥戌酉申未

이 사주는 앞의 명조와 비슷한 구조인데, 식신제살(食神制殺)하여 금수(金水)운에 명리를 모두 얻었다.

印　　殺　食
戊　庚　丙　壬
寅　申　午　午

이 사주도 앞의 명조와 비슷하나 평생 발복하지 못했다. 임수(壬水) 식신(食神)이 오(午)에 둘러싸여 제살(制殺)하지 못하고, 인신충(寅申沖)으로 일원(日元)과 식신(食神)의 근(根)이 미력해져 균형을 잃은 것이다. 칠살격(七殺格)은 식신(食神)으로 제살(制殺)하든 인수(印綬)로 화살(化殺)하든 하나만 있어야 청한데, 임무(壬戊)가 동시에 투출(透出)하여 서로 불복하니 격이 떨어진 것이다.

殺　　殺　比
甲　戊　甲　戊　　　庚己戊丁丙乙
寅　午　寅　子　　　辛未午巳辰卯

■ 격국(格局) : 갑목(甲木) 칠살(七殺)이 중하여 인수(印綬)로 화살(化殺)하였다. 자오충(子午沖)을 인오합(寅午合)으로 해소하니 불충(不沖)하여 상격이 되었다.

■ 용신(用神) : 오화(午火)가 화살(化殺)하는 용신(用神)인데, 일지(日支)에 깔고 있어 유정유력하다. 재(財)가 인목(寅木)을 보호하니 상급이 되었다.

■ 대운(大運) : 남방 사오미(巳午未) 대운(大運)으로 향하니, 일찍 벼슬길에 올라 명리를 모두 누렸다.

比　　殺 財
甲 甲 庚 戊　　　丙乙甲癸壬辛
子 子 申 辰　　　寅丑子亥戌酉

■ 격국(格局) : 신(申)월에 경금(庚金)이 투출(透出)하여 칠살(七殺)이 왕하나, 자수(子水)로 화살(化殺)하였다. 더 기쁜 것은 신자진(申子辰) 수국(水局)으로 더욱더 맑아진 것이다. 이런 경우를 하늘의 뜻이 땅에서도 이루어진 것이라고 할 수 있겠다.

■ 용신(用神) : 수(水)가 용신(用神)이고, 유정유력하고 기신(忌神)은 멀리 있어 상급이 되었다.

■ 대운(大運) : 대운(大運)이 수(水)운으로 흘러, 계해(癸亥)운에 벼슬길에 오르고 공명을 얻었다.

```
印      官 官
甲  丙  癸 癸      丁 戊 己 庚 辛 壬
午  辰  亥 亥      巳 午 未 申 酉 戌
        殺
```

■ 격국(格局) : 관살(官殺)이 중하여 병화(丙火) 일간(日干)이 풍전등화처럼 위태로운 형세이나, 갑목(甲木)으로 화살(化殺)하고 양인(羊刃) 오화(午火)에 통근(通根)하니 두렵지 않다. 격국(格局)이 청수하니 자수성가하여 일생이 평탄했다.

■ 용신(用神) : 갑목(甲木)이 해(亥)에 통근(通根)하여 유력하고, 일간(日干) 가까이 있어 유정하니 상급이 되었다.

■ 대운(大運) : 경신(庚申) 대운(大運)이 흉할 것 같으나, 살중인인생신하여 나쁘지 않았고, 사오미(巳午未) 대운(大運)에 일원(日元)을 생조(生助)하여 근심이 없었다.

```
財    印 食
庚 丁 甲 戊      庚 己 戊 丁 丙 乙
戌 未 子 戌      午 巳 辰 卯 寅 丑
```

■ 격국(格局) : 식상(食傷)이 강하여 칠살(七殺)이 무력해졌다. 일원(日元)이 강하니 인수(印綬)가 오히려 살을 설기(洩氣)시켜 약하게 할 뿐 아니라 병이 되었다. 재(財)로 인수(印綬)를 제거하고, 관(官)을 돕는 절묘함이 있어 상격이 되었다.

■ 용신(用神) : 재(財)로 약한 살을 돕는 용신(用神)을 삼고, 일원(日元) 가까이 있어 유력하니 상급이 되었다.

■ 대운(大運) : 재성(財星)이 있으니 무진(戊辰)·기사(己巳) 식상(食傷)운이 와도 꺼리지 않고, 인수(印綬)운도 나쁘지 않다. 그러나 을경합(乙庚合)하는 운이니 오(午)운이 오면 자오충(子午沖)하여 칠살(七殺)을 더욱 약하게 만들어 흉하다.

```
財    印 印
庚 丙 乙 甲      辛 庚 己 戊 丁 丙
寅 戌 亥 申      巳 辰 卯 寅 丑 子
```

■ 격국(格局) : 앞의 사주와 마찬가지로 신왕(身旺)하고 살이 약

하니, 재(財)로 인수(印綬)를 제거하고 살을 도와야 한다.

■ 용신(用神) : 경금(庚金)이 일간(日干) 가까이 있어 유정하고, 술경(戌庚)에 통근(通根)하여 유력하니 상급이 되었다.

■ 대운(大運) : 임묘(壬卯) 대운(大運)은 불리하나, 경진(庚辰)·신사(辛巳) 대운(大運)은 용신(用神)이 유력하여 길하다.


```
劫    比 殺
辛  庚 庚 丙        丙乙甲癸壬辛
巳  申 寅 申        申未午巳辰卯
```


■ 격국(格局) : 병화(丙火)가 월령(月令)에서 투간(透干)하여 재중칠살격(財中七殺格)이다. 일간(日干)이 실령(失令)했으나 비겁(比劫)이 중첩되어 매우 강하다. 인사신(寅巳申) 삼형(三刑)과 인신충(寅申沖)이 있어도 살이 투출(透出)하여 두렵지 않고, 오히려 대귀를 이루는 상격이 되었다. 오늘날에도 재자약살격(財滋弱殺格)에 삼형(三刑)을 이루면 법조계에서 출세하는 경우가 많다.

■ 용신(用神) : 재관(財官)이 용신(用神)이고, 삼형(三刑)을 꺼리지 않으니 상급이 되었다.

■ 대운(大運) : 남방 사오미(巳午未) 대운(大運)에 벼슬길에 올라 명리를 모두 누렸다.

```
    財      劫 財
    甲  庚  辛 乙      乙丙丁戊己庚
    申  辰  巳 巳      亥子丑寅卯辰
```

■ 격국(格局) : 월령(月令)이 칠살(七殺)이지만 경금(庚金)이 통근(通根)하고, 인비(印比)가 강하니 신강(身强)하다. 칠살(七殺)이 약하니 재(財)로 살을 돕는 재자약살격(財滋弱殺格)이다.

■ 용신(用神) : 갑목(甲木)이 진(辰)월에 통근(通根)하고, 일원(日元) 가까이 있으니 유정유력하여 상급이 되었다.

■ 대운(大運) : 기묘(己卯)·무인(戊寅)운에 재(財)가 통근(通根)하니, 벼슬길에 올라 귀를 누렸다.

```
    食      比 食
    庚  戊  戊 庚      甲癸壬辛庚己
    申  寅  寅 申      辛未午巳辰卯
            殺
```

■ 격국(格局) : 월령(月令)이 칠살(七殺)이나 무토(戊土)가 통근(通根)했으니 인신충(寅申沖)을 해도 종(從)하지 않는다. 식상(食傷)이 태왕(太旺)하여 칠살(七殺)이 무력하니, 제살태과(制殺太過)가 되어 나쁘지만, 대운(大運)에서 받쳐주면 발달할 수 있다. 칠살격(七殺格)은 원국(元局) 자체로 하격으로 논하기는 어렵다.

■ 용신(用神) : 인(寅) 중 병화(丙火)가 용신(用神)이고, 식신(食神)이 기신(忌神)이며, 재(財)는 왕한 식신(食神)을 설기(洩氣)하니 나쁘지 않다.

■ 대운(大運) : 임오(壬午) 대운(大運)에 식신(食神)이 제극(制剋)되어 벼슬길에 올랐다. 그러나 갑신(甲辛) 대운(大運)에 약한 칠살(七殺)을 상충(相沖)하여 사망했다.

殺	食	財
壬	丙	戊	辛
辰	辰	戌	卯

壬癸甲乙丙丁
辰巳午未申酉

이 명조는 식신(食神)이 태왕(太旺)하고, 진(辰)에 살이 투출(透出)했으나, 진술충(辰戌沖)으로 근(根)이 무력해졌다. 일찍이 학문에 뜻을 두었으나 벼슬이 없었다. 제살(制殺)이 극심했기 때문이다.

```
殺    劫 官
壬 丙 丁 癸        辛 壬 癸 甲 乙 丙
辰 午 巳 酉        亥 子 丑 寅 卯 辰
```

■ 격국(格局) : 관살(官殺)이 혼잡되었지만 정임합(丁壬合)하여 합살유관(合殺留官)하니 격이 맑아졌다. 일원(日元)이 강하고 재(財)가 관(官)을 생(生)하니 상격이 되었다.

■ 용신(用神) : 신강(身强)하니 재관(財官)을 희용(喜用)하고, 지지(地支)에서도 사유(巳酉) 회합(會合)하니 유력하다.

■ 대운(大運) : 북방 수(水)운에 명리를 얻고 출세가도를 달렸다.

```
     殺    官 食        財    劫 殺
①  壬 丙 癸 戊     ②  戊 甲 乙 庚
     辰 午 亥 申        辰 子 酉 寅
```

두 사주 모두 관살(官殺)이 혼잡하여 탁하나, 합관유살(合官留殺)·합살유관(合殺留官)으로 다시 맑아졌다. 정관격(正官格)은 칠살(七殺)을 합거(合去)하고, 칠살격(七殺格)은 정관(正官)을 합거(合去)해야 한다. 정관(正官)이 비록 길신이나, 본래 격국(格局)을 흐리게 만든 것을 제거하는 것이 원칙이다. 관살(官殺)이 혼잡해도 일원(日元)이 신강(身强)하면 크게 꺼리지는 않는다. 합(合)으로 제거하기도 하지만 거살유관(去殺留官)·거관유살(去官留殺)하여 충(沖)으로 하나를 남기는 경우도 있다.


```
        官
①    辛  辛  甲  丙        庚己戊丁丙乙
     卯  亥  午  子        子亥戌酉申未
             殺  食


        官  傷
②    庚  庚  丁  癸        辛壬癸甲乙丙
     辰  寅  巳  卯        亥子丑寅卯辰
             殺
```


①은 거살유관(去煞留官), ②는 거관유살(去官留煞)한 명이다. 격국(格局)의 청탁을 논한다면 ②가 더 맑다. 앞에서 설명한 것처럼 월령(月令)이 우선이기 때문이다. 칠살격(七殺格)에 흉한 명은 일원(日元)이 너무 약하여 살을 감당하지 못한다. 아래의 명과 같다.


```
    財      殺  印
    己  乙  辛  癸        乙丙丁戊己庚
    卯  卯  酉  酉        卯辰巳午未申
```

■ 격국(格局) : 관살(官殺)이 중하고 일원(日元)도 강하나, 묘유 (卯酉) 상충(相沖)으로 서로 싸우니, 일원(日元)이 매우 약해졌다. 계수(癸水)로 통관(通關)하여 격(格)이 좋아진 것 같으나, 기토(己 土)가 다시 투출(透出)하여 탁한 명이 되었다.

■ 용신(用神) : 음간(陰干)은 신약(身弱)을 꺼리지 않으니, 비록 계수(癸水)가 있어도 식상(食傷)으로 제살(制殺)하면 길하다.

■ 대운(大運) : 남방 화(火)운에 제살(制殺)하니 출세가도를 달렸 다. 그러나 진(辰) 대운(大運)에 기신(忌神)이 통근(通根)하고, 진 유합(辰酉合)하여 살이 동하니 국법을 어겨 극형을 당했다.

칠살격(七殺格)은 식신(食神)으로 제살(制殺)을 하는 것이 원칙이 라 인수(印綬)가 같이 투출(透出)하는 것을 꺼리지만, 인수(印綬) 가 있어도 격(格)이 좋은 경우가 있다. 예를 들면 다음과 같다.

食　　印　殺
戊　丙　甲　壬
戌　戌　辰　辰

이 사주는 식신(食神)과 인수(印綬)가 같이 투출(透出)하여 좋은 배합은 아니지만, 식상(食傷)이 지나치게 강하여 제살태과(制殺太

過)가 되고, 인수(印綬)로 살을 보호하니 상격이 되었다.

또한 인수(印綬)로 화살(化殺)하는 것을 쓸 때 재(財)가 투출(透出)하면 재극인(財剋印)하여 탁명이 되지만, 배합이 유정하면 상격을 이룬다. 다음과 같은 경우이다.

印　　官 財
辛　壬　戊 丙
丑　戌　戌 寅

재(財)가 앞에 있고 관(官)이 뒤에 있으니 화살(化殺)하는데 지장이 없다. 만약 순서가 바뀌었다면 탁한 명이 되었을 것이다.

칠살격(七殺格)은 왕신(旺神)이 너무 강하면 충(沖)하는 운을 꺼리는데 다음과 같은 경우이다.

印　　乙 劫
丙　己　乙 戊
辰　卯　卯 辰

살왕(殺旺)하고 신약(身弱)하니 인수(印綬)로 화살(化殺)하는 용신(用神)을 삼는다. 음간(陰干)의 살은 식신(食神)으로 제살(制殺)

하는 운을 기뻐하지만, 살이 너무 강하면 왕신(旺神)을 상충(相沖)하는 유(酉)운은 도리어 화가 된다. 음간(陰干)이라고 무조건 제살(制殺)하는 것에 중점을 두면 실수할 수 있으니 조심해야 한다.

칠살격(七殺格)은 주로 식신(食神)·인수(印綬)·재(財)가 용신(用神)이 되지만, 재인식(財印食)이 없어도 신왕살왕(身旺殺旺)하여 중화가 되면 좋은 사주가 된다. 다음과 같은 경우이다.

```
殺    比 殺
壬  丙 丙 壬
辰  午 午 辰
```

이 사주는 병화(丙火)가 양인(兩刃)을 얻어 신강(身强)하고, 칠살(七殺)도 통근(通根)하여 중화가 되었다. 그러나 재인(財印)이 없어 고관부모의 사주라 명식은 좋으나 운의 흉함을 피할 길이 없다. 특히 식상(食傷)운이 오면 가장 흉한데, 기유(己酉)운에 진유합(辰酉合)으로 식상(食傷)을 설하여 살을 도우니 과거에 급제했다. 경(庚)운에 공을 세웠으나, 술(戌) 식신(食神)운에 제살(制殺)하고 진술충(辰戌沖)하여 칠살(七殺)의 근(根)이 사라지니 대흉했다.

칠살격(七殺格)은 보통 식신(食神)으로 제살(制殺)할 때는 칠살(七殺)이 투간(透干)해야 대귀하게 되지만, 무엇보다 식신(食神)과 일간(日干)과 칠살(七殺)의 균형이 중요하다. 칠살(七殺)이 강하면 식신(食神)도 강해야 하고, 식신(食神)이 약하면 칠살(七殺)도 약해야 한다. 아래의 사주를 보면 이해할 수 있을 것이다.

食　　比　比
丁　乙　乙　乙
丑　卯　酉　亥

이 사주는 정화(丁火) 식신(食神)이 투출(透出)했으나 무근(無根)하여 강하지 않고, 칠살(七殺) 역시 투출(透出)하지 않아 강하지 않다. 일간(日干) 해묘(亥卯)에 통근(通根)하니 매우 강하여 다소 균형을 잃은 것 같지만, 묘유충(卯酉沖)으로 억제하여 절묘하게 균형을 이루었다. 『자평진전(子平眞詮)』에서는 이 사주를 아주 극도로 귀하게 된 사주라고 소개했다. 충분이 이해가 갈 것이다.

이 사주의 강약을 섬세하게 살펴보면, 일간(日干)이 묘목(卯木)에 통근(通根)했지만 충(沖)으로 극제(剋制)하니, 칠살(七殺)이 일간(日干)보다 더 강하다. 식신(食神)이 통근(通根)하지 못하여 매우 약하니, 운이 식신(食神)운으로 흘러 제살(制殺)해야 길하다. 천간(天干) 임계(壬癸)는 약한 식신(食神)을 충극(沖剋)하니 꺼린다. 재(財)운 역시 식신(食神)을 설기(洩氣)하여 강한 살을 생조(生助)하니 가장 흉하다.

지금까지 칠살격(七殺格)을 살펴보았다. 요약하면, 관살(官殺)이 강하면 식상(食傷)으로 제살(制殺)하거나 인수(印綬)로 화살(化殺)하고, 혼잡하면 하나를 합관합살(合官合殺)하여 맑게 한다. 대운(大運)은 신약(身弱)하면 인비(印比)운이 길하나, 신강(身强)하면 식상(食傷)운이 길하고, 관(官)이 약하면 재관(財官)운은 흉하다.

칠살격(七殺格)에서 주목해야 할 것은, 양간(陽干)은 일간(日干)의 강함을 중시하니 신강(身强)해야 식신(食神)으로 제살(制殺)할 수 있다는 것이다. 만일 신약(身弱)하면 인수(印綬)로 화살(化殺)해야 한다. 음간(陰干)은 신약(身弱)함을 꺼리지 않으니 미력하더라도 식신(食神)으로 제살(制殺)하는 것을 기뻐한다.

대운(大運)도 마찬가지로 양간(陽干)은 신약(身弱)하면 인수(印綬)·비겁(比劫)운으로 흘러야 하고, 음간(陰干)은 다소 신약(身弱)해도 제살(制殺)하는 운에서 성공할 수 있다. 이렇게 음양간(陰陽干)에 따라 관법(官法)이 다르다는 것을 명심해야 한다.

원국(元局)에서는 식신(食神)으로 제살(制殺)하는 것이 가장 좋다. 식신(食神)으로 제살(制殺)할 때 인수(印綬)가 섞이면 흉하고, 인수(印綬)로 화살(化殺)할 때 재(財)가 섞이는 것이 흉하고, 정관(正官)이 혼잡되어도 흉하다. 인수(印綬)가 강하고 살이 무력하면 재자약살(財滋弱殺)하고, 신왕(身旺)한데 식신(食神)으로 관(官)을 제살(制殺)할 때는 칠살(七殺)이 강해야 한다. 또 일간(日干)과 칠살(七殺)이 중화를 이루면 격국(格局)이 좋아진다. 칠살격(七殺格)은 배합에 따라 부귀빈천의 차이가 크니 신중히 살펴야 한다.

3장. 재격(財格)

재격(財格)은 재물과 여자를 상징하기 때문에 오늘날 가장 대접받는 십성(十星)이 되었다. 일단 재격(財格) 사주는 격국(格局)이 좋든 나쁘든 여자와 인연이 많다. 재격(財格)이 갖춰지면 돈이 많아서 여자가 따르기도 하지만, 패격(敗格)인 경우에도 여자에게 돈을 물쓰듯 하기 때문에 일단 관심을 받는다. 따라서 여자들에게 인기가 많은 타입은 재격(財格)이 많고, 인기스타들에게서 많이 볼 수 있다.

재격(財格)은 식상(食傷)을 보면 능력 이상으로 재물운이 따르고, 관(官)을 보면 부귀쌍전하고, 인(印)을 보면 신뢰를 주기 때문에 사업적 비즈니스에 능통하다. 재(財)는 내가 극(剋)하는 것이니, 대개는 공격적이며 적극적이고 민첩하며 발이 넓은 사람이 많다.

만일 재(財)가 역마(驛馬)나 지살(地殺)과 동주(同柱)하면 국외로 나가 성공하는 경우가 많다. 재격(財格)은 무에서 유를 창조하는 탁월한 기획력과 아이디어가 있고, 복잡한 것을 단순화시켜 속전속결로 실용화하는 장점이 있다.

재격(財格)은 내가 극(剋)하는 것이기 때문에 내가 부리는 사람을 의미하기도 하니, 리더로 역량을 발휘하기도 한다. 그러니 반드시 강해야 한다. 만일 신약(身弱)하면 아랫사람에게 배신당하고, 재물을 관리할 줄 모르는 사람이 되기 쉽다.

재격(財格) 사주는 일단 재물에 대한 집착이 강하고, 사고가 매우 현실적이다. 만일 재격(財格) 사주가 파격(破格)되면 재물과 아내와도 인연이 없기 때문에 회한이 많은 삶을 살게 된다.

따라서 편재(偏財)와 정재(正財)는 재격(財格)에서 뿐 아니라 모든 격국(格局)에서 가장 눈여겨 보아야 한다. 재(財)로 여자·재물·부친의 운을 보니 결국 인생 전반에 큰 영향을 주는 요소이다.

만일 재(財)가 길신이면 많은 것을 얻고, 흉신이면 부모덕과 아내덕·재물덕이 없으니 어찌 소홀하게 다룰 수 있겠는가. 다양한 명식을 보고 확실한 원리를 깨우쳐야 한다.

재격(財格)에 정관(正官)이 투출(透出)하면 정관격(正官格)과 비슷하게 취용한다. 재관(財官)이 득세(得勢)하면 반드시 신강(身强)을 살펴야 한다. 재왕생관(財旺生官)하면 귀를 누리나, 운이 일간(日干)을 방신(幇身)하지 않으면 흉하다. 예를 들면서 설명해보자.

```
官    財 食
癸 丙 辛 戊        丁丙乙甲癸壬
巳 午 酉 辰        卯寅丑子亥戌
```

■ 격국(格局) : 재격(財格)에 관(官)이 투출(透出)하면 비겁(比劫)의 겁탈을 막을 수 있으니 귀격이 된다. 재(財)를 감당하려면 일원(日元)이 강해야 하는데, 사유합(巳酉合)하여 병화(丙火)가 양인(羊刃)을 얻었지만 인수(印綬)가 없으니 아쉽다.

■ 용신(用神) : 재격(財格)이지만 정관(正官)이 투출(透出)하면 정관(正官)을 위주로 본다. 정관(正官)이 강하면 설기(洩氣)해야 하는데 인수(印綬)가 없으니 용신(用神)의 품격이 떨어졌다. 비겁(比劫)에 의지하면서 인수(印綬)운을 기다려야 한다.

■ 대운(大運) : 자(子) 대운(大運)이 오자 자오충(子午沖)하여 일원(日元)이 매우 약해져 패가망신했다. 인수(印綬)운이 좀더 일찍 왔다면 가업을 일으켰을 것이다.

```
財    官 傷
庚 丙 癸 己        丁戊己庚辛壬
寅 寅 酉 巳        卯辰巳午未申
```

■ 격국(格局) : 앞의 명조와 비슷한 재왕생관격(財旺生官格)이다. 상관(傷官)이 있어 관(官)을 위협하나, 사유합(巳酉合)하여 상관(傷官)의 근(根)이 미력해져 크게 장애를 주지 않는다. 정관격(正官格)이 재인(財印)을 얻는 것과 비슷한 격으로 상격이 되었다.

■ 용신(用神) : 식신(食神)과 재관(財官)이 천간(天干)에 노출하여 통근(通根)하니 다소 신약(身弱)하다. 일간(日干)을 방신(幇身)하는 운이 길하다.

■ 대운(大運) : 목화(木火) 대운(大運)으로 흘러 평생 평탄했다.

재격(財格) 사주가 신강(身强)하고 식상(食傷)으로 설기(洩氣)하여 재(財)를 생조(生助)하면 대부격을 이룬다. 그러나 인수(印綬)가 투출(透出)하여 식상(食傷)을 파극(破剋)하면 매우 흉하다.

```
食     食 印
丙 甲 丙 癸      庚 辛 壬 癸 甲 乙
寅 辰 辰 卯      戌 亥 子 丑 寅 卯
```

■ 격국(格局) : 갑목(甲木)이 사지(四地)에 모두 통근(通根)하여 신강(身强)하다. 병화(丙火)가 일간(日干)을 설기(洩氣)하여 재(財)를 생조(生助)하니 좋으나, 계수(癸水)가 투출(透出)하여 격

(格)이 떨어졌다.

■ 용신(用神) : 병화(丙火)가 용신(用神)이고, 병화(丙火)를 극(剋)하거나 합(合)하는 임신(壬辛)이 기신(忌神)이다.

■ 대운(大運) : 남방 화(火)운으로 흘러야 하는데 북방 수(水)운으로 역행하니 가업을 탕진하고, 신해(申亥) 대운(大運)에 병신합(丙辛合)하여 용신(用神)이 무력해지니 사망했다.

比　　印　傷
甲　甲　癸　丁　　　丁戊己庚辛壬
戌　辰　丑　未　　　未申酉戌亥子

■ 격국(格局) : 갑목(甲木)이 진미(辰未)에 통근(通根)하고, 인비(印比)가 투간(透干)하여 강한 것 같으나, 진술축미충(辰戌丑未沖)하여 신약(身弱)하다. 재격(財格)에 상관(傷官) 인수(印綬)가 투간(透干)하여 격(格)이 탁해진 것이다.

■ 용신(用神) : 재격(財格)은 식상(食傷)을 보는 것이 좋지만, 신약(身弱)하니 계수(癸水)를 억부(抑扶)하고 정화(丁火)를 조후(調候)로 용하나 서로 파극(破剋)하여 하급이 되었다.

■ 대운(大運) : 임자(壬子)·신해(辛亥) 대운(大運)은 일간(日干)을 생조(生助)하니 부모덕으로 잘 살았으나, 기유(己酉)·무신(戊申)의 재관(財官)운에 극처극자하고 가산을 탕진했다. 재격(財格)은 신약(身弱)하면 매우 흉하다는 것을 알 수 있다.

```
印      財  傷
甲  丙  庚  己        甲乙丙丁戊己
午  午  午  巳        子丑寅卯辰巳
```

■ 격국(格局) : 양인격(羊刃格)은 재(財)가 투출(透出)하면 재격(財格)과 용법이 비슷하다. 신왕(身旺)하니 상관(傷官)으로 재(財)를 생조(生助)하는데, 화염토조(火焰土燥)하여 격이 떨어졌다.

■ 용신(用神) : 기토(己土)로 경금(庚金)을 생조(生助)하는데, 화염토조(火焰土燥)하나 오(午)에 통근(通根)하여 유력하니 운을 만나면 크게 발전할 수 있다.

■ 대운(大運) : 목화(木火)운에는 고전했으나, 을축(乙丑)·갑자(甲子) 대운(大運)에 크게 발재하였다. 운이 사주를 보완해준 것이다. 재격(財格)은 신약(身弱)하면 오직 종(從)해야 부격을 이룰 수 있다.

```
財 比 財
辛 丁 丁 辛        辛壬癸甲乙丙
丑 酉 酉 巳        卯辰巳午未申
```

■ 격국(格局) : 정화(丁火)가 사(巳)에 통근(通根)했으나, 사유축합(巳酉丑合)하니 세를 쫓아 종재격(從財格)이 되었다. 정화(丁火)가 도리어 병이 되어 격(格)이 떨어진 것이다.

■ 용신(用神) : 토금수(土金水)가 길신이고, 목화(木火)운이 기신(忌神)이다.

■ 대운(大運) : 을미(乙未)·갑오(甲午)운에 육친이 무덕하여 구름처럼 떠돌았다. 그러나 계사(癸巳)·임진(壬辰) 대운(大運)에서 사주의 병을 제거하니 국외로 나가 거부가 되었다.

```
財   食 劫
丙 壬 戊 癸        壬癸甲乙丙丁
午 寅 午 卯        子丑寅卯辰巳
```

앞의 명조처럼 일간(日干)이 무근(無根)하고 비겁(比劫)이 무계합화(戊癸合火)하여 종재격(從財格)이 되었고, 식재(食財)가 청수하니 귀격이 되었다. 목화(木火)운에는 풍족했으나, 계축(癸丑)·임자

(壬子) 대운(大運)에 패가했다.

종격(從格)의 특성은 대운(大運)이 좋으면 크게 일어나지만, 역행하면 그만큼 화도 크다는 것이다. 그러니 중화가 있어야 최상격 사주가 될 수 있다.

```
劫   食 財
癸 壬 乙 丙       辛庚己戊丁丙
卯 午 未 辰       丑子亥戌酉申
```

■ 격국(格局) : 월지(月支)에 정관(正官)이 있지만 을목(乙木)이 투간(透干)하고, 병화(丙火)가 월령(月令)에 통근(通根)하여 식신생재격(食神生財格)이 되었다. 기쁜 것은 묘미합(卯未合)하여 관(官)이 식신(食神)으로 변하니, 간지(干支)가 거슬리지 않아 맑아진 것이다. 성패론으로 설명하면 정관격(正官格)에 식신(食神)이 투간(透干)하여 파격(破格)이나, 묘미합(卯未合)으로 다시 성격(成格)이 된 것이다.

■ 용신(用神) : 한 글자로 용신(用神)을 정하기 어려운 사주이다. 내격(內格)과 종격(從格)의 애매한 국면이라 하겠다. 한 글자로 중화를 이루기 어려우니 목화(木火)로 흐름을 쫓아야 한다.

■ 대운(大運) : 대운(大運)이 목화(木火)로 흘러야 하는데 지지(地支)가 금수(金水)로 흘러 어려울 것 같다. 그러나 자세히 보면 병신(丙辛)·정유(丁酉)가 개두(蓋頭)하여 일간(日干)을 생조(生助)하지 못하니 부모슬하에서는 어려움이 없었고, 술(戌) 대운(大運)은 오술합(午戌合)하여 재(財)가 동하니 가업이 풍족했고, 해(亥) 대운(大運)은 해묘미합국(亥卯未合局)으로 역시 큰 화가 없었다. 대운(大運)이 역행한 것 같으나 길할 수도 있다. 이처럼 개두(蓋頭)·절각(節脚)·회합(會合)에 따라 희기(喜忌)가 달라진다는 것을 명심해야 한다.

재격(財格)에 칠살(七殺)이 투출(透出)했는데 신약(身弱)하면 흉하다. 이 때는 식신(食神)으로 제살(制殺)하는 것보다 합거(合去)하는 것이 좋다.

```
戊 甲 庚 乙
辰 午 辰 巳
```

이 사주는 을경합(乙庚合)으로 병을 제거하여 격(格)이 맑아졌다.

```
食    殺 殺
甲 壬 戊 戊
辰 辰 午 辰
```

이 사주는 재격(財格)에 칠살(七殺)이 투출(透出)하여 식신(食神)으로 제살(制殺)해야 하지만, 일간(日干)이 너무 신약(身弱)하다. 계해(癸亥) 대운(大運)에 살을 합(合)하여 벼슬길에 올랐으나, 갑자(甲子)운에 더 신약(身弱)해져 사망했다.

재격(財格) 사주는 칠살(七殺)이 투출(透出)하면 매우 약해지므로 식신제살(食神制殺)보다는 합살(合殺)이 좋다. 또 재격(財格)에 살이 투출(透出)하면 신약(身弱)하니, 인수(印綬)가 화살(化殺)하는 용신(用神)이면 식신(食神)으로 제살(制殺)하는 운이 길하다.

```
印    殺 官
丁  己 乙 甲
卯  巳 亥 子
```

이 사주는 정화(丁火)로 화살(化殺)하니 경진(庚辰)·신사(辛巳)운에 제살(制殺)하여 명리를 모두 얻었다. 재격(財格)에 칠살(七殺)이 투출(透出)해도 일원(日元)이 신강(身强)하면 재(財)로 살을 보호해야 한다.

```
比    殺 印
庚  庚 丙 己        庚辛壬癸甲乙
辰  申 寅 酉        申酉戌亥子丑
```

■ 격국(格局) : 재격(財格)에 관(官)이 투출(透出)하여 상격인 것 같으나, 인신충(寅申沖)으로 칠살(七殺)이 미력해져 격이 떨어졌다.

■ 용신(用神) : 격용(格用)이 동주(同柱)하면 대개 급이 높은데, 인신충(寅申沖)되어 미력하니 비겁(比劫)운을 만나면 위태롭다.

■ 대운(大運) : 목화(木火)운이 길한데, 계해(癸亥) 대운(大運)이 재(財)를 생(生)하여 나쁘지 않다. 그러나 임술(壬戌) 대운(大運) 부터 가세가 기울더니 신유(辛酉) 대운(大運)에 패가했다.

```
財    財  比
丙  壬  丙  壬      壬辛庚己戊丁
午  子  午  子      子亥戌酉申未
```

■ 격국(格局) : 수화쟁극(水火爭剋)하는 특이한 사주이다. 비록 관인(官印)이 투출(透出)하지 않았으나 중화를 이루어 격(格)이 나 쁘지 않다.

■ 용신(用神) : 오(午)에 기토(己土)가 있어 재관(財官)이 강하니 일원(日元)이 약하다. 인수(印綬)로 방신(幫身)하는 운은 길하나, 비겁(比劫) 자(子)운은 자오충(子午沖)으로 재관(財官)을 잃으니 흉하다.

초보자는 신약(身弱)하면 무조건 인비(印比)운이 좋은 것으로 안다. 이는 격국론(格局論)에 대한 이해가 부족하기 때문이다. 오직 일간(日干)의 억부(抑扶)만을 생각하기 때문인데, 격국(格局)이 무너지면 일간(日干)도 없으니 격국(格局)의 억부(抑扶)도 중요하다. 이는 체(體) 없이 용(用)이 존재할 수 없는 것과 같다. 일간(日干)은 육체요, 용신(用神)은 정신이다. 따라서 격국(格局)이 무너지면 정신이 흩어져 죽을 수도 있다. 정신분열증 환자의 사주가 격국(格局)이 맑지 않고 탁한 경우가 많은 것도 이와 같은 연고이다.

■ 대운(大運) : 초년에 부모를 잃고 걸식했으나, 무신(戊申)·기유(己酉) 대운(大運)에 거부가 되었다. 그러나 임자(壬子) 대운(大運)에 격국(格局)을 상충(相沖)하여 격이 무너지니 명이 위태롭다. 재격(財格)에 인수(印綬)를 쓰면 재격패인(財格佩印)이라 하는데, 재극인(財剋印)이 없고 인수(印綬)가 맑으면 귀명이 된다.

	財	印	印			印	財
①	庚	丙	甲	乙	② 辛	庚	己	乙
	寅	申	申	未	巳	寅	卯	未
		財					

①은 병화(丙火)가 경금(庚金)을 막아 재극인(財剋印)하지 않으니 귀격이 되었고, ②는 재(財)와 인(印)이 나란히 있어 극(剋)하니

소부(少富)에 불과했다.

```
比    劫 印
戊 戊 辛 丁        乙 丙 丁 戊 己 庚
子 子 亥 巳        巳 午 未 申 酉 戌
```

이 사주는 재(財)와 인(印)이 극(剋)하지 않아 사오미(巳午未) 대운(大運)에서 큰 부를 누렸다. 년주(年柱) 조상궁이 용신(用神)이니 할아버지가 부자였고, 부궁이 기신(忌神)이니 아버지대에 탕진했으나, 본인이 다시 일으켰다. 원국(元局)의 사해충(巳亥沖)으로 아버지가 할아버지의 뜻을 거스른다는 것을 알 수 있다.

또한 자식궁이 재성(財星) 기신(忌神)이니, 자신의 가산을 자식이 탕진할 것이라는 짐작도 해볼 수 있다. 재(財)와 인(印)이 극(剋)하지 않아도 대운(大運)을 만나지 못하면 무용지물이 되니, 재격(財格)은 원국(元局)보다는 대운(大運)의 비중이 크다는 것을 알 수 있을 것이다.

```
印    印 財
乙 丁 乙 庚        辛 庚 己 戊 丁 丙
巳 丑 酉 辰        卯 寅 丑 子 亥 戌
```

월간(月干) 을목(乙木)은 재극인(財剋印)으로 사라졌지만, 시간

(時干) 을목(乙木)이 진(辰)에 통근(通根)했으니 용신(用神)으로 삼는다. 그러나 진유합금(辰酉合金)으로 무력하니 용신(用神)의 힘이 매우 약하여 격국(格局)이 떨어졌다. 무자(戊子)·기축(己丑) 대운(大運)에 가업을 탕진하더니 죽고 말았다.

```
印  印  財
乙  丁  乙  庚
巳  酉  酉  申
```

이 사주는 앞의 명조와 비슷하다. 앞 사주는 재다신약(財多身弱)에 부모궁이 기신(忌神)이라 부모덕이 없지만, 이 사주는 부모덕이 있다. 앞의 명조는 을목(乙木)이 통근(通根)하여 종(從)하지 못했지만, 이 사주는 인수(印綬)가 무근(無根)하여 종재격(從財格)을 이루니 부모궁이 희신(喜神)이기 때문이다. 편재(偏財)는 아버지이고 인수(印綬)는 어머니이기 때문에 재극인(財剋印)하는 사주는 대부분 부모가 무정하고 가정환경이 좋지 않다.

재격(財格)이 관왕(官旺)하고 신약(身弱)하면 남편덕이 없다.

```
官     官  官
戊  癸  戊  戊
午  酉  午  子
```

일찍 결혼했는데 남편이 병으로 죽고 말았다. 재격(財格)에 상관 (傷官)이 투출(透出)하면 인수(印綬)가 다시 투출(透出)하는 것을 꺼리나, 정관(正官)이 투출(透出)하면 인수(印綬)로 관(官)을 보호 하니 귀하게 된다.

```
官    傷 印
甲 己 庚 丙
戌 亥 子 寅
         財
```

재격(財格)에 상관(傷官)이 투출(透出)하면 인수(印綬)가 나란히 있는 것을 꺼린다. 그러나 정관(正官)이 투간(透干)하여 상관견관 (傷官見官)을 막고, 무엇보다 조후(調候)와 억부(抑扶)를 병용하며, 또한 병이 되는 상관(傷官)을 제거하니 병약(病藥)·조후(調候)· 억부(抑扶)를 모두 절충하는 절묘함이 있다. 감탄사가 절로 나오는 가장 귀기한 사주이다.

■ 인수(印綬)나 비겁(比劫)이 있어도 종(從)하는 경우가 있다.

```
財 比 財
己 甲 甲 己      戊 己 庚 辛 壬 癸
巳 子 戌 卯      辰 巳 午 未 申 酉
```

두 개의 갑(甲)이 갑기합(甲己合)·묘술합(卯戌合)한다. 간지(干支)를 화(化)한 오행(五行)으로 옮기면 다음과 같다.

```
土  土  土  土
火  水  火  火
```

이렇게 놓고 보니 수기(水氣)가 있다고 해도 거의 화토(火土)로 종(從)하는 사주이다. 경오(庚午)·기사(己巳) 대운(大運)에 일품 벼슬을 누렸다. 인수(印綬)·비겁(比劫)이 있어도 화격(化格)이 될 수 있으니, 단순한 원칙보다 폭넓은 이해가 필요하다는 것을 알 수 있을 것이다.

```
丙  丙  丙  丙        癸壬辛庚己戊丁
申  子  申  子        卯寅丑子亥戌酉
```

얼핏보면 군겁쟁재격(君劫爭財格) 같지만 신자합(申子合)으로 수(水)로 화하니 양기성상격(兩氣成象格)이다. 이를 오행(五行)으로 바꾸어 보자.

```
火  火  火  火
水  水  水  水
```

수화(水火)가 쟁극(爭剋)하니 오직 목(木)운으로 화해야 한다. 북방 수(水)운으로 흘러 어렵게 살다가, 임인(壬寅)·계묘(癸卯) 대운(大運)에 발복하여 거부가 되었다.

재격(財格)을 정리하면, 재(財)는 비겁(比劫)의 겁탈을 가장 꺼린다. 이것을 막으려면 비겁(比劫)을 식상(食傷)으로 설기(洩氣)하거나, 관살(官殺)로 비겁(比劫)을 격퇴하여 재(財)를 보호해야 한다. 재(財)가 관(官)을 보거나 식상(食傷)을 보면 그만큼 일간(日干)이 약해지기 때문에 신강(身强)해야 한다. 가능한 비겁(比劫)으로 강해지는 것보다는 인수(印綬)로 강해져야 귀격을 이룬다.

정관격(正官格)이나 칠살격(七殺格)이 조후(調候)를 매우 중시하는 것에 비하여, 재격(財格)은 억부(抑扶)를 중시하는 경우가 많다. 그러니 재격(財格)이 성격(成格)을 이룬 경우에는 일원(日元)의 강약이 매우 중요하고, 대운(大運)도 방신(幇身)하는 운으로 흐르면 대체로 무난한 삶을 산다. 그러나 재격(財格)에 일원(日元)이 신약(身弱)하면 분주하나 실속이 없고, 금전으로 인한 고통을 겪으며, 육친과도 무덕하여 자수성가하는 사람이 많다.

4장. 인격(印格)

　정인(正印)과 편인(偏印)은 나를 생조(生助)하는 의미에서 둘다 기쁜 것이니, 음양(陰陽)을 구별하여 격(格)을 나누지는 않는다. 인수(印綬)의 상징은 문서·학술·인덕·양육·교육·모성·희생·노력·창의력·포용성·계획성 등이다.

　인성(印星)의 주된 역할은 일간(日干)을 생조(生助)하여 기운을 보충하고, 상관(傷官)을 유순하게 다스리고, 관살(官殺)을 설기(洩氣)하여 중화를 이루는 것이다. 만물이 인수(印綬)로 인하여 태어났으니 생명의 근본이요 바탕이다. 모든 격국(格局)이 인수(印綬)가 없이는 온전하게 귀격을 이루기 어렵다.

　정인(正印)은 어머니이고 편인(偏印)은 계모라고 하는데, 실제 계모밑에서 성장하는 사람은 드물기 때문에 편인(偏印)도 어머니로 보아도 무방하다. 편인(偏印)은 계모가 아니더라도 남을 돌보는 형태의 직업을 좋아한다. 가령 보육원·양로원·복지사업 등 보이지 않는 곳에서 헌신하는 것이 편인(偏印)의 특성이다.

또한 편인(偏印)은 독특한 정신세계를 가지고 있어 예능계 사람들이 많고, 역학이나 철학자들에게서도 두드러지게 나타난다. 단기간에 비약적인 성과를 이루거나, 말 한마디로 천냥빚을 갚을 정도로 달변가들이 많고, 사람을 즐겁게 해주는 것을 좋아한다. 그러나 고독을 즐기며 혼자 있는 것을 좋아하기도 한다.

정인(正印)은 사회적으로 인정과 보증을 받는 양육을 의미한다. 대표적으로 교육자나 의사가 가장 정인(正印)의 성질에 가깝다. 정인(正印)은 편인(偏印)에 비하여 안정되고 확실한 것을 추구한다. 저면에 계산이 깔려 있어 손해보는 일은 하지 않는 편이다. 하지만 일단 일을 맡으면 싫든 좋든 책임을 완수하는 것이 특징이고, 편인(偏印)은 싫고 좋은 것을 가려서 하는 편이다.

대부분 인수(印綬)가 친어머니이기 때문에 희생정신이 강하고 대가없이 일을 한다고 생각할 것이고, 편인(偏印)은 계모이니 그렇지 않다고 생각하는데 천만의 말씀이다. 실제 남의 자식을 부양하는 것은 계모이지 친부모는 아니지 않은가, 사물을 있는 그대로 보는 자세가 필요하다.

편인(偏印)은 희생정신이 강하고, 정인(正印)은 서류상 확증이 없거나 남이 인정해주지 않는 일은 하지 않는다. 정인(正印)이 자식을 부양하는 마음은 바로 자기 자식이기 때문이다. 편인(偏印)은 불확실한 것에도 감성적으로 움직이기 때문에 보증이나 서류상이나 법적으로 불이익을 자처할 수도 있지만, 정인(正印)은 이성적이고 확신이 있어야만 움직이기 때문에 안정감이 돋보인다. 그러니 인수(印綬)가 더 현실적이고 사회에 적응력이 뛰어나 편인(偏印)보다 성공하는 사람들이 많다.

 편인(偏印)은 남의 자식을 키우는 무모한 일에 희생하니 노력에 비하여 결실이 적다고 할 수 있다. 그러나 불리한 여건에서도 무에서 유를 창조하는 대범함과 기발함도 역시 편인(偏印)의 특성이다. 정인(正印)과 편인(偏印)은 격(格)의 구조는 비슷하나, 이렇게 성향과 활동은 매우 다르다는 것을 명심해야 한다.

 인수격(印綬格)은 대개 일간(日干)이 강하기 때문에 인수(印綬)가 중하면 좋은 국을 이룬다. 타고난 인망과 인덕의 소유자라고 할 수 있다. 인수격(印綬格)이 신강(身强)하면 식상(食傷)으로 설하고, 중하면 재(財)로 극(剋)하여 중화를 이루고, 관살(官殺)이 있으면 자체로 살인상생(殺印相生)되어 귀격을 이룬다. 용법이 비교적 간명한 편이다. 인수격(印綬格)에서 가장 나쁜 것은, 인수(印綬)는 가벼운데 재(財)가 강하여 인수(印綬)를 파극(破剋)하는 것이다. 일명 탐재괴인(貪財壞印)이라 하는데, 예를 들어 설명해보자.

印		食	財
乙	丙	戊	庚
未	申	寅	申
	財		財

을경합(乙庚合)하고 인신충(寅申沖)하니 인수(印綬)가 미력하여 탐재괴인(貪財壞印)이 되었다. 탐재괴인(貪財壞印)은 부모덕도 없고 재물덕도 없으니 재격(財格)의 군겁쟁재(君劫爭財)와 작용이 비슷하다. 탐재괴인(貪財壞印)은 어떤 운이 와도 크게 발복하는 경우가 없으니 가장 나쁘다고 할 수 있다.

인수(印綬)가 흉운일 때는 대개 큰 사고가 생기는데, 사업부도·법적문제·명예실추·사기·이혼·우울증·자 살 등이 나타난다. 특히 신약용인(身弱用印)일 때는 인수(印綬)를 합하여 근(根)이 사라지면 정신적인 문제로 자살하는 경우가 많고, 신약용겁(身弱用劫)일 때 충겁(沖劫)되면 외부에서 오는 물리적인 요인으로 죽는 경우가 많다. 아래의 예는 영화배우 고 이은주씨의 사주이다.

丙	己	戊	庚		癸	甲	乙	丙	丁
寅	巳	子	申		未	申	酉	戌	亥

기토(己土)가 오직 사(巳)에 통근(通根)하니 인수(印綬)가 용신(用神)이다. 어머니에 대한 애정은 대단하고, 인사신(寅巳申) 삼형(三刑)으로 어머니가 금전적인 문제를 만든다는 암시가 있다. 더불어 무토(戊土)가 겁재(劫財) 오빠인데 신자합(申子合)으로 동조한다. 가정문제로 스트레스가 많았을 것으로 짐작된다. 을유(乙酉) 대운(大運)에 을경합(乙庚合)하여 재(財)로 변하고, 사유합(巳酉合)하여 근(根)이 사라지자 의지처가 없어져 자살한 것으로 보인다.

여러 격국(格局)이 그렇지만 사주의 배합은 달라도 용법은 비슷하다. 다양한 인수격(印綬格) 사주를 살펴 원리를 터득해야 한다.

```
財   印印
戊 甲 壬壬      己戊丁丙乙甲癸
辰 子 子戌      未午巳辰卯寅丑
```

■ 격국(格局) : 수세(水勢)가 강한데 무토(戊土)로 억제하니 범람하지 못한다. 이는 나무가 부목(浮木)되는 것은 막는 것이니 화(火)운이 오면 나무가 발영할 수 있다.

■ 용신(用神) : 인수(印綬)가 왕하니 이를 제지하는 무토(戊土)가 용신(用神)인데, 일간(日干) 가까이 있어 유정하나 술(戌)에 통근(通根)하여 다소 무력하다. 무토(戊土)를 돕는 운이 좋다.

■ 대운(大運) : 남방 화(火)운으로 흘러 식신(食神)이 재(財)를 도와 큰 부를 누렸다.

```
印   比劫
癸 乙 乙甲      辛庚己戊丁丙
未 卯 亥寅      巳辰卯寅丑子
     印
```

■ 격국(格局) : 해(亥) 중 계수(癸水)가 투출(透出)하고, 해묘미
(亥卯未) 목국(木局)을 이루니 곡직인수격(曲直印綬格)이다. 일기
(一氣)를 이루어 격이 순하니 문인학자로 큰 명성을 얻었다.

■ 용신(用神) : 수목화(水木火)운이 길하고, 목(木)을 거스르는
토금(土金)운이 흉하다.

■ 대운(大運) : 원국(元局)에 기신(忌神)이 없어 천간(天干) 금
(金)운이 통근(通根)하지 못하니 흉함이 없다.


```
    印      印  傷
    癸  甲  癸  丁        丁 戊 己 庚 辛 壬
    未  子  丑  亥        未 申 酉 戌 亥 子
```

■ 격국(格局) : 월령(月令)이 재격(財格)이나 계수(癸水)가 월령
(月令)에서 투출(透出)하고, 해자축(亥子丑) 수국(水局)을 이루니
격국(格局)이 맑아졌다. 정화(丁火)가 투출(透出)하여 미(未)에 통
근(通根)했는데, 자축합(子丑合)으로 축미충(丑未沖)이 해소되어
격(格)이 좋아졌다.

■ 용신(用神) : 화토(火土)가 희용신(喜用神)이나 수세(水勢)가
너무 강하니 지지(地支)에서 오(午)운을 꺼리고, 금수(金水)운은

수세(水勢)를 거역하지 않으니 나쁘지 않다. 이런 경우를 보면 희용신(喜用神)은 무조건 길신이라는 생각을 버려야 한다. 비록 사주가 정화(丁火) 때문에 좋은 격국(格局)을 이루지만, 운에서는 꺼리는 경우가 있다. 이러한 것을 분별할 수 있어야 진정한 실력자라고 할 수 있다.

■ 대운(大運) : 대운(大運)이 금수(金水)운으로 흘렀지만, 기세를 거역하지 않아 일생 나쁘지 않았다.

```
印      財 財
乙  丙  辛 辛        乙丙丁戊己庚
巳  子  卯 卯        酉戌亥子丑寅
        印
```

■ 격국(格局) : 인수(印綬)가 중하니 신금(辛金)으로 막아야 한다. 사(巳)에 통근(通根)했으나 근(根)이 약하여 격이 높지 않다.

■ 용신(用神) : 신금(辛金)이 용신(用神)이고, 화(火)가 기신(忌神)이다. 용신(用神)이 사(巳) 기신(忌神) 가운데 통근(通根)하여 하급이 되었다.

■ 대운(大運) : 기축(己丑) 대운(大運)에 신금(辛金) 용신(用神)

이 통근(通根)하여 부를 누렸으나, 자(子)운에 목국(木局)을 생조(生助)하니 흉하고, 정해(丁亥)운에 용신(用神)을 극(剋)하고 사해충(巳亥沖)으로 근(根)이 제거되니 패가망신했다.

```
官    劫 殺
乙  戊 己 甲        乙 甲 癸 壬 辛 庚
卯  辰 巳 辰        亥 戌 酉 申 未 午
    印
```

■ 격국(格局) : 무토(戊土)가 당령(當令)하고 비겁(比劫)이 득세(得勢)하니 신강(身强)하고, 관살(官殺)이 혼잡되었으나 갑기합(甲己合)으로 합살유관(合殺留官)하니 격(格)이 더욱 순청하다. 재(財)로 관(官)을 생조(生助)해야 하는데, 진토(辰土)가 조후(調候)를 겸하여 보습하니 더욱 빼어나다.

■ 용신(用神) : 정관(正官)을 생조(生助)하는 재(財)가 용신(用神)인데, 진(辰)에 암장(暗藏)되었으니 대운(大運)에서 반드시 투출(透出)해야 효험이 있다.

■ 대운(大運) : 임신(壬申)·계유(癸酉)운에 재(財)가 투출(透出)하여 관(官)을 생조(生助)하니, 벼슬을 얻고 명리를 누렸다.

인수격(印綬格)에 정관(正官)이 투출(透出)하면 정관격(正官格)으로 본다. 인수(印綬)에 당령(當令)하면 대개는 신강(身强)하여, 재(財)가 용신(用神)이 되는 경우가 많다. 정관격(正官格)은 상관(傷官)을 꺼리나 인수격(印綬格)은 꺼리지 않으니, 신유(申酉) 대운(大運)에 상관견관(傷官見官)이 없다고 할 수 있다. 인수격(印綬格)은 정관(正官)을 합(合)하는 운을 꺼리고, 혼잡되는 운도 관인상생(官印相生)하여 꺼리지 않으나, 원국(元局)에 재(財)가 투출(透出)하면 살이 발동하니 꺼린다.

인수격(印綬格)에 칠살(七殺)이 투간(透干)해도 살인상생(殺印相生)하니 격(格)이 나쁘지 않지만 배합이 중요하다.

	殺	財	比			劫	財	殺
①	壬	丙	辛	丙	②	乙	甲	戊	庚
	辰	辰	卯	辰		亥	戌	子	戌

①은 칠살(七殺)이 시주(時柱)에 있어 위협이 되지만 ②는 년간(年干)에 있어 인수(印綬)로 화살(化殺)되니 나쁘지 않다. 근묘화실(根苗花實)에 의하여 기세가 년주(年柱)에서 시주(時柱)로 흐르고, 용신(用神)이 시간(時干)에 있으면 열매를 맺음과 같아 가장 좋은 격국(格局)을 이룬다. 더불어 기신(忌神)은 지지(地支)에 암장(暗藏)되어 있는 것이 좋고, 대운(大運) 천간(天干)에 투출(透

出)하지 않으면 일평생 큰 화는 없다.

```
印    殺 殺
乙 丙 壬 壬      戊丁丙乙甲癸
未 子 寅 申      申未午巳辰卯
      印
```

이 사주는 살이 중하나 년월(年月)에 있어 인수(印綬)로 화살(化殺)되니 화가 없다. 인신충(寅申沖)으로 인수(印綬)를 충극(沖剋)하는 것이 병이 되는데, 다행히 대운(大運)이 화(火)운으로 흘러 병을 제거했다. 높은 벼슬을 지내다 무신(戊申)운에 파직되었다.

```
傷    官 印
丙 乙 辛 壬      丁丙乙甲癸壬
子 亥 亥 子      巳辰卯寅丑子
      印
```

■ 격국(格局) : 병신합(丙辛合)으로 수(水)로 변하여 종강격(從强格)이 되었다. 국(局)이 순하니 운에 따라 성패가 좌우된다. 종강격(從强格)은 대운(大運)이 길하면 크게 발하나, 역행하면 대흉하니 대운(大運)이 매우 중요하다.

■ 용신(用神) : 수(水)의 흐름을 쫓아 금수목(金水木)이 길운이
고, 이를 거스르는 화토(火土)운은 흉하다.

■ 대운(大運) : 을묘(乙卯) 대운(大運)까지 수세(水勢)에 순응하
니 큰 부자로 살다가, 병진(丙辰)에 수화(水火)가 서로 싸워 아내
와 자식을 잃고, 정사(丁巳)에는 결국 패가망신했다.

　　근대 명리학자 중에는 간지합(干支合)을 아주 부정하는 사람도
있다. 위의 명조만 보아도 병신합(丙辛合)을 인정하지 않으면 어찌
화(火)운을 흉하다고 하겠는가. 간합(干合)을 부정하면 겨울의 나
무는 화(火)가 용신(用神)이 되고, 억부법(抑扶法)으로도 신왕(身
旺)하여 설기(洩氣)하는 병화(丙火)를 용신(用神)으로 잡을 터인
데, 용신(用神)운에 패가망신한 것을 뭐라고 설명하겠는가. 회합(會
合)의 원리가 복잡하여 원리를 간명하게 정리한 것 같아도, 있는
것을 없다고 하면 더 큰 오류를 범하는 결과를 가져올 것이다.

```
殺     劫 殺
丙  庚  辛 丙        丁 丙 乙 甲 癸 壬
子  辰  丑 子        未 午 巳 辰 卯 寅
        印
```

　　이 사주도 앞의 명조와 비슷하다. 병신합수(丙辛合水)로 화하고,

병화(丙火)가 무근(無根)하니 극제(剋制)할 수가 없다. 임인(壬寅)·계묘(癸卯) 초운에는 의식이 풍족했으나, 병오(丙午)운에 강한 금수(金水)를 거스르니 상처극자(喪妻剋子)하고 입산하여 중이 되었다.

```
印      財 財
乙 丙 庚 辛        甲 乙 丙 丁 戊 己
丑 辰 寅 巳        辛 酉 戌 亥 子 丑
        印
```

■ 격국(格局) : 인수(印綬)가 재(財)가 중중하고 탐재괴인(貪財壞印)이 되어 격이 떨어졌다. 병화(丙火)가 인(寅)월에 태어났으나, 경금(庚金)으로 막혀 생조(生助)받지 못하고, 년지(年支) 사화(巳火)는 근(根)이나 기신(忌神)도 통근(通根)하여 탁명이 되었다.

■ 용신(用神) : 병화(丙火)가 득령(得令)했으나 식재(食財)가 득세(得勢)하니 신약(身弱)하다. 따라서 인수(印綬)가 용신(用神)이나, 을경합(乙庚合)으로 병이 들어 하급이 되었다.

■ 대운(大運) : 기축(己丑)·무자(戊子) 대운(大運)에 기신(忌神)이 득세(得勢)하니 조실부모하고 어렵게 살다가, 정해(丁亥)·병술(丙戌)에 기신(忌神)을 제거하니 일가를 이루었다. 그러나 을유(乙

酉) 대운(大運)에 을경합금(乙庚合金)으로 간지(干支)에 기신(忌神)이 득세(得勢)하니 처자를 잃고 수액으로 사망했다.

관살(官殺)이 혼잡되어도 귀명을 이루는 경우가 있다.

```
殺    比 官
丙  庚  庚 丁        甲乙丙丁戊己
子  辰  戌 未        辰巳午未申酉
        印
```

이 사주는 관살(官殺)이 혼잡되었지만 자수(子水)가 제살(制殺)하여 칠살(七殺)이 날뛰지 못하고, 토(土)가 많아 화(火)가 실하니 남방 화(火)운으로 흐를 때 명리를 모두 얻었다.

```
比    印 印
癸  癸  辛 辛
丑  酉  丑 丑
```

축(丑) 중에 인수(印綬)가 투출(透出)하고 유축(酉丑) 금국(金局)을 이루어 인수격(印綬格)이 되었다. 금수(金水)로 화하니 격(格)이 순하고 맑은 것 같으나, 겨울물이 얼어 흐르지 않으니 탁명이다.

```
食       官  財
乙  癸  戊  丁          乙甲癸壬辛庚己
卯  丑  申  巳          卯寅丑子亥戌酉
```

■ 격국(格局) : 인수격(印綬格)에 정관(正官)과 상관(傷官)이 투출(透出)하였다. 본래 정관격(正官格)은 상관(傷官)이 투출(透出)하면 탁해지나, 인수격(印綬格)은 상관(傷官)을 제압하니 별 문제가 되지 않는다. 인수(印綬)로 충족된 기는 식상(食傷)으로 유통되어야 좋은 구도가 된다.

■ 용신(用神) : 식재관(食財官)이 천간(天干)에 모두 투출(透出)하여 통근(通根)하니, 일원(日元)이 신약(身弱)할 수밖에 없다. 인수(印綬)로 병을 제거하고 일원(日元)을 부조(扶助)하여 억부(抑扶)와 병약(病藥)을 병용하니 상급이 되었다.

■ 대운(大運) : 대운(大運)이 금수(金水)로 흘러 일원(日元)을 부조(扶助)하니 일품벼슬을 누렸다.

 인수격(印綬格)이라고 무조건 상관견관(傷官見官)이 없는 것은 아니다.

○ 甲 丁 癸

이런 경우는 기(氣)가 년주(年柱)에서 아래로 흐르기 때문에 인수격(印綬格)이어도 상관견관(傷官見官)이 있다고 할 수 있다. 하지만 인수격(印綬格)은 근본적으로 약이 있으니 정관격(正官格)의 상관견관(傷官見官)보다는 가볍다.

```
官     傷  丁
丁  庚  癸  丁      庚己戊丁丙乙甲
亥  子  丑  未      申未午巳辰卯寅
```

■ 격국(格局) : 해자축(亥子丑) 수국(水局)을 이루고 계수(癸水)가 투출(透出)하니 정관(正官)이 미력하다. 더구나 축미충(丑未沖)으로 근(根)이 사라지니 용신(用神)으로 쓸 수가 없다.

■ 용신(用神) : 금수목(金水木)운으로 기세에 순응해야 하는데, 도리어 화토(火土)가 거역하니 병이 되었다.

■ 대운(大運) : 사오미(巳午未) 화(火)운으로 흘러 수세(水勢)를 거스르니 우환이 많았다.

```
食     劫  官
甲  壬  癸  己      辛庚己戊丁丙乙甲
辰  辰  酉  巳      巳辰卯寅丑子亥戌
```

■ 격국(格局) : 상관(傷官)과 정관(正官)이 투출(透出)했으니, 식신(食神)이 멀리 있어 정관(正官)을 해치지 않는다.

■ 용신(用神) : 일원(日元)이 강하기 때문에 설기(洩氣)하는 갑목(甲木)이 용신(用神)이다.

■ 대운(大運) : 수목화(水木火)운을 기뻐하고 정관(正官)운은 꺼린다.

```
食      財  官
丙   甲  戊  庚
寅   寅  子  寅
        印
```

이 명조도 인수격(印綬格)에 신강(身强)하니 식신(食神)으로 설기(洩氣)하는 용신(用神)을 삼는다. 무토(戊土)와 경금(庚金)은 한신(閑神)이니 별로 중요하지 않다.

인수격(印綬格)은 대개 신강(身强)하기 마련이고, 식상(食傷)이 있어야 총기가 있고 상격을 이룬다. 인수격(印綬格)에서 관살(官殺)은 인수(印綬)를 생조(生助)하기 때문에 인수(印綬)가 더 강해지는 원인이 된다. 그러니 식상(食傷)의 설기(洩氣)가 더 절실하여 식상(食傷)과 정관(正官)이 공존하는 것을 크게 꺼리지 않는다. 이것이 정관격(正官格)에 인수(印綬)가 있는 것과의 차이점이다.

인수격(印綬格)에서는 식상(食傷)으로 설기(洩氣)하면 재(財)가 다시 인수(印綬)를 극(剋)하는 것을 꺼린다. 이는 상관격(傷官格)에 신왕(身旺)하여 식재(食財)를 병용하는 것과의 차이점이다.

인수격(印綬格)에서 정관(正官)이 용신(用神)이 되는 경우는, 신왕(身旺)한데 인수(印綬)가 가벼울 때를 제외하고는 없다. 정관(正官)은 인수(印綬)를 생조(生助)하기 때문에 일간(日干)을 극(剋)하지 못하여 억부(抑扶)를 쓸 수 없는 것이다. 오직 식상(食傷)과 재성(財星)이 용신(用神)이다.

재(財)가 많아 인수(印綬)가 약해진 경우에는, 정관(正官)으로 재(財)를 설하고 인(印)을 생조(生助)하거나, 비겁(比劫)으로 재(財)를 막아 인수(印綬)를 보호해야 하지만 두 가지 다 상격은 못된다.

```
財   官 劫
辛 丙 癸 丁
卯 戌 卯 丑
```

이 사주는 인수격(印綬格)이 신왕(身旺)하니 재(財)가 용신(用神)이다. 아쉬운 것은 술(戌)에 통근(通根)했으나 묘술합(卯戌合)으로 근(根)이 사라져 재(財)가 허공에 뜨고 말았다. 학업을 버리고 주색으로 세월을 보내면서 평생 되는 일이 없었다. 인수격(印綬格)이 재(財)가 투출(透出)했으나 무력하여 좋지 못한 구조가 된 것이다.

```
財    印 劫
丙  壬 庚 癸
午  子 申 亥
```

이 사주는 인수격(印綬格)인데 비겁(比劫)이 왕하여 신강(身强)하다. 식상(食傷)이 없으니 설기(洩氣)됨이 없고, 재(財)가 무력하니 중화를 잃었다. 재(財)를 겁탈하는 구조이니 사람됨이 무례하기 짝이 없고, 도덕심도 없어 여인을 겁탈하다 형을 살았다. 후일에 을묘(乙卯)·갑인(甲寅) 대운(大運)이 오자 잘못을 뉘우치고 사람답게 살았다.

인수격(印綬格)이 재(財)가 너무 강하면 탐재괴인(貪財壞印)이 되고, 너무 약하면 재물과 인연이 없다. 인수격(印綬格)에 식상(食傷)은 마치 바늘과 실처럼 필수 요소이다.

5장. 식신격(食神格)

식신(食神)은 일간(日干)을 설기(洩氣)하고, 재(財)를 생조(生助)하며, 칠살(七殺)을 다스리는 효용이 있다. 칠살(七殺)은 일간(日干)에게는 가장 위협적인 육신이다. 그러나 식신(食神)을 만나면 도리어 생계를 보장해주고, 재성(財星)를 만나면 재물이 풍족하니, 식신(食神)은 자신을 살찌우기 때문에 밥식(食) 자를 쓴다.

식신(食神)과 상관(傷官)은 음양(陰陽)이 다를뿐 격용(格用)을 취하는 방식은 비슷하다. 그러나 겉으로 드러나는 모습과 성정에는 차이가 있다. 가령 식신(食神)은 대범하지는 못하지만 안정되고 수순을 밟는 것을 좋아한다. 그러나 상관(傷官)은 격식이나 원칙을 무시하며 목적을 위해서는 수단과 방법을 가리지 않는 편이다. 격용법(格用法)의 차이가 있다면 식신(食神)은 편인(偏印)을 만나면 효신탈식(梟神奪食)이 되어 가장 꺼리고, 상관(傷官)은 인수(印綬)

를 보면 상관패인(傷官佩印)이 되어 좋은 격국(格局)을 이룬다.

식신격(食神格)은 재(財)를 보아야 재능을 발휘할 수 있다. 만일 식신(食神)만 중하고 재(財)가 없으면 재능은 많지만 실속이 없고, 남의 일에 참견하며 말만 앞세우는 사람이 된다.

식신격(食神格)에 칠살(七殺)이 있으면 부와 권세를 누리지만, 식신(食神)이 지나쳐 제살태과(制殺太過)가 되면 효신탈식(梟神奪食)과 비슷한 삶을 살게 된다. 만일 여명에 효신탈식(梟神奪食)이 있으면 자식과 무덕하고, 제살태과(制殺太過)가 있으면 남편과 무덕하다. 결과적으로 가족과 인연이 없어 화류계에 종사한다.

식신격(食神格) 사주는 다방면에 능력이 있다. 특히 정밀한 기술이 필요한 계통이나 실용적이고 생산적인 분야에서 두각을 나타낸다. 상관(傷官)만큼 화려하고 순발력 있는 기지를 갖추지는 못해도, 일단 목표를 세우면 집념과 끈기로 업적을 일구어낸다.

식신격(食神格)은 수기(水氣)가 유통되니 총명하다. 특히 금수(金水) 식신격(食神格)과 목화(木火) 식신격(食神格)은 조후(調候)를 겸용하면 더 빼어난 격국(格局)을 이룬다. 식신격(食神格)에 인수(印綬)가 있으면 병이 된다고 하나, 금수(金水) 식신격(食神格)은 관살(官殺)이 있으면 조후(調候)가 중하니 더욱 총명하고 귀하다.

	殺		傷	官		殺		食	官
①	丁	辛	壬	丁	②	丙	庚	壬	丁
	酉	巳	子	亥		戌	戌	子	未

두 사주 모두 비슷한 구조로 관살(官殺)이 있어 귀하게 되었다. 관살(官殺)이 용신(用神)이니 목화(木火)운에 크게 발전했다. 목화(木火) 식신격(食神格)도 인수(印綬)가 탈식(奪食)이라 꺼리지만, 조후(調候)가 필요하니 도리어 길하다.

```
殺     傷 印
庚 甲 丁 癸        辛 壬 癸 甲 乙 丙
午 辰 巳 丑        亥 子 丑 寅 卯 辰
      食
```

■ 격국(格局) : 목화(木火) 상격에 인수(印綬)가 투출(透出)하니 기후가 적절하여 좋다. 더불어 칠살(七殺)이 투간(透干)하여 제살(制殺)하니 더욱 상격이 되었다.

■ 용신(用神) : 계수(癸水)가 억부(抑扶)와 조후(調候)를 병용하는 용신(用神)이니 상급이 되었다.

■ 대운(大運) : 계축(癸丑)·임자(壬子)·신해(申亥) 대운(大運)이 대길하여 대성했다.

```
殺    傷 印
庚 甲 丁 癸        辛壬癸甲乙丙
午 午 巳 未        亥子丑寅卯辰
        食
```

■ 격국(格局) : 바로 앞의 사주와 비슷한 구조이다. 사오미(巳午未) 방국(方局)을 이루어 화(火)가 득세(得勢)하여 인수(印綬)가 무근(無根)하니 화(火)로 종(從)한다.

■ 용신(用神) : 화(火)로 종(從)하니 계수(癸水)가 오히려 기세를 거역하여 기신(忌神)이 되었다.

■ 대운(大運) : 계축(癸丑)운 기신(忌神)이 득거하여 불운이 계속 되더니, 임자(壬子) 대운(大運)에 패가망신했다.

```
食    印 官
丙 甲 癸 辛        丁戊己庚辛壬
寅 子 巳 丑        亥子丑寅卯辰
```

■ 격국(格局) : 이 명조도 목화(木火) 식신격(食神格)으로 관인(官印)이 투청(透淸)하여 조후(調候)를 겸하니 일생 부귀영달을 누렸다.

■ 용신(用神) : 식재관(食財官)이 중하니 신약(身弱)하여 인수(印綬)가 용신(用神)이다.

■ 대운(大運) : 일원(日元)을 방신(幫身)하는 운으로 흐르고, 사주의 병이 되는 재(財)가 인수(印綬)를 극(剋)하지 않으니 백 세까지 장수했다.

```
   印      印 官
   癸  乙  壬 庚        乙 丙 丁 戊 己 庚 辛
   未  亥  午 辰        亥 子 丑 寅 卯 辰 巳
```

이 사주도 목화(木火) 식신격(食神格)에 관인(官印)이 투청(透淸)하니 탈식(奪食)을 꺼리지 않는다. 따라서 남편은 물론 자식도 출세하여 가문이 혁혁하였다.

```
   財      殺 官
   庚  丙  壬 癸        丙 丁 戊 己 庚 辛
   寅  午  戌 丑        辰 巳 午 未 申 酉
           食
```

■ 격국(格局) : 식신격(食神格)에 관살(官殺)이 투간(透干)하면 제살(制殺)하는 효용이 있어 흉하지 않다. 그러나 관살(官殺)이 미

력하니 제살태과(制殺太過)이다. 재(財)로 관(官)을 생조(生助)해
야 하는데 인오술(寅午戌) 화국(火局)을 이루어 관(官)을 생조(生
助)할 수 없으니 하격이 되었다.

■ 용신(用神) : 경금(庚金)이 관(官)을 생조(生助)하는 용신(用
神)이지만, 화(火)가 무리를 이루니 용신(用神)이 미력하다.

■ 대운(大運) : 신유(辛酉)·경술(庚申) 대운(大運)에 가업이 풍
족했으나, 기미(己未)운에 조실부모하고 무오(戊午)운에 패가망신
했다. 만일 경금(庚金)인 재(財)가 유력했다면 식상(食傷)운에 재
(財)를 생(生)하니 관(官)을 해치지 못하고, 배합상 재(財)가 년월
(年月)에 있고 관(官)이 시상(時上)에 있다면 역시 식신(食神)이
재(財)를 생(生)하고 관(官)을 생(生)하니 피해가 없었을 것이다.
이렇게 사주는 배합에 따라 길흉의 차이가 크다는 것을 염두해 두
어야 한다.

```
殺    財 印
壬  丙 庚 乙      甲乙丙丁戊己
辰  申 辰 亥      戌亥子丑寅卯
       食
```

■ 격국(格局) : 병화(丙火)가 진(辰)월에 태어났으니 식신격(食神

格)이다. 신약(身弱)하여 을목(乙木)을 써야 하는데 을경합(乙庚合)을 했으니 칠살(七殺)의 극제(剋制)가 심하여 병화(丙火)가 매우 약하다.

■ 용신(用神) : 을목(乙木)이 용신(用神)이고, 경금(庚金)이 병이 된다. 국(局)에 약이 없으니 하급이 되었다.

■ 대운(大運) : 일원(日元)을 방신(幫身)하는 운으로 흘러야 하는데, 역행하여 처자와 인연이 박하고 일생 곤고하게 살았다. 경금(庚金)인 재(財)가 병이 되는데, 일지(日支)에도 통근(通根)했으니 아내가 어리석고 천하다.

```
傷    比 財
辛 戊 戊 壬      甲癸壬辛庚己
酉 戌 申 子      寅丑子亥戌酉
      食
```

■ 격국(格局) : 식신격(食神格)에 재(財)가 투출(透出)하고 신유술(申酉戌)이 방국(方局)을 이루니 수기(水氣)가 빼어나다. 격이 맑아 부잣집에서 성장했으나, 재(財)가 중하니 일원(日元)이 너무 약한 것이 흠이다.

■ 용신(用神) : 일간(日干)이 너무 신약(身弱)하니 방신(幫身)하는 운이 좋다.

■ 대운(大運) : 경술(庚戌)·기유(己酉)운은 무난했으나, 신해(申亥)·임자(壬子) 대운(大運)에 일간(日干)이 극설(剋洩)되니 재물을 탕진하고 빈한하였다.

식신생재격(食神生財格)은 반드시 신약(身弱)하므로 재(財)가 너무 깊이 통근(通根)하는 것은 좋지 않다. 방신(幫身)하는 운으로 흘렀다면 더 많은 부를 얻었겠지만, 신약(身弱)하여 그릇이 작기 때문에 재물을 담지 못한 것이다.

```
官    傷 殺
丙 辛 壬 丁        己戊丁丙乙甲癸
申 巳 子 丑        未午巳辰卯寅丑
       食
```

■ 격국(格局) : 금수(金水) 식신격(食神格)에 관살(官殺)이 투청(透淸)하니 조후(調候)를 겸용하여 좋은 국면이다. 그러나 간지(干支)에 합(合)이 많아 용신(用神)이 무력하다. 미색이 뛰어나고 글재주가 있어 초운에 결혼했으나, 남편이 주색에 빠져 안하무인격이더니 병으로 죽고 말았다.

■ 용신(用神) : 화(火)가 용신(用神)이나 정인합(正印合)・사신합(巳辛合)하여 무력하니 하급이 되었다.

■ 대운(大運) : 비록 목화(木火)운으로 흐르나 원국(元局)의 병이 깊어 어떤 운이 와도 크게 발복할 수 없다.

비록 사주보다 대운(大運)이 중요하다고 하나 이 사주를 보면 원국(元局)의 중요성을 실감할 수 있다. 사주가 아무리 좋아도 이미 망가졌다면 어찌 평탄하기를 바라겠는가.

```
官     印 財
戊  癸  辛 丙        甲乙丙丁戊己庚
午  酉  卯 寅        申酉戌亥子丑寅
        食
```

■ 격국(格局) : 계수(癸水)가 묘(卯)에서 생(生)하니 식신격(食神格)이다. 천간(天干)에 재관(財官)이 왕하여 신약(身弱)한데, 인수(印綬)를 병신합(丙辛合)하니 병이 되었다. 본래 식신격(食神格)에 인수(印綬)가 있으면 탈식(奪食)이나, 정관(正官)이 투출(透出)하면 인수(印綬)가 정관(正官)을 보호하니 길신이 되었다.

■ 용신(用神) : 인수(印綬)가 용신(用神)이니 재(財)가 병이 되는

데, 병신합(丙辛合)으로 무력하니 하격이 되었다.

■ 대운(大運) : 무자(戊子) 대운(大運)에 자오충(子午沖)으로 재(財)의 근(根)을 제거하니 벼슬길에 올랐다. 그러나 정해(丁亥) 대운(大運)에 해묘합(亥卯合)으로 일원(日元)을 생조(生助)하지 않고 식신(食神)을 도와주니, 벼슬을 내놓고 낙향했다.

    劫   食 財

    己 戊 庚 癸   丁丙乙甲癸壬辛

    未 午 申 丑   卯寅丑子亥戌酉

■ 격국(格局) : 무토(戊土)가 신(申)월에 태어났는데 계수(癸水)가 투출(透出)하여 통근(通根)하고, 일원(日元)이 신강(身强)하니 가장 이상적인 식신생재격(食神生財格)이 되었다. 기(氣)는 년주(年柱)에서 시주(時柱)로 흐르기 때문에 식신(食神)과 재(財)의 위치가 바뀌면 더 상격을 이룰 것이다.

■ 용신(用神) : 일원(日元)이 강하니 식신(食神)으로 설기(洩氣)하는 재(財)가 용신(用神)이다. 위에서 식재(食財)의 위치가 바뀌어야 좋다는 것은, 비겁(比劫)운이 올 때 미약하여 군겁(君劫)이 동하지만, 위치가 바뀌면 비겁(比劫)운이 와도 식신(食神)을 생(生)하니 전혀 염려할 것이 없기 때문이다.

■ 대운(大運) : 금수(金水)운이 대길하고, 오직 식상(食傷)을 극(剋)하는 인수(印綬)운을 꺼린다. 사주가 중화를 이루며 잡하지 않으니 일생 큰 풍파가 없었다. 그러나 병인(丙寅) 대운(大運)에는 인오합(寅午合)으로 기신(忌神)이 동(動)하고 경금(庚金)을 극(剋)하니 불운하다.

```
傷      財 財
乙  壬  庚 丙        丙 乙 甲 癸 壬 辛
巳  午  寅 寅        申 未 午 巳 辰 卯
        食
```

■ 격국(格局) : 경금(庚金)이 사주에 통근(通根)했으나 병화(丙火)로 제극(制剋)당하여 용신(用神)으로 쓸 수 없고, 목화(木火)의 세력을 쫓아 종(從)한다.

■ 용신(用神) : 목화(木火)가 길하고 경금(庚金)이 기신(忌神)이다. 근(根)이 미력하여 병이 중하지 않으니 상격이 되었다.

■ 대운(大運) : 수목화(水木火)운으로 흘러 일생이 평탄하고 장수했다.

식신생재격(食神生財格) 사주가 관(官)이 투출(透出)하면 마음이 관(官)으로 향하여 재물보다는 관직을 쫓는다. 식재관(食財官)이 모두 투출(透出)하면 대개는 신약(身弱)하기 마련이라 비겁(比劫)운을 기뻐하지만, 근(根)이 미력하면 종(從)하니 비겁(比劫)운을 꺼린다. 근저에 일간(日干)이 미력해도 식신(食神)과 관살(官殺)이 모두 투출(透出)하면 종(從)하지 않는다는 책을 본 적이 있으나 근거없는 이론이다. 아래의 예를 보면 알 수 있을 것이다.

	食	財	官		劫	財	官
①	甲	壬	丁	己	② 癸	壬	丁	己
	辰	午	卯	卯	卯	午	卯	卯

두 사주 모두 식신(食神) 재관(財官)이 유력하나, 일간(日干)이 근(根)이 없으니 세력에 종(從)해야 한다. 인수(印綬)운에 발달하지 못한 것을 보면 종재격(從財格)이다. 관(官)은 재(財)를 설기(洩氣)하는 역할을 하니 귀하지 못하다.

財		比	寅						
庚	丙	丙	乙		庚	辛	壬	癸	甲 乙
寅	午	戌	丑		辰	巳	午	未	申 酉

■ 격국(格局) : 식신격(食神格)에 경금(庚金) 재(財)가 투출(透出)하여 식신생재격(食神生財格)인데, 일원(日元)이 신강(身强)하

니 좋은 국(局)으로 보일 것이다. 그러나 인오술(寅午戌) 화국(火局)을 이루니 군겁(君劫)의 형태로 변하여 격(格)이 나빠졌다.

■ 용신(用神) : 재(財)가 무력하니 재(財)를 생조(生助)하는 토금(土金)운이 길하다.

■ 대운(大運) : 을유(乙酉)·갑신(甲申)운에 재(財)가 통근(通根)하여 풍족했으나, 남방 화(火)운이 오자 처자를 잃고 궁핍하게 살았다.

금수(金水) 식신격(食神格)에 재관(財官)이 조후(調候)를 겸용하여 크게 성공할 수 있다. 그러나 재관(財官)이 무력하면 대운(大運)이 좋아도 발복하지 못하는 경우가 있다.

```
食    印 比
癸  辛 己 辛     癸 甲 乙 丙 丁 戊
巳  酉 亥 丑     巳 午 未 申 酉 戌
```

금수(金水) 상관격(傷官格)이 화(火)가 투출(透出)하지 않아 조습(燥濕)하니 탁한 명이라고 할 수 있다. 사화(巳火)가 있지만 사유축합(巳酉丑合)으로 사라져, 속세와 인연을 끊고 승도가 되었다.

식신격(食神格)이 칠살(七殺)과 인수(印綬)가 있으면 식신(食神)을 버리고 화살(化殺)해야 하니 탈식(奪食)을 꺼리지 않는다.

```
殺    印 印
己  癸  辛 辛
未  酉  卯 卯
        食
```

신금(辛金)이 화살(化殺)하는 용신(用神)이 된다. 인비(印比)운은 길하고, 식재(食財)운은 흉하며, 관살(官殺)운은 화살(化殺)하니 무방하다.

식신격(食神格)에 칠살(七殺)이 투출(透出)하면 식신대살(食神帶殺)이라 하여 칠살격(七殺格)에 식신(食神)이 있는 것과 비슷하다. 만약 식신대살격(食神帶殺格)에 재(財)가 투출(透出)하면, 식신(食神)이 재(財)를 생(生)하고 재(財)가 살을 생(生)하니, 일원(日元)이 극히 신약(身弱)해져 꺼리고, 재(財)운 역시 흉하다. 만약 식신(食神)이 칠살(七殺)보다 강하여 제살태과(制殺太過)가 되면 신약(身弱)해도 재(財)운 역시 살을 보호하니 꺼리지 않는다.

```
食    殺 食
戊 丙 壬 戊
戊 子 戊 戊
```

이 사주는 식신(食神)이 지나치게 강하여 제살태과(制殺太過)가
되었다. 인수(印綬)운과 재(財)운이 길하다. 일간(日干)의 억부법
(抑扶法)으로만 용신(用神)을 정한다면 신약(身弱)한데 어찌 재
(財)운이 길하다고 할 수 있겠는가.

 정리하면 식신대살격(食神帶殺格)의 운을 보는 법은 세 가지로
볼 수 있다.
① 신약(身弱)하고 칠살(七殺)이 왕하면 식신(食神)운도 일간(日
干)이 너무 약화되어 마땅치 않지만, 음간(陰干)은 길하고 양간(陽
干)은 불리하다. 인비(印比)운은 길하나 재(財)운은 꺼린다.
② 신강(身强)한데 칠살(七殺)도 강할 때는 식상(食傷)운으로 제살
(制殺)하면 매우 귀하게 되고, 인수(印綬)·비겁(比劫)운 역시 길
하나 재(財)운은 흉하다.
③ 식상(食傷)이 지나쳐 제살태과(制殺太過)가 되면 반드시 신약
(身弱)하기 마련인데, 인수(印綬)운이 가장 길하고 재(財)운도 무
방하나 식상(食傷)운은 매우 흉하다.

 식신대살격(食神帶殺格)에 재(財)가 투출(透出)하면 일간(日干)이

매우 신약(身弱)해져 꺼리는데, 배합에 따라 격국(格局)의 고저가 달라진다. 재(財)를 합(合)하여 살만 남거나 살을 합거(合去)하여 재(財)만 남을 때는 인비(印比)운으로만 흐르면 귀하게 되고, 재(財)와 살 사이에 식신(食神)이 있으면 재(財)가 살을 생조(生助)하지 못하니 역시 귀하게 된다.

식신격(食神格)에 재(財)가 있어야 하는 것은 효신탈식(梟神奪食)을 막아야 하기 때문이다. 이는 재격(財格)이 식상(食傷)을 보아 군겁쟁재(君劫爭財)을 막는 것과 같고, 정관격(正官格)이 인수(印綬)를 보아 상관견관(傷官見官)을 막는 것과 같고, 인수격(印綬格)이 관성(官星)을 보아 탐재괴인(貪財壞印)을 막는 것과 같다.

외격(外格) 사주는 일기(一氣)로 이루어져야 격(格)이 맑아 귀하게 되고, 내격(內格)은 위에서 말했듯이 십성(十星)이 알맞게 짝을 이루어야 좋은 사주가 된다.

6장. 상관격(傷官格)

상관격(傷官格)은 격(格) 중에서 가장 변화가 많아 추론하기가 어렵다. 상관(傷官)은 가장 귀한 정관(正官)을 해친다는 의미에서 흉신으로 규정하지만 수기(秀氣)인 점은 분명하다.

상관격(傷官格)은 임기응변이 능하며 달변가가 많고, 안목이 날카로우며 자신의 의사를 거침없이 표현한다. 옳다고 생각하는 일에는 이목의 저해를 받지 않고, 목적을 위해서는 수단과 방법을 가리지 않는 냉혹한 근성도 있다.

상관(傷官)의 빼어남과는 달리 본의 아니게 오해와 반감을 불러일으켜 배척하는 세력을 만들기도 하고, 내심 온정을 발휘하여 따뜻한 인간미를 풍기기도 한다. 상관(傷官)은 관(官)을 무시한다기보다는 두려워하지 않는 것으로 생각해야 한다. 권력에 아첨하지 않고 어떤 위협이 따라도 할 말은 하는 사람이 많다.

상관(傷官)의 장점은 강한 흡입력과 표현력이다. 상대의 의중을 간파하고 적절한 말로 대응하는 능력이 탁월하다. 그러니 상관(傷官)의 직업으로는 변호사·비평가·언론인·교수·대변인 등 말로 먹고사는 사람들이 많다.

상관(傷官)은 인수(印綬)를 만나야 장점을 발휘할 수 있다. 만일 인수(印綬)가 없으면 정제되지 못한 언어를 남발하고, 언행이 다르며 정도를 무시하는 위험한 인물이 될 수도 있다.

상관(傷官)이 겁재(劫財)·양인(羊刃)과 동주(同柱)하면 더욱더 강한 성정이 드러나고, 상관(傷官)만 있고 재(財)가 없으면 재주는 많지만 빈한함을 면하기 어렵다. 여명이 상관(傷官)이 길신이면 남자를 잘 이해하며 보필하여 출세시키고, 흉신이면 남자보다 자신을 더 믿기 때문에 가장의 역할을 대신하려고 든다.

상관격(傷官格)에서 최상격은 목화(木火) 상관격(傷官格)이 살인(殺印)을 보거나, 금수(金水) 상관격(傷官格)이 재관(財官)을 보는 것인데 조후(調候)를 병용하니 더욱 빼어나게 된다.

희대의 사기꾼들은 상관격(傷官格) 사주가 많고, 난세의 영웅들도 상관격(傷官格)이 많다. 그러니 상관격(傷官格)은 격국(格局)의 순잡(純雜)을 조밀하게 구분해야 한다.

상관격(傷官格)은 개성이 뚜렷하고 외모도 강한 인상을 주며 무리를 주동해 나가는 리더십도 뛰어나다. 그러나 자칫 그릇된 가치관을 가지면 엉뚱한 곳에 발휘하여 범죄를 저지르거나 위험한 인물이 될 수 있으니 어려서부터 인성교육이 필요하다.

상관격(傷官格)이 정관(正官)을 만나면 희기(喜忌)의 변화가 많고 길흉이 극단적으로 드러나니 이 부분에 대한 명확한 이해가 필요하다. 따라서 다양한 사주를 보면서 의문을 완전히 해소해야 한다.

```
印    印 比
乙 丙 乙 丙        辛 庚 己 戊 丁 丙
未 辰 未 子        丑 子 亥 戌 酉 申
      食
```

■ 격국(格局) : 화토(火土) 상관격(傷官格)이 인수(印綬)의 뿌리가 깊어 신강(身强)하니 도리어 병이 되었다. 상관격(傷官格)은 인수(印綬)가 미력하고 신약(身弱)해야 하는데, 비겁(比劫)과 인수(印綬)가 주류를 이루며 통근(通根)하니, 신강(身强)하여 빼어남이 무뎌졌다.

■ 용신(用神) : 일원(日元)이 강하니 설기(洩氣)하는 상관(傷官)이 용신(用神)이다.

■ 대운(大運) : 무술(戊戌) 대운(大運)에 가업이 융성하게 발전했으나, 기해(己亥) 대운(大運)에 해수(亥水)에 을목(乙木) 기신(忌神)이 통근(通根)하여 병을 앓다가 죽고 말았다.

```
官 傷 官
癸 丙 己 癸        癸甲乙丙丁戊
巳 午 未 酉        丑寅卯辰巳午
```

■ 격국(格局) : 화토(火土) 상관격(傷官格)에 정관(正官)이 투간(透干)했지만 조후용신(調候用神)이니 상관견관(傷官見官)을 크게 꺼리지 않고, 계수(癸水)가 미력하니 기토(己土)가 병이 된다.

■ 용신(用神) : 비겁(比劫)이 왕하니 재관(財官)을 용신(用神)으로 삼는다.

■ 대운(大運) : 갑인(甲寅)·을묘(乙卯) 대운(大運)에 병인 기토(己土)를 제거하고 관(官)을 보호하니 재물이 융성했고, 계축(癸丑)에 관직에 올라 공명도 얻었다.

```
傷 殺 財
丁 甲 庚 己        甲乙丙丁戊己
卯 寅 午 卯        子丑寅卯辰巳
```

■ 격국(格局) : 갑목(甲木)이 월령(月令)에 실령(失令)했으나, 건록(建綠)과 제왕(帝旺)을 얻어 매우 신강(身强)하다. 경금(庚金)이 무력하니 상관(傷官)으로 설기(洩氣)해야 한다.

■ 용신(用神) : 설기(洩氣)하는 정화(丁火)가 용신(用神)인데, 일간(日干)과 가까이 있어 유정유력하다. 신강(身强)하면 대개 비겁(比劫)을 쓰지 않으나, 목(木)이 너무 강하고 강한 것은 거스르면 안되니, 목화토(木火土)운은 길하고 금수(金水)운은 흉하다.

■ 대운(大運) : 정묘(丁卯)·병인(丙寅) 대운(大運)에 기세가 유통되어 높은 관직에 올랐으나, 을축(乙丑) 대운(大運)에 살이 통근(通根)하여 동하니 물러났다. 자(子)운에는 자오충(子午沖)하니 명이 위태롭다. 본래 신강(身强)하고 살이 약하면 재(財)로 살을 돌보아야 하는데, 살이 무용지물이라 쓸 수 없다. 그러니 총명함으로 관직에 올랐어도 지켜내기가 어려운 것이다.

```
官    官 印
己 壬 己 庚        乙 甲 癸 壬 辛 庚
酉 申 卯 午        酉 申 未 午 巳 辰
```

■ 격국(格局) : 상관격(傷官格)에 정관(正官)이 투출(透出)하여 파격(破格)이 되었으나, 인수(印綬)가 상관(傷官)을 제압하니 정관(正官)을 쓸 수 있다.

■ 용신(用神) : 인수(印綬)가 중하니 재관(財官)으로 희용신(喜用神)을 삼는다.

■ 대운(大運) : 임오(壬午) · 계미(癸未) 대운(大運)에 정관(正官)을 생조(生助)하니 높은 벼슬에 오르나, 갑신(甲辛)운에 관합(官合)하고 신금(申金) 인수(印綬)는 관살(官殺)을 더욱 극설(剋洩)하니 관(官)을 유지할 수 없다.

```
比      官 食
癸  癸  戊 乙        壬癸甲乙丙丁
丑  酉  寅 酉        申酉戌亥子丑
          傷
```

이 명조는 인수(印綬)가 중한데 정관(正官)이 무력하니 쓸 수 없고, 식상(食傷)이 설기(洩氣)하는 용신(用神)이 된다. 을해(乙亥) · 갑술(甲戌) 대운(大運)이 길하고, 계유(癸酉) · 임신(壬申) 대운(大運)은 식상(食傷)을 제극(制剋)하니 흉하다.

```
官      劫 財
乙  戊  己 壬        乙甲癸壬辛庚
卯  戌  酉 戌        卯寅丑子亥戌
          傷
```

■ 격국(格局) : 토금(土金) 상관격(傷官格)에 정관(正官)이 투출(透出)하여 파격(破格)인 것 같으나, 재(財)가 투출(透出)하여 상

관(傷官)이 관(官)을 극(剋)하지 못한다. 또한 묘유충(卯酉沖)을 묘술합(卯戌合)으로 해소하고 비겁(比劫)이 중하니 재관(財官)이 더욱 빛난다.

■ 용신(用神) : 실령(失令)했으나 비겁(比劫)이 중하니 재관(財官)이 용신(用神)이다. 정관(正官)이 일원(日元)과 가까이 있어 더욱 유정하다.

■ 대운(大運) : 신해(申亥) 대운(大運)에 가업이 번창하더니 임자(壬子)운에 벼슬길에 오르고, 갑인(甲寅)·을묘(乙卯) 대운(大運)에도 부귀영달했다. 만약 정관(正官)이 년월(年月)에 있고 시간(時干)에 재(財)가 있으면 상관견관(傷官見官)이라 하여 파격(破格)이 된다. 만약 칠살(七殺)이면 년월(年月)에 살이 있고 재(財)가 시간(時干)에 투출(透出)해야 제살(制殺)할 수 있다. 이것으로 십성(十星)에 너무 얽매여서는 안되고, 배합이 중요하다는 것을 다시 인식할 수 있을 것이다.

```
    傷      傷
甲  癸  甲  癸        戊 己 庚 辛 壬 癸
寅  亥  寅  亥        申 酉 戌 亥 子 丑
        傷
```

■ 격국(格局) : 수목(水木) 상관격(傷官格)으로 양기(陽氣)로만 이루어져 격국(格局)이 순하다.

■ 용신(用神) : 인해합(寅亥合)으로 일원(日元)이 미력하고 상관(傷官)은 더욱 강해졌으니 인수(印綬)운을 기뻐한다.

■ 대운(大運) : 신해(申亥)운에 지방관리가 되고, 경술(庚戌) 대운(大運)에 중앙으로 전출승진했고, 기유(己酉)·무신(戊申) 대운(大運)에 상서(尙書)의 벼슬까지 올랐다.

	劫		傷	財						
	己	戊	辛	癸		乙	丙	丁	戊	己	庚
	未	申	酉	亥		卯	辰	巳	午	未	申

■ 격국(格局) : 토금(土金) 상관격(傷官格)으로 재(財)가 투출(透出)하여 격이 맑다. 그러나 다소 신약(身弱)하니 방신(幫身)하는 운으로 흐르면 발달할 것이다.

■ 용신(用神) : 인비(印比)가 용신(用神)인데 일원(日元) 가까이 있고 좌근(坐根)하니 유정하다.

■ 대운(大運) : 대운(大運)이 인비(印比)운으로 흘러 일간(日干)

을 생조(生助)하니 관직에 올라 출세가도를 달리다가, 을묘(乙卯) 대운(大運)에 물러나 귀향했다.

```
食   財 劫
庚 戊 癸 己      丁戊己庚辛壬
申 戌 酉 未      卯辰巳午未申
      傷
```

■ 격국(格局) : 앞의 명조와 비슷하다. 식신생재격(食神生財格)인데 잡하지 않고 격(格)이 순하니 상격이다.

■ 용신(用神) : 식재(食財)가 득세(得勢)하여 다소 신약(身弱)하니 비겁(比劫)과 인수(印綬)운이 길하다.

■ 대운(大運) : 인비(印比)운으로 흘러 일찍 벼슬길에 올라 일생 바람 한 점없이 평온했다.

```
傷   印 傷
申 戊 丁 辛      辛壬癸甲乙丙
酉 午 酉 酉      卯辰巳午未申
      傷
```

■ 격국(格局) : 토금(土金) 식상격(食傷格) 사주가 식상(食傷)이 중하니 인수(印綬)로 식상(食傷)을 극제(剋制)해야 하는데 오(午)에 통근(通根)하여 유력하니 천지가 다 편안하다.

■ 용신(用神) : 정화(丁火)가 용신(用神)인데 일원(日元) 가까이 있고, 일지(日支)에 통근(通根)하니 중급이다. 그러나 희신(喜神)인 목(木)이 없으니 수(水)운을 만나면 위태롭다.

■ 대운(大運) : 목화(木火)운에 벼슬에 올랐으나, 계사(癸巳)·임진(壬辰)운에 모두 수포로 돌아가고 더는 발전하지 못했다.

```
印      食 食
己   庚  壬 壬        戊 丁 丙 乙 甲 癸
卯   辰  子 戌        午 巳 辰 卯 寅 丑
         傷
```

■ 격국(格局) : 금수(金水) 상관격(傷官格)이 한냉하니 조후(調候)가 급한데, 한습(寒濕)하고 화(火)가 없으니 상격이 아니다.

■ 용신(用神) : 술(戌) 정화(丁火)로 조후(調候)하고, 기토(己土)로 생조(生助)하는 용신(用神)을 삼는다.

■ 대운(大運) : 갑인(甲寅)·을묘(乙卯) 대운(大運)에는 발달하지 못하다가, 정사(丁巳) 대운(大運)에 술(戌) 정화(丁火)가 투출(透出)하니 잠시 재물을 벌었다. 그러나 오(午) 대운(大運)에 왕신(旺神)을 충극(沖剋)하여 죽고 말았다.

종격(從格)이 아니더라도 너무 강한 오행(五行)을 정면으로 충돌하면 화가 미친다. 이는『적천수(滴天髓)』의 강유론(剛柔論)을 음미하면 알 수 있다. 기존 명리학계에서는 종격(從格)에서 강한 것을 거스르면 흉하다고 하지만,『적천수(滴天髓)』에서의 종격(從格)은 순역론(順逆論)을 의미하는 것으로 강유론(剛柔論)과는 다르다. 강유론(剛柔論)은 앞에서 설명한 것처럼 내격(內格)과 외격(外格)의 경계를 이어주는 이론이니, 간과하면 평생 내격(內格)과 외격(外格) 사이의 공백을 채울 수 없게 된다. 거듭 강조하지만 강유론(剛柔論)을 완전히 숙지하지 못하면 발전하기 어렵고, 평생 명리학의 언저리만 맴돌 것이다.

```
劫     比  傷
庚  辛  辛  壬        丁丙乙甲癸壬
寅  酉  亥  申        巳辰卯寅丑子
        傷
```

앞의 명조와 비슷한 금수(金水) 상관격(傷官格)이다. 상관(傷官)

은 멀고 겁재(劫財)는 가까우니 격국(格局)이 떨어진다. 갑인(甲寅) · 을묘(乙卯) 대운(大運)에 자수성가하여 부를 이루었지만, 정사(丁巳) 대운(大運)에는 정임합(丁壬合)하고 사해충(巳亥沖)하여 식상(食傷)이 무력해지니 군겁(君劫)이 일어나 죽고 말았다.


```
印     傷  比
丁  戊  辛  戊        丁丙乙甲癸壬
巳  午  酉  子        卯寅丑子亥戌
        傷
```


■ 격국(格局) : 상관격(傷官格)이 인수(印綬)가 중하니 신왕(身旺)하다. 상관생재격(傷官生財格)인데 재(財)가 일간(日干)과 멀어 격(格)이 떨어진다. 용신(用神)이 년주(年柱)에 있으면 재물을 일찍 모아도 말년에 탕진하는 경우가 많다.

■ 용신(用神) : 금수(金水)가 용신이고, 식상(食傷)을 극(剋)하는 운을 꺼린다.

■ 대운(大運) : 갑자(甲子) · 을축(乙丑) 대운(大運)에 식재(食財)가 유력하여 발달했다. 그러나 병인(丙寅)운에 병신합(丙辛合)하고 인오합(寅午合)하니 상관(傷官)이 무력해져 패가망신했다.

```
印      食  比
乙  丙  戊  丙        甲癸壬辛庚己
巳  卯  戊  申        辰卯寅丑子亥
        食
```

■ 격국(格局) : 앞 사주와 비슷한데, 재(財)가 년주(年柱)에 있으니 초운에 재물을 얻어도 지키지 못한다는 암시가 있다. 이는 기운이 년주(年柱)에서 시주(時柱)로 흐르는데 역행하기 때문이다.

■ 용신(用神) : 인수(印綬)와 비겁(比劫)이 중하니 식재(食財)가 용신이다.

■ 대운(大運) : 신축임(辛丑壬) 대운(大運)에 사업이 번창했으나, 인(寅)운에 인신충(寅申沖)하여 패가했다.

 상관격(傷官格)이 식상(食傷)만 있고 재성(財星)이 없거나 무력하면 노력에 비하여 성과가 적다.

```
傷      傷  劫
乙  壬  乙  癸
巳  申  卯  亥
```

재(財)가 사신합(巳申合)되어 겁재(劫財)로 화하니, 칠전팔기로 노력하여 경술(庚戌) 대운(大運)에 묘술합(卯戌合)으로 술(戌) 중 재(財)가 동하여 한순간 재물을 얻었다. 그러나 기유(己酉) 대운 (大運)에 다시 탕진하여 물거품이 되었다.

```
傷    傷 食
己  丙 己 戊
丑  戌 未 申
```

이 사주는 식상(食傷)이 많으니 관성(官星)이 무력하고, 년지(年 支)에 재(財)가 있지만 투출(透出)하지 않아 토(土)에 매몰되어 쓸 모가 없다. 재관(財官)이 무력하고 속세에 흥미를 못느껴 중이 되 었다. 재관(財官)이 무력하고 화개살(華蓋殺)이 있으면 승도팔자라 고 할 수 있다.

재물복이 있는 사람은 식상(食傷)이 발달한 경우가 많다. 식신(食 神)은 재물을 지킬 줄 알지만, 상관(傷官)은 재물을 가벼이 여겨 돈을 쉽게 벌고 쉽게 쓰는 경향이 있다. 식신(食神)은 필수품의 소 비이고, 상관(傷官)은 유흥적인 소비를 즐긴다고 할 수 있다.

7장. 양인격(羊刃格)

양인(羊刃)은 장수가 칼을 지닌 것과 같다는 뜻이다. 그만큼 성정이 강건하며 독보적이고, 오직 자신만 믿는 고집불통이라고 할 수 있다. 양인격(羊刃格) 사주는 권력과 형벌을 주관하는 막강한 인물이나, 충효열사와 같은 불세출의 영웅이 많다. 그러나 파격(破格)되면 안하무인·횡포·폭언 등으로 고립되기 쉽다.

양인(羊刃)의 장점은 심지가 굳고 정신력이 강하기 때문에 뜻을 세운 일은 반드시 이루는 경우가 많다. 반면에 결혼생활에는 다소 잡음이 많은 편이다. 자신의 고집만 내세우니 평온할 리가 없다. 요즘 같은 세상에서 양인격(羊刃格) 남자가 성격대로 행동했다가는 온전한 가정을 이루기 어려울 것이다. 또한 여성도 배우자를 제압하려고 드니 남자가 편할 리가 없다. 특히 병오(丙午)·무오(戊午)·임자(壬子)일생은 배우자궁이 양인(羊刃)이니 그 자체로 이런 위험을 안고 있다고 할 수 있다. 오죽하면 양인살(陽刃殺)이라 고까지 하겠는가.

양인격(羊刃格)은 건록(建祿)·월겁격(月劫格)과 용법이 비슷하다. 건록(建祿)에서 한 발 전진한 것이 양인(羊刃)이다. 건록격(建祿格)이 정관(正官)을 용한다면 양인(羊刃)은 칠살(七殺)을 용하고, 건록격(建祿格)이 식신(食神)을 용한다. 양인(羊刃)은 상관(傷官)을 용하는 차이이다. 쉽게 말하면 건록격(建祿格)보다 더 강하기 때문에 극설(剋洩)도 강하게 한다.

양인(羊刃)은 월령(月令)이 강한 겁재(劫財)의 영향으로 재물의 기복이 심하거나, 재물이 안정되면 질병이 찾아오기 때문에 일생 편안하기 어렵다. 양인격(羊刃格)은 그만큼 개성이 뚜렷하고 남다른 성정탓에 극귀극천·극부극빈한 사람들이 많다.

```
比     印 食
庚   庚 己 壬      乙 甲 癸 壬 辛 庚
辰   子 酉 申      卯 寅 丑 子 亥 戌
        刃
```

■ 격국(格局) : 경금(庚金)이 유(酉)월에 태어났으니 양인격(羊刃格)이 되었다. 일원(日元)이 매우 강하나 신자진(申子辰) 수국(水局)을 이루고, 임수(壬水)가 투청(透淸)하여 설기(洩氣)하니 격(格)이 맑다.

■ 용신(用神) : 식신(食神)이 설기(洩氣)하는 용신(用神)이다. 수목(水木)운은 길하고 토(土)운은 흉하다.

■ 대운(大運) : 대운(大運)이 수목(水木)운으로 흐르니 관직에 올라 일생이 평탄했다.

```
印      殺 印
甲  丙  壬 乙        丙丁戊己庚辛
午  戌  午 丑        子丑寅卯辰巳
        刃
```

■ 격국(格局) : 양인격(羊刃格)에 칠살(七殺)이 투출(透出)했지만, 근(根)이 미력하고 재(財)가 없으니 용신(用神)으로 쓸 수 없다. 강한 목화(木火)를 따라야 한다.

■ 용신(用神) : 목화(木火)는 길신이고, 임수(壬水)는 병이 된다.

■ 대운(大運) : 신사(辛巳)·경진(庚辰)운에 살을 생조(生助)하니 흉하고, 기묘(己卯)·무인(戊寅) 대운(大運)에 인오(寅午)·묘술(卯戌) 화국(火局)을 이루니 거부가 되었다. 그러나 병자(丙子) 대운(大運)에 강한 화국(火局)을 거역하니 죽고 말았다.

```
傷　　財殺
丁　甲己庚　　　乙甲癸壬辛庚
卯　寅卯戌　　　酉申未午巳辰
　　　印
```

■ 격국(格局) : 양인격(羊刃格)에 비겁(比劫)이 득세(得勢)하니 살이 무력하다. 재(財)로 살을 돕고자 하나 군겁(君劫)이 심하여 재(財)도 무력하다. 그러나 다행히 상관(傷官)이 투출(透出)하여 재(財)를 생(生)하니 천간(天干)이 빼어난 조화를 이루었다. 만약 식신(食神)과 재(財)의 위치가 바뀌었다면 제살(制殺)을 먼저하여 상격을 이루지 못한다.

■ 용신(用神) : 살을 생조(生助)하는 기토(己土)를 용신(用神)으로 삼는다.

■ 대운(大運) : 계미(癸未)운에 습윤옥토(濕潤沃土)가 되어 관(官)을 생(生)하니 벼슬길에 오르고, 갑신(甲申)·을유(乙酉) 대운(大運)에 살이 통근(通根)하여 명리를 모두 얻었다.

```
劫　　殺食
乙　甲庚丙　　　丙乙甲癸壬辛
丑　申寅寅　　　申未午巳辰卯
```

이 사주는 앞의 명조와 비교하면 건록격(建綠格)인데, 칠살(七殺)을 꺼린다는 점이 다르다. 을경합살(乙庚合殺)하고 식상(食傷)으로 기세가 유통되어 좋으나, 기신(忌神)이 신축(申丑)에 통근(通根)하니 병이 암장(暗藏)되어 불길하다. 신묘(辛卯)·임진(壬辰) 대운(大運)에 병신합(丙辛合)·병임충(丙壬沖)하여 식상(食傷)을 파극(破剋)하니 불운하고, 계사(癸巳)·갑오(甲午)·을미(乙未) 대운(大運)은 화(火)운이라 길하고, 병신(丙辛) 대운(大運)에 인신충(寅申沖)하여 을목(乙木) 겁재(劫財)의 근(根)이 사라지고, 기신(忌神) 경금(庚金)이 득지(得地)하니 흉하다.

```
     印    財 食
①   丁  戊  壬 庚      戊丁丙乙甲癸
    巳  午  午 寅      子亥戌酉申未
            刃


     印    財 傷
②   丙  戊  癸 辛      丁戊己庚辛壬
    辰  申  巳 丑      亥子丑寅卯辰
```

■ 격국(格局) : 양인격(羊刃格)이 신왕(身旺)하고 식재(食財)가 투출(透出)하니 상격인 것 같으나, 재(財)가 근(根)이 없고 식신(食神)이 미력하여 하격이 되었다.

■ 용신(用神) : 식재(食財)가 희용(喜用)이나 극절하여 미력하니 하급이 되었다.

■ 대운(大運) : 계미(癸未)·갑신(甲辛)·을유(乙酉) 대운(大運)은 용신(用神)이 통근(通根)하여 순탄했다. 그러나 병술(丙戌) 대운(大運)에 오술합화(午戌合化)하여 기신(忌神)이 득세(得勢)하니 극처극자했고, 정해(丁亥) 대운(大運)에 인해합(寅亥合)하여 목화(木火)로 변하니 머리깎고 중이 되었다.

②는 건록격(建祿格)인데 천간(天干)의 구조가 양인격(羊刃格)과 비슷하다. 그러나 금수(金水)가 통근(通根)하여 유력하고, 인수(印綬)가 투출(透出)하여 일간(日干)을 도우니 일간(日干)과 격용(格用)이 중화를 이루었다. 평생 사람들의 신망과 추앙을 받으며 평탄했으니, 두 명조를 비교하면 격의 고저와 희기(喜忌)의 차이를 분별할 수 있을 것이다.

```
劫    劫 印
乙 甲 乙 癸      己 庚 辛 壬 癸 甲
亥 戌 卯 未      酉 戌 亥 子 丑 寅
   財 刃
```

■ 격국(格局) : 양인격(羊刃格)이 겁재(劫財)가 중첩되고 관살(官

殺)이 없으니 재(財)의 겁탈이 극에 이르렀다.

■ 용신(用神) : 술(戌) 신금(辛金)으로 비겁(比劫)을 용신(用神)으로 해야 하니 극히 약하다. 대운(大運)이 와도 발복하기 어렵다.

■ 용신(用神) : 북방 수(水)운으로 흘러 겁재(劫財)가 발동했다. 조업을 파하고 아내와도 파하고 자식도 없어 평생 외롭게 살았다.

```
劫    印  劫
己  戊  丁  己      辛壬癸甲乙丙
未  子  丑  未      未申酉戌亥子
        劫
```

이 사주도 식상(食傷)이 없으니 재(財)가 병이 된다. 대운(大運)이 식재(食財)로 흘러 안택하기는 했으나 평생 후손이 없었다.

```
印    官  殺
戊  庚  丁  丙      癸壬辛庚己戊
寅  午  酉  辰      卯寅丑子亥戌
        刃
```

■ 격국(格局) : 양인격(羊刃格)이 관살(官殺)이 투출(透出)하여

경금(庚金)이 약해진 것 같으나, 진토(辰土)로 설화(洩火)하고 생금(生金)하니 중화의 미를 이루었다.

■ 용신(用神) : 토금(土金)으로 생금(生金)하고 식신(食神)으로 제살(制殺)하면 길하다.

■ 대운(大運) : 북방 수(水)운으로 흘러 관살(官殺)을 제살(制殺)하니 명리가 쌍청했다. 양인격(羊刃格)은 일원(日元)이 강하여 관살(官殺)이 유력해야 귀명이 된다. 식상(食傷)이나 살이 없으면 양인(羊刃), 즉 겁재(劫財)가 탈겁이 심하니 가장 꺼린다.


```
傷    傷 比
丁 甲 丁 甲      癸 壬 辛 庚 己 戊
卯 午 卯 午      酉 申 未 午 巳 辰
      刃
```


■ 격국(格局) : 갑목(甲木)이 묘(卯)월에 태어나 양인격(羊刃格)인데, 양기성상격(兩氣成象格)을 이루었다. 토금(土金)이 없고 목화(木火)로만 이루어져 잡되지 않고 순하니 상격이다.

■ 용신(用神) : 기세에 순응하여 목화토(木火土)운은 길하나, 금수(金水)운은 흉하다.

■ 대운(大運) : 남방 화(火)운에 명성을 떨쳤지만 금수(金水)운은
흉하다.

```
食      食  比
戊  丙  戊  丙      甲癸壬辛庚己
戌  午  戌  午      辰卯寅丑子亥
```

■ 격국(格局) : 화토(火土)로만 이루어져 양기성상격(兩氣成象格)
이다. 오술(午戌)이 회합(會合)하여 화국(火局)으로 바뀌니 앞의
명조와 비슷하나 덜 청수하다.

■ 용신(用神) : 기세에 순응하여 화토금(火土金)운은 길하나, 수
목(水木)운은 흉하다.

■ 대운(大運) : 신축(辛丑)운에 관직에 올랐으나 뜻을 펴보지도
못하고 임(壬) 대운(大運)에 사망했다.

```
比      財  比
庚  庚  乙  庚      辛庚己戊丁丙
辰  戌  酉  申      卯寅丑子亥戌
        印
```

■ 격국(格局) : 양인격(羊刃格)에 재(財)가 투출(透出)하고 식상(食傷)이 없어 국(局)이 나쁘고, 을경합금(乙庚合金)으로 화하여 금(金)으로 종(從)하나 진토(辰土)에 통근(通根)하여 순하지 않다.

■ 용신(用神) : 종강격(從强格)이니 토금수(土金水)운은 길하고 목화(木火)운은 흉하다.

■ 대운(大運) : 무자(戊子)·기축(己丑) 대운(大運)은 기세를 순응하니 무방하나, 인(寅) 대운(大運)에 왕신(旺神)과 상충(相冲)하여 죽고 말았다. 무릇 좋은 사주는 양기(兩氣)가 모두 청하여 기(氣)가 흘러야 한다. 식상(食傷)이 없는 종격(從格)도 좋은 국(局)이라고 할 수 없다.

```
食    傷 比
丙 甲 丁 甲        癸 壬 辛 庚 己 戊
寅 辰 卯 寅        酉 申 未 午 巳 辰
      刃
```

■ 격국(格局) : 인묘진(寅卯辰) 방국(方局)을 이루고 갑목(甲木)이 투출(透出)하여 태강(太强)하나, 식상(食傷)으로 유설되니 수기(水氣)가 더욱 빼어나고, 관살(官殺)이 없으니 더욱 청수하다.

■ 용신(用神) : 목화토(木火土)운이 좋고 금수(金水)운은 흉하다.

■ 대운(大運) 분석 : 일찍 관직에 올라 사오미(巳午未) 대운(大運)에는 승승장구했으나, 임신(壬申) 대운(大運)에 기세를 거역하니 낙향하여 교육에 힘썼다.

```
食    食 劫
丁 乙 丁 甲        癸 壬 辛 庚 己 戊
亥 未 卯 寅        酉 申 未 午 巳 辰
      祿
```

앞의 명조와 비슷한 구조이다. 목화(木火)로 기세를 유통하니 기사(己巳) 대운(大運)에 등과하여 명진사해했으나, 임신(壬申) 대운(大運)에 기세를 역행하니 사망했다. 비슷한 사주에 같은 대운(大運)인데 앞의 명조는 관직에서 물러나는 정도이고, 이 명조는 사망한 이유를 알아야 유능한 명리학자라고 할 수 있다.

이유는 정임합(丁壬合)에 있다. 정임합(丁壬合)했으나 양인격(羊刃格)은 병화(丙火)를 남겼고, 건록격(建祿格)은 모두 사라진 것이다. 그러나 결국은 왕목(旺木)을 상충(相沖)하여 흉해졌는데, 이는 양간(陽干)과 음간(陰干)의 차이이다. 양간(陽干)은 강하기 때문에 쉽게 흔들리지 않으나, 음간(陰干)은 약하기 때문에 충(沖)의 파장이 크다는 것도 생각해 볼 수 있다. 이렇게 미세한 차이로 생사가 달라지니 어찌 명운을 함부로 다루겠는가.

```
食   官 傷
丁 乙 庚 丙        丙乙甲癸壬辛
亥 卯 寅 辰        申未午巳辰卯
      劫
```

■ 격국(格局) : 지지(地支)에 목국(木局)을 이루어 신강(身强)하다. 상관견관(傷官見官)이라 꺼릴 것 같지만 경금(庚金)이 무근(無根)이라 식상(食傷)을 쓰니 오히려 탁기를 제거한 격이 되었다.

■ 용신(用神) : 목화(木火)운은 길하고, 토금(土金)운은 관(官)을 생(生)하니 좋지 않다.

■ 대운(大運) : 남방 화(火)운으로 흘러 학계에서 거성이 되었다.

```
食   殺 官
丙 甲 庚 辛        甲乙丙丁戊己
寅 辰 寅 卯        申酉戌亥子丑
```

이 명조도 일원(日元)이 신왕(身旺)하니 목화(木火)로 설기(洩氣)해야 한다. 관살(官殺)이 무근(無根)하여 도리어 병이 된다. 기세를 쫓아 수목화(水木火)운을 기뻐하지만 재(財)운은 꺼린다.

```
傷   殺殺
丁 甲 庚 庚        丙乙甲癸壬申
卯 寅 辰 寅        戌酉申未午巳
```

　앞의 명조와 비슷하나, 월령(月令)이 재격(財格)이기 때문에 용법
은 다르다. 재격(財格)에 칠살(七殺)이 투출(透出)했으나 일간(日
干)이 강하고 살이 미력하니 재자약살격(財滋弱殺格)이다. 그러니
앞의 명조와는 반대로 관살(官殺)운을 기뻐하고 화(火)운을 꺼린
다. 신유(申酉) 대운(大運)에 관직에 올랐으나 병술(丙戌) 대운(大
運)에 물러나 낙향했다. 이 명조만 보더라도 격국(格局)의 중요성
을 알 수 있을 것이다. 격국(格局)을 모르면 두 명조의 희기(喜忌)
를 구분할 수 없을 것이다.

```
殺   傷 比
庚 甲 丁 甲        癸壬辛庚己戊
午 寅 卯 子        酉申未午巳辰
```

　이 사주도 목화통명(木火通明)으로 칠살(七殺)이 있지만, 무근(無
根)하니 상관(傷官)으로 설기(洩氣)하는 용신(用神)을 삼는다. 일
찍 관직에 올라 출세했으나 임신(壬申) 대운(大運)에 정임합(丁壬

合)하여 왕신(旺神)을 충극(沖剋)하니 화를 피하지 못했다.

지금까지 살펴보았듯이 월겁격(月劫格)이든 양인격(羊刃格)이든 신강(身强)한데 식상(食傷)과 관살(官殺)이 투출(透出)하면 주로 식상(食傷)을 취하고, 관살(官殺)을 꺼린다는 것을 명심해야 한다.

```
印    食 官
甲 丙 戊 癸      壬癸甲乙丙丁
午 辰 午 酉      子丑寅卯辰巳
      刃
```

■ 격국(格局) : 병화(丙火)가 월령(月令)과 시지(時支)에서 양인 (羊刃)을 얻어 신강(身强)하다. 무토(戊土)로 설기(洩氣)하거나 계수(癸水)로 조후(調候)해야 하는데, 무계합(戊癸合)하여 파격(破格)이 되었다.

■ 용신(用神) : 신강(身强)하니 토금(土金)이 희용신(喜用神)이다. 진토(辰土)로 유금(酉金)을 생조(生助)하려고 하나 오화(午火)가 막고 있어 합(合)하지 못하니 하격이 되었다.

■ 대운(大運) : 운이 목화(木火)운으로 거꾸로 향하니 일생 풍파가 많았다.

```
劫    印 比
丙 丁 乙 丁        己庚辛壬癸甲
午 丑 巳 酉        亥子丑寅卯辰
     劫
```

■ 격국(格局) : 앞의 명조와 비슷한 구조이다. 정화(丁火)가 사(巳)월에 태어나고 인비(印比)가 중하니 신강(身强)하고 화왕(火旺)하여 조열하니, 축토(丑土)로 용신(用神)을 삼는다.

■ 용신(用神) : 식신(食神)과 재(財)는 가까이 있어야 양기(陽氣)가 쌍청하여 좋은 국(局)을 이룬다. 앞의 명조는 오화(午火)가 진유합(辰酉合)을 방해하지만, 이 명조는 사유축합(巳酉丑合)을 이루니 장애가 없어 용신(用神)이 유정하다.

■ 대운(大運) : 금수(金水) 대운(大運)으로 흐르니 명리가 쌍청하여 일생 풍파없이 순탄했다.

두 가지 기운이 형상을 이루어야 귀하게 되는 경우는 조후용신(調候用神)도 마찬가지이다.

戊　戊　戊　戊
午　戌　午　子
　　刃

　화염토조(火焰土燥)하여 수(水)로 보습해야 하는데, 자오충(子午
沖)으로 오히려 왕화(旺火)를 건드려 사라지니 무용지물이 되었다.

戊　戊　戊　戊
午　子　午　申

　자수(子水)가 신금(辛金)이 있어 생조(生助)하니 앞의 명조보다
좋다고 할 수 있다.

8장. 건록(建祿)·월겁격(月劫格)

　건록(建祿)·월겁격(月劫格)이란 월령(月令)이 일간(日干)의 녹지(祿地)나 겁재(劫財)를 말하며, 천간(天干) 비겁(比劫)은 건록(建祿)이라 하지 않는다. 건록(建祿)과 월겁(月劫)을 구분하면 양간(陽干) 비견(比肩)은 건록(建祿)이고, 음간(陰干) 비겁(比劫)은 월겁격(月劫格)이다.

　양간(陽干)의 겁재(劫財)는 강하기 때문에 양인격(羊刃格)으로 별도로 구분한다. 음간(陰干)의 겁재(劫財)를 양인(羊刃)이라 하지 않고, 월겁격(月劫格)으로 구분하는 것은 음(陰)의 성정 자체가 아무리 과하게 생조(生助)하여도 본래의 유순함을 잃지 않기 때문이다. 그러나 비록 용법은 달라도 음간(陰干)도 겁재(劫財)를 얻으면 양인(羊刃)의 속성이 있으니 무조건 유순하다고 할 수는 없다.

　신약(身弱) 사주이면 양인(羊刃)도 건록(建祿)의 복을 나타내고,

신강(身强) 사주이면 건록(建祿)도 양인(羊刃)의 속성을 나타낸다. 따라서 단순히 의미에 치중하지 말고 사주 전체의 왕쇠(旺衰)를 보고 판단해야 한다.

건록(建祿)·월겁격(月劫格)은 월령(月令)에 재관인식(財官印食)이 없기 때문에 투출(透出)한 것을 격(格)으로 삼는다. 정관(正官)이 투출(透出)하면 정관격(正官格)과 비슷하고, 재(財)가 투출(透出)하면 재격(財格)과 비슷하다.

건록(建祿)·월겁격(月劫格)은 겁재성(劫財星)이기 때문에 재(財)보다는 정관(正官)을 기뻐하고, 인수(印綬)로 거스르지 않거나 식상(食傷)으로 설기(洩氣)함을 기뻐한다. 물론 재(財)가 있어도 식상(食傷)으로 설기(洩氣)하며 관살(官殺)로 보호하면 길격이 되지만, 재물산실은 여전히 많은 편이다.

신약(身弱) 사주이면 녹지(祿地)는 희신(喜神)이기 때문에 은덕이 많다고 할 수 있다. 녹(祿)을 월령(月令)에서 보면 건록(建祿)이고, 일지(日支)에서 보면 전록(專祿)이고, 시지(時支)에서 보면 귀록(歸祿)이고, 년지(年支)에 보면 세록(歲祿)이라고도 한다. 년지(年支)는 조상덕, 월지(月支)는 부모덕, 일지(日支)는 아내덕, 시지(時支)는 자식덕이 많다고 할 수 있다.

건록(建祿)·월겁격(月劫格)은 월령(月令)에서 녹(祿)을 얻어 신강(身强)한 경우가 많으니, 재관(財官)을 수용할 수 있어 그만큼 성공할 가능성이 높다고 할 수 있다.

```
官      財 殺
戊  癸  丙 己        庚辛壬癸甲乙
午  未  子 酉        午未申酉戌亥
        比
```

■ 격국(格局) : 계수(癸水)가 자(子)월에 태어나 왕한 것 같으나, 재살(災殺)이 투출(透出)하고 재(財)가 살을 생(生)하니 격(格)이 약해졌다. 관살(官殺)이 강하면 권모술수가 능하고 상관(傷官)에 대한 아부가 지나친데, 재(財)가 투출(透出)했으니 욕심이 지나쳐 언제든 화를 부를 것이다.

■ 용신(用神) : 관(官)을 화살(化殺)하는 인수(印綬)가 용신(用神)인데, 년지(年支)에 있어 일간(日干)과 무정하니 하격이다.

■ 대운(大運) : 계유(癸酉)·임신(壬申) 대운(大運)에 관직에도 등용되며 발달했지만, 미(未) 대운(大運)에 재관(財官)이 통근(通根)하니 파직되고 화를 당했다.

```
印      印 比
辛  壬  辛 壬
丑  子  亥 寅
        比
```

■ 격국(格局) : 임수(壬水)가 해(亥)월에 태어나 건록격(建祿格)인데, 천간(天干)의 금수(金水)가 청하고 해자축(亥子丑) 수국(水局)을 이루니 수세(水勢)가 득세(得勢)하다. 다행히 인목(寅木)으로 유설되어 수(水)의 범람을 막아 격(格)이 청하다. 그러나 기류가 역행하여 인목(寅木)이 시지(時支)에 있는 것보다는 못하다.

■ 용신(用神) : 금수목(金水木)운으로 순응하면 길하고, 토화(土火)운은 꺼린다.

■ 대운(大運) : 갑인(甲寅)·을묘(乙卯) 대운(大運)에 관직에 올라 평탄하고, 정사(丁巳) 대운(大運)은 천극지충(天剋地沖)하기 때문에 흉하다.

```
官        劫 殺
乙   戊   己 甲        乙甲癸壬辛庚
卯   辰   巳 辰        亥戌酉申未午
          祿
```

■ 격국(格局) : 무토(戊土)가 사(巳)월에 태어나 건록(建祿) 인수격(印綬格)이다. 건록(建祿)을 얻었으니 신강(身强)하고, 관살(官殺)이 투간(透干)했지만 갑기합(甲己合)으로 합살유관(合殺留官)하여 청하니 상격이 되었다.

■ 용신(用神) : 일간(日干)이 신왕(身旺)하니 관(官)을 생조(生助)하는 재(財)가 용신(用神)이 된다.

■ 대운(大運) : 임신(壬申)·계유(癸酉)운에 재생관(財生官)하여 벼슬에 올랐다. 그러나 을해(乙亥) 대운(大運)에 건록(建祿)을 충(沖)하여 중화를 잃으니 흉하다.

```
傷       官 比
辛  戊  乙 戊        辛庚己戊丁丙
酉  戌  丑 辰        未午巳辰卯寅
        劫
```

■ 격국(格局) : 무토(戊土)가 축(丑)월에 태어나 월겁격(月劫格)이다. 신금(辛金)과 정관(正官)이 투출(透出)하여 청하지 않으니 부는 있어도 귀는 없다.

■ 용신(用神) : 정관(正官)이 을목(乙木)이 미력하여 오히려 병이 되고, 신금(辛金)이 설기(洩氣)하는 용신(用神)이 된다. 토금수(土金水)운이 길하고, 관살(官殺)과 인수(印綬)는 꺼린다.

■ 대운(大運) : 병인(丙寅)·정묘(丁卯)는 신금(辛金) 용신(用神)을 극(剋)하고, 관살(官殺)이 근(根)을 얻으니 고생이 많았으나, 무

진(戊辰)·기사(己巳)운에 흐름을 쫓아 큰 부자가 되었다. 그러나 오미(午未) 대운(大運)은 식상(食傷)을 극(剋)하니 꺼린다.

```
印        財 財
乙  丙  辛  庚        丁丙乙甲癸壬
未  辰  巳  申        亥戌酉申未午
        祿
```

■ 격국(格局) : 병화(丙火)가 녹지(祿地)에 태어났으니 신강(身强)한 것 같으나, 재(財)가 유력하여 도리어 약해졌다. 인수(印綬)로 생조(生助)해야 하는데 재(財)가 투청(透淸)하여 나쁜 형국이나, 병화(丙火) 일간(日干)이 제극(制剋)하여 격(格)이 맑아졌다.

■ 용신(用神) : 을목(乙木)이 용신인데 일원(日元) 가까이 있어 유정하니 상급이 되었다.

■ 대운(大運) : 갑신(甲申)·을유(乙酉) 대운(大運)은 재(財)가 유력하여 불운했으나, 병술(丙戌) 대운(大運)에는 사업에 성공하고, 정해(丁亥) 대운(大運)에도 발달했다. 해(亥) 대운(大運)은 사해충(巳亥沖)하여 꺼릴 것 같으나, 인수(印綬)가 통근(通根)하니 나쁘지 않다. 만약 재다신약(財多身弱)인데 비겁(比劫)이 용신(用神)이면 어찌 사해충(巳亥沖)이 길하겠는가. 사신합(巳辛合)하니 일간

(日干)이 을목(乙木)을 의지한다는 것을 알아야 한다.

```
殺     劫 官
壬  丙  丁 癸        申壬癸甲乙丙
辰  午  巳 酉        亥子丑寅卯辰
        祿
```

■ 격국(格局) : 병화(丙火)가 녹지(祿地)에 태어나 양인(羊刃)을 얻어 신강(身强)하다. 관살(官殺)이 혼잡되었으나 합살유관(合殺留官)하였다. 건록(建祿)과 양인(羊刃)을 얻으면 태강(太强)하니 혼잡을 크게 꺼리지 않는다.

■ 용신(用神) : 신강(身强)하니 금수(金水)로 희용(喜用)하고, 일원(日元) 가까이 있어 유정하니 상급이다.

■ 대운(大運) : 대운(大運)이 북방 수(水)운으로 흘러 일찍 벼슬을 얻고 명리쌍청했다.

```
印     印 印
壬  甲  壬 壬        戊丁丙乙甲癸
申  寅  寅 寅        申未午巳辰卯
```

■ 격국(格局) : 이 명조는 구조가 매우 특이하다. 갑목(甲木)이 삼인목(三寅木)에 통근(通根)하고, 신(申) 임수(壬水)가 삼천간(三天干)에 투출(透出)하였다. 따라서 수목(水木)이 태강(太强)한 종격(從格)으로 볼 수 있다. 흉한 것은 인신충(寅申沖)으로 간지(干支)가 서로 호응하지 못하여 탁명이 된 것이다.

■ 용신(用神) : 수목(水木)으로 종(從)하는 사주이니 화토(火土)운을 꺼린다.

■ 대운(大運) : 병(丙) 대운(大運)에 강한 수화(水火)가 서로 싸우니 패가망신하고 후사를 두지 못했다. 인신충(寅申沖)이 강한 목(木)을 충극(沖剋)하여 도리어 화근이 된 것이다.

```
財  傷  劫
壬  戊  辛  己      戊丁丙乙甲癸壬
戌  辰  未  酉      寅丑子亥戌酉申
```

■ 격국(格局) : 무토(戊土)가 미(未)월에 태어나 일시(日時)에 통근(通根)하니 신강(身强)하다. 재(財)가 투출(透出)하여 식상(食傷)이 생조(生助)하니 상격이다.

■ 용신(用神) : 식재(食財)가 희용(喜用)이니 비겁(比劫)운을 꺼

린다.

■ 대운(大運) : 계유(癸酉) 대운(大運)에 남편이 등과했으나, 갑술(甲戌) 대운(大運)에 사망하여 수절하면서 아들을 훌륭하게 키워 칭송이 자자했다. 진술충(辰戌沖)·술미형(戌未刑)으로 암장(暗藏)된 관성(官星)이 모두 사라지니 부성(夫星)이 사라진 것이다.

```
官  食  印
甲  己  辛  丙        丁 丙 乙 甲 癸 壬
子  卯  丑  戌        未 午 巳 辰 卯 寅
```

■ 격국(格局) : 기토(己土)가 축(丑)월에 태어나 신강(身强)한 것 같으나, 재관(財官)이 득세(得勢)하여 약해졌다. 천간(天干) 병화(丙火)가 투출(透出)하여 조후(調候)와 억부(抑扶)를 병용하는 귀명인 것 같으나, 병신합(丙辛合)하여 탁명이 되었다.

■ 용신(用神) : 병화(丙火)가 용신(用神)이나 합(合)하여 용신(用神)이 무력하다.

■ 대운(大運) : 사오미(巳午未)운으로 흘러 부를 얻고 성공도 했다. 이 명조는 정관(正官)과 정인(正印)이 투출(透出)하니 겉으로는 방정하며 인품이 있어 보이나, 인수(印綬)가 변질되어 정관(正

官)에 굴복하며 아첨을 일삼는다. 또 식신(食神)이 병이기 때문에 권모술수로 부정하게 재물을 모은다. 사주로 인품을 평가하는 것은 어려운 일이나, 순탁의 기운을 감지하면 알 수도 있다. 가장 쉬운 방법은 조후(調候)를 살피는 것이다. 길신을 버리고 흉신을 취하면 탁명이 된다.

```
比    殺 印
戊  戊 甲 丁      戊 己 庚 辛 壬 癸
午  戌 辰 酉      戌 亥 子 丑 寅 卯
```

■ 격국(格局) : 무토(戊土)가 세력을 얻어 신강(身强)하다. 칠살(七殺)이 진(辰)에 통근(通根)했으나 진유합(辰酉合)하여 식신(食神)으로 제살(制殺)되고, 근(根)이 미력하니 유금(酉金)이 설기(洩氣)하는 용신(用神)이 된다.

■ 용신(用神) : 유금(酉金) 용신(用神)이 일간(日干)과 멀리 떨어져 있으나, 진유합(辰酉合)으로 불러오니 진토(辰土)가 마치 일간(日干)과 용신(用神)의 중매를 서는 것과 같다. 그러나 진유합(辰酉合)이 제살(制殺)하는 미덕이 없다면 결코 상격이 될 수 없다.

■ 대운(大運) : 계묘(癸卯) 대운(大運)에 묘유충(卯酉沖)하니 흉하고, 임인(壬寅) 대운(大運)에 인오술합(寅午戌合)하여 유금(酉

金)을 극하니 흉했다. 그러나 신축(辛丑)운에 용신(用神)이 투출(透出)하여 벼슬길에 오르고, 경자(庚子)·기해(己亥)·무술(戊戌) 대운(大運)에도 승승장구했다.

```
官 財 印
壬 丁 庚 甲        丙乙甲癸壬辛
寅 亥 午 申        子亥戌酉申未
```

■ 격국(格局) : 천간(天干)이 모두 건록(建綠)을 얻은 묘한 구조이나, 일원(日元)이 녹(祿)을 얻어 신왕(身旺)하니 재관(財官)을 감당할 수 있다.

■ 용신(用神) : 재관(財官)이 모두 유력하니 어떤 운도 꺼리지 않는다. 그러나 일간(日干)의 녹지(祿地)인 오화(午火)를 충(沖)하면 중화를 잃어 흉하다.

■ 대운(大運) : 일찍 등과하여 높은 벼슬까지 올랐다가, 병자(丙子) 대운(大運)에서 자오충(子午沖)하니 물러나 귀향했다.

```
財     財 比
甲 庚 甲 庚
申 子 申 子
```

신자합(申子合)으로 겁재(劫財)가 식신(食神)으로 변하고, 간지 (干支)가 호응하여 식상생재(食傷相生)를 이루니 더욱 빼어나다.

```
     食   食比     食
 ①  丙 甲 丙 甲  ②  庚 庚 庚 癸
    寅 子 寅 子     辰 子 申 卯
```

①은 목화통명(木火通明)이고, ②는 금수상함(金水相涵) 사주이다. 월겁격(月劫格)에서 목화통명(木火通明)과 금수상함(金水相涵)은 재관(財官)이 없어도 더 총명하고 부귀하게 된다.

제Ⅲ부. 실전응용편

실전응용편은 직업론·결혼론·부귀론·수명론·질병론·성정론·운세론으로 엮어 보았다. 개인마다 운명에 대한 관심사가 다르겠지만 대개 이 주제에서 많이 벗어나지는 않을 것이다.

명리학(命理學)이 학문으로서의 효용과 가치를 인정받으려면 유용한 정보를 제공할 수 있어야 한다. 그러기에 앞서 신뢰할 수 있는 적중도가 관건이다. 아무리 문장이 화려하고 이론이 그럴듯해도 적중도가 낮다면 사상누각에 불과한 학문이 될 것이다. 이론만 답습하고 실전에 약한 분들은 본 편만 주의 깊게 연구해도 실전적인 지식과 감각을 체득하는데 도움이 될 것이다.

운명이란 전생의 업을 통하여 이생에서 결실을 맺는 것이니, 인과응보요 자업자득이라고 할 수 있다. 고로 남 잘되는 것을 보면서 배아파할 필요가 없다. 팔자에 없는 재물이라면 일확천금이 들어와도 화를 초래할 것이고, 관직에 올라도 귀하지 못한 팔자라면 불명예로 되돌아 올 것이다. 그래서 팔자는 진실하고 정직하다고 하는 것이다.

필자가 가장 안타까운 것은 일부 역학인들이 명리학(命理學)을 스스로 부정한다는 것이다. 이유는 실전에서 적중하지 못한다는 것이다. 과연 그럴까. 처음부터 명리학(命理學)으로는 불가능한 영역까지 남용하다 실망한 것은 아닐까. 아니면 원리를 깨우치지 못하고 함부로 지껄이는 것은 아닐까.

물론 모든 학문이 그렇듯이 세상사를 오직 명리학(命理學)만을 통해서 알 수는 없다. 허나 분명히 명리학(命理學)이 아니면 절대로 알 수 없는 부분들이 있다. 필자는 이 책으로 명리학(命理學)의 증험함과 가치를 새롭게 깨달을 수 있을 것이라고 확신한다.

1장. 육친론(六親論)

　육친론(六親論)은 가족간의 희기(喜忌)를 살펴보는 것이다. 똑같은 팔자로 태어나도 부모의 신분에 따라 성장환경이 다르고, 배우자에 따라 결혼생활이 다르며, 자식에 의하여 노후생활이 달라진다. 이것은 운명이 무조건 정해져 있다기 보다는 개인의 선택과 노력에 따라 얼마든지 변화할 수 있다는 것을 의미한다.

　그러니 여자가 남자를 잘 만나면 팔자를 고친다는 말도 있지 않는가. 필자는 운명을 바꾸는 가장 효과적인 방법은 좋은 인연과 연분을 맺는 것이라고 생각한다. 그러니 결혼은 인륜지대사라고 하여, 두 번 태어나는 것이라고 말하기도 하는 것이다.

　형제덕은 신뢰할 정도는 아니지만 비겁(比劫)을 살펴보고, 조부·조모는 영향력이 적다고 생각할 수 있으나 조상이 잘 되어야 자손이 잘 된다는 말도 있듯이 운명학적으로 전혀 간과할 수는 없다.

가령 조상의 음택이 잘못되면 후손에게 흉액이 드는 경우가 종종 있다. 이는 풍수학의 영역이지만 사주만 봐도 대략 조상음택의 상태를 짐작할 수 있다. 사주에서 조상궁이 나쁘면 묘를 잘못쓰게 되고, 후손이 흉액을 당하는 경우가 많다. 이유없이 흉액이나 악재가 속출한다면 조상궁을 살펴 음택의 여부를 고려해 볼 필요가 있다.

육친성(六親星)으로 조부는 편인(偏印), 조모는 상관(傷官), 아버지는 편재(偏財), 어머니는 정인(正印), 형제는 비겁(比劫)이고, 자식은 남자는 관성(官星), 여자는 식상(食傷)으로 살핀다.

또 년주(年柱)는 조상궁이고, 월주(月柱)는 부모형제궁이고, 일시주(日時柱)는 배우자와 자식궁이 된다. 육친운의 희기(喜忌)는 육친성(六親星)과 궁(宮)을 같이 활용하면 적중률이 더 높아는데, 육친성(六親星)보다는 궁(宮)의 비중이 더 높다고 할 수 있다.

1. 부모덕 추론하는 법

부모덕이 있다는 것은 부모에게 물질적으로 도움을 받거나, 두 분이 화목하여 좋은 환경을 만들어주는 것을 의미한다. 마음에서 존경심이 우러나도록 해주는 것도 지대한 덕이라고 할 수 있다. 반면에 부모덕이 없다는 것은 부모가 물질적·정신적으로 큰 부담을 주거나, 초년에 이혼하여 환경적·정서적으로 불안감을 주거나, 일찍 사별하는 경우 등이다.

부모는 자신의 근본이니 재능·습관·성품·올바른 가치관을 형성하는데 큰 영향을 준다. 그래서 월지(月支)에서 격국(格局)도 정하는 것이다. 월주(月柱)가 길신이면 가정환경이 어려서부터 좋아 유리한 측면이 많고, 부모덕의 유무에 따라 인생의 성패에 많은 영향을 주는 것이 사실이다. 그러나 사주를 보는 사람들은 대개 성인이기 때문에 통변(通辯)할 때는 그리 중요하게 다루지 않는다.

— 재(財)와 인(印)이 상극(相剋)하면 부모덕이 없다.
— 월주(月柱)가 재성(財星)이면서 기신(忌神)이면 부모덕이 없다.
— 월주(月柱)가 인성(印星)이면서 기신(忌神)이면 부모덕이 없다.
— 월주(月柱)가 비겁(比劫)이나 양인(羊刃)이면서 기신(忌神)이면 부모덕이 없다.
— 월주(月柱)가 희용신(喜用神)이면 부모덕이 있다.
— 인성(印星)이나 재성(財星)이 길신이면 부모덕이 있다.
— 년월주(年月柱)의 인성(印星)이 길신이면 어머니덕이 있고, 재성(財星)이 길신이면 아버지덕이 있다.
— 년월주(年月柱)가 상극(相剋)하면서 기신(忌神)이면 부모덕이 없다.
— 초운 대운(大運)이 나쁘면 부모덕이 없다.
— 년월간지(年月干支)가 공망(空亡)이나 형충(刑沖)되면 조상덕과 부모덕이 모두 없다.
— 년월지(年月支)는 조상궁·부모궁이기 때문에 형충(刑沖)이 공

망(空亡)되면 부모덕이 없다. 이때 재성(財星)이 공망(空亡)이면 아버지는 무덕하나, 인성(印星)이 공망(空亡)이면 어머니덕이 없다.
— 공망(空亡)은 희기(喜忌)를 보고 살펴야지 무조건 나쁘게 판단하면 안된다. 길신이 공망(空亡)이면 길함이 감소되고, 흉신이 공망(空亡)이면 흉함이 감소된다.

 년월(年月)이 상충(相沖)되면 조부와 아버지가 불합하거나 무정하니, 아버지가 조상의 유업을 받들지 못한다. 근묘(根苗)가 손상되는데 어찌 꽃(花)을 맺고 열매(實)를 얻을 수 있겠는가. 년월일시(年月日時)에 따른 근묘화실(根苗花實)은 사주의 초석이 된다.
 만약 년간(年干)과 시간(時干)에 모두 희용신(喜用神)이 있으면 능력 이상의 재능을 발휘하고, 반드시 노력하는 바를 이룬다. 이는 조상의 음덕이 지대하기 때문이다. 다시 말하면 년주(年柱)는 조상의 뿌리이니 결실은 손자인 자신이 맺는 것이다.
 년주(年柱)가 비록 일간(日干)과 멀리 있어 억부법(抑扶法)에서는 근(根)의 작용력이 미력하나, 희용신(喜用神)이면 조상의 유업을 받들거나 평생 보이지 않는 음덕이 따르고, 어려울 때는 귀인의 도움을 받는 경우가 많다.

2 형제덕 추론하는 법

2 형제덕 추론하는 법

형제덕의 유무는 별로 영향력이 없어 비중있게 다루지 않는다. 또 적중도도 낮은 편이니 연연할 필요는 없다. 월지(月支)가 부모궁이면서 형제궁이니 부모덕이 좋으면 형제덕도 무난하다고 본다.

— 비겁(比劫)이 기신(忌神)이면 형제와 반목하고 덕이 없다.
— 비겁(比劫)이 무근(無根)하고 절지(絶地)에 임하면 단명하는 형제가 있다.
— 비겁(比劫)이 태왕(太旺)하여 용신(用神)이 무력하면 형제덕이 없다.
— 군겁쟁재격(君劫爭財格)은 형제간에 쟁탈한다.
— 월일주(月日柱)가 상충(相沖)하면 형제간에 무덕무정하다.
— 비겁(比劫)이 기신(忌神)을 합거(合去)하면 덕이 있고, 합형충(合刑沖)되어 무력하면 단명하거나 덕이 없다.
— 비겁(比劫)이나 월지(月支)가 공망(空亡)되면 형제덕이 없다.
— 월지(月支)에 투출(透出)한 오행(五行)이 기신(忌神)이면 형제덕이 없고, 용신(用神)이면 형제가 많으면서 우애가 깊다.

월지(月支)는 부모궁이고, 월지(月支)에서 투출(透出)한 오행(五行)은 부모가 낳은 자식으로 나에게는 형제이다. 따라서 길신이면 형제덕이 있는 것으로 본다.

3. 배우자덕 추론하는 법

누구나 좋은 배우자를 만나 행복한 가정을 이루는 것을 꿈꿀 것이다. 생계에 대한 노력도 가정을 지키기 위한 것으로, 배우자덕이 좋으면 재물운도 따르고 출세도 따른다. 설사 생계가 불안하여도 가정이 화목하다면 최상의 배우자를 만났다고 할 수 있을 것이다.

— 일지(日支)가 격국(格局)을 보필하거나 용신(用神)을 생조(生助)하면 배우자가 매우 협조적이고 내·외조의 공이 있다.

— 일주(日柱)나 시주(時柱)의 재성(財星)이 길신이면 아내덕으로 출세한다.

— 일주(日柱)나 시주(時柱)의 관성(官星)이 길신이면 남편이 출세한다.

— 사주 배합상 배우자성인 재관(財官)이 기신(忌神)이거나 극충(剋沖)으로 무력하면 배우자덕이 없고, 길신이면서 유력하면 배우자덕이 있다.

— 일시(日時)가 충형(沖刑)하면 배우자와 이별수가 있고, 여기에 공망(空亡)까지 들면 독신자가 되거나 결혼이 매우 늦고, 설사 결혼을 해도 사별할 수가 있다.

이밖에 관살혼잡(官殺混雜)·재성혼잡(財星混雜)·명암부집(明暗夫集)·제살태과(制殺太過)·재다신약(財多身弱)·군겁쟁재(君劫

爭財)·상관견관(傷官見官)·관성입묘(官星入墓)·부성입묘(夫星
入墓) 등도 배우자의 희기(喜忌)와 관계가 있다. 배우자덕의 유무
는 사람들에게 가장 관심있는 주제의 하나이니, 각별한 연구와 노
력을 기울일 필요가 있다.

4. 자식덕 추론하는 법

 자식덕이 있다는 것은 무탈하게 성장하여 출세도 하고 부모와 화
목하게 지내는 것을 말한다. 과거에는 자식의 수나 아들을 낳는 것
으로 보았으나, 오늘날에는 굳이 딸아들을 구별하지 않고, 또 인위
적으로 가족계획을 하기 때문에 기준이 달라졌다. 반대로 자식덕이
없다는 것은 자식을 낳지 못하거나 자식이 쇠약하여 병에 시달리
거나 단명하는 경우라고 할 수 있다.

— 시주(時柱)의 간지(干支)가 모두 희용신(喜用神)이면 자식덕이
   있다.
— 여명은 일시(日時)의 식상(食傷)이 흉신이면 자식때문에 고생
   하고, 남명은 일시(日時)의 관살(官殺)이 흉신이면 자식때문에
   고생한다.
— 자식성인 식상(食傷)과 관성(官星)이 근(根)이 없거나 미력하면
   자식이 발달하지 못한다.

— 여명이 효신탈식(梟神奪食)이 되면 무자팔자이거나 자식이 단명하고, 일시(日時)에 화기(火氣)가 강하고 수기(水氣)가 미력하면 유산・낙태가 따른다.

— 일지(日支)에 투출(透出)한 오행(五行)이 길신이면 자식덕이 있고, 흉신이면 자식덕이 없다. 일지(日支)는 아내궁이니 투출(透出)한 오행(五行)을 자식으로 본다.

— 일시(日時)에 백호(白虎)・귀문(鬼門)・원진(怨眞)・형(刑)・충(沖)・공망(空亡) 등의 흉살이 중첩되면 자식이 흉사・객사・정신이상・불구자가 되거나 유산이나 낙태가 잦을 수 있다.

자식궁인 일시(日時)에 유독 흉살의 작용이 강하게 나타나는데 그만큼 자식농사가 어렵다는 것을 의미한다. 시주(時柱)가 길신이면 근묘화실(根苗花實)의 결실을 이루는 것과 같아 성공하는 사람들이 많고, 더불어 자식덕도 보니 금상첨화라 할 수 있겠다.

2장. 성격론

1. 성격 추론하는 법

학자들의 견지로 성격을 한마디로 정의하면 '개인을 특정짓는 지속적이고 일관된 행동양식'이다. 또한 생리적·유전적·심리적·사회적 관점으로 구분짓기도 하는데, 이러한 요소의 총체적 결합체를 성격이라고 정리할 수 있다.

성격이 뚜렷하여 구분이 명확한 상태를 개성이라 하고, 성격은 개성을 포함한다고 할 수 있다. 성격을 체크하는 방법이 다양하게 시도되었지만 역학에서만큼 정밀하게 다루지는 못할 것이다. 사주를 보면 타고난 선천적인 요소와 후천적으로 변화되는 과정을 근묘화실(根苗花實)법으로 간파할 수 있고, 사회성도 살펴볼 수 있다. 따라서 성격을 토대로 적성·직업·관심분야까지 추론할 수 있다.

역학적으로 성격이 좋다는 것은 내적 선악이 배제된 사회성에 초점을 두어야 한다. 자신이 아무리 성격이 좋다고 떠들어봐야 알아주지도 않고 의미도 없다. 사회적 측면에서는 남에게 아무 자극을 주지 못하는 것은 성격이라고 볼 수 없다. 남에게 각인될 수 있도록 어느 정도 개성에 근접한 고유한 것이 곧 자신의 성격이라고 볼 수 있다. 역학적으로 성격의 장애·파탄·차이를 분석할 수 있다면 결혼이나 사회생활까지도 짐작할 수 있을 것이다.

성격은 크게 내적성향과 외적성향으로 구분할 수 있다. 겉으로 드러나는 두드러진 성격은 천간(天干)에서 나타나고, 내적이며 잠재적인 성향은 지지(地支)에서 나타난다.

■ 외향적인 성격
― 신강(身强) 사주는 활동적이며 자신감이 넘친다.
― 목화(木火) 기운이 강하면 적극적이며 리더십이 있다.
― 양간(陽干)이 많으면 의욕과 열정이 넘친다.

■ 내향적인 성격
― 신약(身弱) 사주는 매사에 신중하며 조심한다.
― 금수(金水) 기운이 강하면 점잖고 차분하다.
― 음간(陰干)이 많으면 행동이 느리며 우유부단하다.

■ 연령에 따른 성격
― 년주(年柱)는 0~20세, 년간(年干) 십성(十星)은 외적인 성격, 년지(年支)는 내적인 성격을 나타낸다.

— 월주(月柱)는 20~40세, 월간(月干) 십성(十星)은 외적인 성격,
  월지(月支)는 내적인 성격을 나타낸다.

— 일주(日柱)는 40~60세, 월간(月干) 십성(十星)은 외적인 성격,
  일지(日支)는 내적인 성격을 나타낸다.

— 시주(時柱)는 60세 이후, 시간(時干) 십성(十星)은 외적인 성격,
  시지(時支)는 내적인 성격을 나타낸다.

　일주(日柱)는 십성(十星) 표출이 안되기 때문에 월간(月干)의 성
향에서 일지(日支)의 십성(十星)과 조화하여 새로운 성정이 형성
된다. 일지(日支)의 배우자를 만나 살아가는 과정에서 서로의 성향
을 닮는다고 할 수 있다.

　지지(地支)는 대체로 잠재적인 성향을 나타내기 때문에 겉으로
확연하게 드러나는 천간(天干)을 위주로 통변(通辯)하는 것이 적
중률이 높다. 외적으로 가장 강하게 나타나는 성정은 월간(月干)이
고, 내적으로 가장 강한 성격은 월지(月支)라고 할 수 있다. 또한
월지(月支)에서 투출(透出)한 격국(格局)의 십성(十星)이 본래 바
탕이고, 용신(用神)이 주도적인 성격이며, 용신(用神)의 십성(十星)
은 적성에 가까워 직업을 향하는 마음이라고 할 수 있다.

　다시 정리하면 월간(月干)의 십성(十星)은 다른 사람들이 보았을
때 느낄 수 있는 성격이고, 격국(格局)은 천성이며, 용신(用神)은
후천적으로 개발되는 성격이라고 할 수 있다. 그리고 같은 십성(十
星)이라도 음양(陰陽)과 오행(五行)에 따라 성정의 기세와 강약의

차이가 있고, 대운(大運)에 따라 시기별로 변한다고 할 수 있다. 이처럼 성격을 추론하는 것도 그리 간단하지는 않다.

■ 성격장애나 정신이상을 겪는 구조
— 격국(格局)을 파극(破剋)하는 오행(五行)이 가까이 있는 경우
— 용신(用神)이 형충(刑沖)되어 무력한 경우
— 신약(身弱)한데 재(財)가 인수(印綬)를 파극(破剋)하는 경우
— 칠살(七殺)이 강하여 매우 신약(身弱)한 경우
— 식상(食傷)이 지나치고 인수(印綬)가 손상된 경우
— 천간(天干)에 합(合)이 많아 용신(用神)을 잡을 수 없는 경우
— 흉살이 매우 중첩된 경우

사주에는 오행(五行)에 따라 성격을 구성하는 5가지 요소가 있다. 오행(五行)이 천성 그대로의 성격이라면, 십성(十星)은 사회적인 성향을 반영한다고 할 수 있다.

십성(十星)은 비겁(比劫)·식상(食傷)·인성(印星)·재성(財星)·관성(官星)인데, 음양(陰陽)으로 나누면 십성(十星)이고, 합하면 오성(五星)이라고 할 수 있다. 비견(比肩)과 겁재(劫財)는 음양(陰陽)이 다를뿐 본래의 속성은 비슷하다. 사주를 구성하는 최소의 요소는 인성(印星)·비겁(比劫)·식상(食傷)이다. 재관(財官)은 없어도 생존하는데 문제가 없다.

— 인성(印星)은 건강한 정신이다.

— 비겁(比劫)은 건강한 육체이다.

— 식상(食傷)은 올바른 사고이다.

즉 건강한 정신과 육체와 사고가 있으면 재물(財星)이나 직업(官星)은 저절로 생기고, 사주에 재관(財官)이 없어도 운을 만나면 얻을 수 있다. 만약 사주에 인비(印比)가 미력하고 재관(財官)만 있으면 일간(日干)이 신약(身弱)하여 나약하다. 이런 사람이 재관(財官)에 지나치게 욕심을 부리면 재(財)운을 만나면 손재수가 들고, 관(官)운을 만나면 관재수가 들어 풍파를 초래할 수 있다.

2 십성(十星)으로 보는 성격

1) 비겁(比劫) : 비견(比肩) · 겁재(劫財)

■ 장점 : 비겁(比劫)은 주체성과 독립심이 강하고, 매사 계획적이며 규칙적이고, 근면성실하며 소신이 있다. 비겁(比劫)은 일간(日干)을 생조(生助)하는 힘이 강하니 정신력과 책임감이 강하다.

■ 단점 : 비겁(比劫)이 지나치면 인수(印綬)가 실하기 때문에 정신적으로 미숙하고 사고력이 부족하다. 천진한 면이 있지만 경솔하

여 사사로운 말 실수로 오해를 부를 수도 있다. 또한 고집불통이기 때문에 대인관계가 원만하지 못하다. 비겁(比劫)이 미력하면 매사 우유부단하며 남에게 의존적이고 독립심과 자립심이 부족하다.

2) 식상(食傷) : 식신(食神) · 상관(傷官)

■ 장점 : 식상(食傷)은 총명하며 사고력이 번뜩인다. 특히 목화(木火) · 금수(金水) 식상(食傷)은 가장 빼어나다. 언변에 설득력이 있어 입만 갖고도 살 수 있을 정도이다. 무엇보다 위기대처 능력이 뛰어나며 임기응변에 능하다. 또한 자유분방하며 사교성이 좋아 대인관계가 원만하다.

■ 단점 : 재능을 뽐내며 자신을 비판하면 누구라도 등을 돌린다. 또 싫은 것은 쳐다보지도 않을 정도로 비정하며 냉정하다. 그러나 자신을 따르는 사람에게는 한없이 관대하며 인정이 있다.

3) 인성(印星) : 편인(偏印) · 정인(正印)

■ 장점 : 인성(印星)은 조건없이 만물을 생성하며 길러내는 자연의 모습이라고 할 수 있다. 자비심 · 인간애 · 모성애가 강하고, 성숙하며 건강한 정신의 소유자이다. 또 학문을 좋아하며 철학적인 사색을 즐기고, 감정 · 감성 · 지성이 풍부하다. 인성(印星)이 강한

사람은 인정이 많아 부탁을 거절하지 못하여 손해를 보지만 결국에는 인덕과 인망을 얻는다. 정편인(正偏印)에 따라 행동의 차이가 있으나 남을 돕는다는 특성은 비슷하다. 정인(正印)은 확실한 문서로 보장받는 것을 좋아하나, 편인(偏印)은 말만으로도 통하기 때문에 종종 사기나 손해를 보기도 한다.

■ 단점 : 인성(印星)이 미력하거나 지나치면 게으르고 아둔하며 나태하다. 현실적인 사고와 물질적인 관념이 부족하고 염세적인 성향이 있다. 이해력은 뛰어나지만 표현력이 서투르고 지나치게 우유부단하며 결단력이 부족하다. 사회 적응력이 떨어지고 온전한 가정을 이루기도 어렵다. 인수(印綬)는 지나치게 남을 잘 믿거나 믿지 않는 면이 있는데, 확증이 필요하니 인수(印綬)가 도장인(印) 자를 쓴다고도 할 수 있다.

4) 재성(財星) : 편재(偏財) · 정재(正財)

■ 장점 : 재성(財星)은 재물을 상징하기 때문에 물질을 추구하는 열정이 강하고 근검절약하며 경제관념이 뛰어나다. 또한 배포와 통도 크고 직관력도 매우 뛰어나다. 투기 성향이 있지만 실익을 분명하게 따지기 때문에 손해는 보지 않고, 불필요한 지출을 하지 않는다. 작은 돈은 아끼고 큰 돈은 과감하게 쓸 줄 알아 기회가 오면 큰 재물을 얻을 수 있다.

■ 단점 : 실리만 추구하는 면이 지나쳐 인간미가 없고 냉정하니 원성과 미움을 살 수도 있고, 사리사욕이 지나쳐 남에게 피해를 주기도 한다. 결과만을 생각하여 손해보는 일에는 의리가 없고, 무모한 일에 투자하여 큰 손해를 보는 경우도 있다.

5) 관성(官星) : 편관(偏官) · 정관(正官)

■ 장점 : 규율과 원칙을 중시하며 준법정신이 강하다. 사소한 일에도 관심을 갖고 남의 얘기를 잘 들어준다. 관용과 공명심이 있어 모범적인 사람으로 인식된다. 매사에 소홀하지 않고 책임을 다하며 상하의 조직체계를 매우 중시한다. 대의명분을 따르며 다수를 위하여 자신을 희생할 줄도 알고, 애국애족하는 마음을 가진다.

■ 단점 : 지나치게 원리원칙을 따져 아랫사람에게는 냉소한 인상을 준다. 좋아하는 사람에게만 친절하고 권력에 아부하며 천한 사람은 무시하는 경향이 있다. 자존심과 권력욕이 지나쳐 장애가 되는 사람은 철저하게 외면하여 스스로 고립되는 경향이 있다. 시기와 질투가 많아 남이 우위에 있는 것을 용납하지 않는다. 신경이 날카롭고 비위가 상하면 겉으로 금세 드러나 인간관계를 어렵게 만든다.

 사람의 타고난 기질은 다양하다. 본래의 본성도 환경이나 운에 따라 복합적으로 융화되어 각양각색을 띤다. 기신(忌神)운에는 단점이 노출되고, 희신(喜神)운에는 장점이 부각되어 하는 일에도 좋은 영향을 준다. 사람의 운명은 좋은 심성과 올바른 가치관이 정립될 때 좋은 열매를 맺는다고 할 수 있다. 그러니 사주보다는 관상이 중요하고, 관상보다는 심성이 중요하다고 하는 것이다.

 사주로 성격뿐만 아니라 다양한 추측이 가능하다. 가령 사주만 보고도 그 사람의 신체와 외모까지도 추론할 수 있다. 또한 옷을 입는 스타일이나 얼굴까지도 떠올릴 수 있다면 상당한 경지에 이르렀다고 할 수 있을 것이다.

 체격이 좋은 사람의 사주는 대개 목화(木火) 기운이 강하고, 마른 체형은 금수(金水) 기운이 강하다. 키가 큰 사람의 사주는 목화(木火) 기운이 강하고, 키가 작은 사람의 사주는 금수(金水) 기운이 강하다. 목화(木火) 기운이 강한 사람은 화려하며 튀는 의상을 즐기고, 금수(金水) 기운은 어두우면서도 정장스타일을 즐기고, 토(土) 기운은 편안한 스타일을 좋아한다.

3장. 부귀론

 사람의 운명은 크게 부귀와 빈천으로 나눌 수 있다. 누구나 부귀한 삶을 원하지만 빈천한 삶을 면하기 어려운 경우가 많다. 과거에는 관(官)을 얻으면 재물은 저절로 생기기 때문에 관직에 오르는 것을 최고로 생각했다. 관(官)은 인(寅)을 수반하기 때문에 관인(官印)이 부와 귀를 상징하는 중요한 요소가 되었던 것이다. 그러나 오늘날에는 물질이 신분과 성패를 좌우하는 기준이 되어 재성(財星)을 매우 중시한다. 당연히 사주에서도 재성(財星)을 주목하고, 현실에서도 그대로 적중한다.

 재생관(財生官)하니 돈만 있으면 명예도 살 수 있는 것이다. 재(財)를 얻으려면 반드시 식상(食傷)이 필요하다. 식상생재격(食傷生財格)은 부자의 명조에서 가장 어울리는 구조이고, 현실적으로도 부유한 사람이 많다. 식상(食傷)은 재물을 얻는 재능이며, 물질을 좋아하는 마음이라고 할 수 있다.

또 식상(食傷)은 재물을 창출하는 재능이지만, 관살(官殺)을 다스리는 역할도 하기 때문에 식상(食傷)은 부귀를 얻는데 필수조건이라고 할 수 있다. 흔히 사주에 재(財)가 많으면 재물덕이 많을 것이라고 생각하지만, 도리어 재물을 얻는데 부침이 많다. 재(財)가 많으면 인성(印星)이 손상되어 사주가 약해지니 기신(忌神)으로 작용할 가능성이 많기 때문이다.

또한 사주에 관(官)이 많으면 권력으로 보겠지만, 비겁(比劫)이 손상되어 관귀(官鬼)로 작용하니 정신이 분열되고 주체성이 결여된다. 그러니 부귀를 얻으려면 재관(財官)보다는 일단 사주가 중화되거나 강해야 한다.

신약(身弱)한 사주는 식재관(食財官)운이 도리어 흉운으로 작용하여, 설사 재물이 들어와도 말썽이 생기거나 문제의 발단이 될 수 있다. 만약 신약(身弱) 사주가 흉운을 만나면 내성을 기르는 것이 좋다. 가령 인수(印綬)가 부족하면 학문을 닦아서 인수(印綬)를 보충하여 강한 정신력을 갖추고, 비겁(比劫)이 부족하면 체력을 단련해놓으면 비록 흉운을 만나도 강한 정신력과 체력으로 이겨낼 수도 있을 것이다.

사주가 같은 사람끼리는 비슷한 상황을 겪을 수 있지만, 그것을 대비한 사람과 그렇지 않은 사람은 큰 차이가 나타날 수 있다. 이것은 운명은 예정되어 있지만 노력에 의하여 변화의 여지가 있다는 뜻이다. 흔히 운명을 개운한다는 비방이랍시고 부적이나 주술에 의지하는 경우가 많다. 필자는 한권의 책으로 정신을 살찌우거나, 산에 오르면서 체력을 보강하는 것이 낫다고 생각한다. 부귀한 팔자의 조건을 간단하게 정리하면 다음과 같다.

■ 부자 사주

— 사주가 중화를 이루거나 신강(身强)해야 한다.

— 중화시키는 대운(大運), 즉 희용(喜用)운을 만나야 한다.

— 식상생재(食傷生財)·재생관(財生官)의 배합이 유정해야 한다.

■ 귀한 사주

— 사주가 중화를 이루거나 신강(身强)해야 한다.

— 중화시키는 대운(大運)을 만나야 한다.

— 재생관(財生官)·관생인(官生印)의 배합이 유정해야 한다.

다음은 실제 큰 부와 권력을 누린 사람들의 명조를 몇 가지 예를 들면서 살펴보겠다.

```
       官 財
  丁  庚  丁  乙      戊己庚辛壬癸甲乙丙
  丑  申  亥  卯      寅卯辰巳午未申酉戌
```

재계의 거물이었던 정주영 전 현대그룹 회장의 명조이다. 금수(金水) 식신격(食神格)에 건록(建綠) 인수(印綬)를 얻어 중화를 이루

었는데 재관(財官)이 유정하니 부귀를 모두 누린 것이다. 더구나
금수(金水) 식신격(食神格)이라 한냉한데 재관(財官)을 조후용신
(調候用神)으로 병용하니 더욱더 빼어난 격국(格局)이 되었다. 조
후용신(調候用神)이니 목화(木火)운이 길하고 남방 화(火)운이 길
하나, 임수(壬水)가 개두(蓋頭)하여 삶이 평탄하지만은 않았다.

```
   印        官
戊 庚 辛 丁      壬 癸 甲 乙 丙 丁 戊 己 庚
寅 申 亥 巳      寅 卯 辰 巳 午 未 申 酉 戌
```

역대 최장기 집권을 했던 박정희 전 대통령의 명조인데, 정주영의
명조와 구조가 비슷하다. 유난히 정주영을 신임했던 것도 팔자가
비슷하여 통하는 구석이 있어서 그런 것이라는 짐작을 해본다. 이
사주도 금수(金水) 식신격(食神格)에 관(官)이 용신(用神)인데, 조
후(調候)를 병용하니 더욱 빛난다. 천간(天干)이 관인(官印)의 상
생(相生) 구도를 이루는 것도 귀격의 요인이 되었다.

두 사람의 사주를 보면 재(財)는 사업을 상징하고, 관(官)은 권력
을 상징한다는 것을 알 수 있을 것이다. 정주영은 천간(天干)에 재
(財)가 투출(透出)하였고, 박정희는 재(財)가 투출(透出)하지 않고
지지(地支)에서 관(官)을 돕는 역할만 한다. 또한 두 사주 모두 남
방 화(火)운에 대권과 대업을 이룬 것도 비슷하다고 할 수 있다.

丁 甲 壬 丁　　　甲 乙 丙 丁 戊 己 庚 辛
卯 子 寅 亥　　　午 未 申 酉 戌 亥 子 丑

　김근태 보건복지부장관의 명조이다. 목화(木火) 상관격(傷官格)
이며 인비(印比)가 강하니 신강(身强)한데, 식상(食傷)으로 설기
(洩氣)되어 매우 이상적이다. 인수(印綬)·비겁(比劫)·식신(食神)
이 발달하면 사주에 재관(財官)이 없어도 큰 그릇이 되고, 무에서
유를 창출하는 재주가 있다.
　만일 사주에 재관(財官)이 없으면 대개는 대운(大運)의 흐름에 따
라 진로를 정한다. 인수(印綬)운으로 흐르면 학자나 교수가 되고,
식재(食財)운으로 흐르면 재물에 뜻을 두고, 관(官)으로 흐르면 공
직에 뜻을 둔다.
　이 명조는 격이 높기 때문에 재(財)를 추구하면 부자가 될 수 있
고, 관(官)을 추구하면 관록을 얻을 수 있다. 다만 관(官)운으로 흐
르면 용신(用神)이 정화(丁火)이니 화극금(火克金)하여 쟁극의 파
란을 각오해야 하고, 재(財)를 추구하면 거부가 될 수 있다.

傷　　　　財
壬 辛 戊 甲　　　丙 乙 甲 癸 壬 辛 庚 己
辰 亥 辰 申　　　子 亥 戌 酉 申 未 午 巳

　이헌재 전 부총리의 명조이다. 신금(辛金)이 토왕절(土旺節)에 태

어나 신왕(身旺)하고, 수목(水木)이 중화를 이루는 희용신(喜用神)이다. 앞의 김근태 사주와 비슷한 유형이나 다른 것은 신왕(身旺)하여 상관(傷官)이 설기(洩氣)하는 용신(用神)이라는 점이다. 따라서 두 사람이 내적인 기질은 비슷해도 목화(木火) 상관(傷官)과 금수(金水) 상관(傷官)이니 겉으로 나타나는 것은 다르다는 것을 알 수 있을 것이다.

금수(金水) 상관(傷官)은 겉으로는 정적이며 부드럽고 차분하게 보이지만, 속으로는 냉철하며 치밀하고 날카롭다. 목화(木火) 상관(傷官)은 겉으로는 다혈질이며 강한 인상을 주지만 속으로는 부드럽고 온화하며 천진한 감수성이 있다.

상관(傷官)의 장점이자 단점이라면 잘못된 부분을 적당히 타협하며 무마하지 않고, 반드시 지적하며 바꾸려는 기질이 있어 본의 아니게 대적하는 무리를 만든다는 것이다.

두 사주는 상관(傷官)적인 기질이 용신(用神)이라, 어디서든 두각을 나타내며 빼어난 재능을 발휘하지만, 그것 때문에 잘 나가다가도 장애와 시련이 따른다. 이 명조는 천간(天干)에 상관생재(傷官生財)가 있으니 경제인이 되었어도 큰 부를 이루었을 것이다.

印		財								
丁	戊	戊	壬	丙	乙	甲	癸	壬	辛	庚	己
巳	申	申	辰	辰	卯	寅	丑	子	亥	戌	酉

이해찬 국무총리의 명조이다. 식신격(食神格) 사주이나 인비(印比)가 중하니 중화를 이루었다. 임수(壬水)가 정화(丁火)를 극(剋)하지 못하게 무토(戊土)가 막아 귀격이 되었다. 재(財)가 인(印)을 극(剋)한다면 중화를 잃고, 재인(財印) 모두 무력화되면 용신(用神)이 별볼일 없게 된다.

대운(大運)도 금수목(金水木)으로 깨끗하게 흐르니 만인지상의 귀를 누리는 것이다. 사주에 관(官)이 없어도 중화되고 재(財)와 인(印)이 극(剋)하지 않으면 부귀를 얻는 명조가 된다.

```
     財        食
  壬  戊  戊  庚      丁丙乙甲癸壬辛庚己
  戌  申  寅  戌      亥戌酉申未午巳辰卯
```

이병철 전 삼성그룹 회장의 명조이다. 비겁(比劫)이 중하니 일원(日元)이 중화를 이루고, 관(官)이 식상(食傷)을 충(沖)하여 미력하니 재자약살격(財滋弱殺格)이 되었다. 천간(天干)은 식신생재(食神生財)를 이루니 부귀한 명조이다.

```
     財        傷
  戊  甲  己  丁      庚辛壬癸甲乙丙丁戊
  辰  子  酉  卯      子丑寅卯辰巳午未申
```

박태준 전 포항제철 회장의 명조이다. 앞의 이병철 사주와 구조가 비슷한데, 중화를 이루고 천간(天干)이 상관생재격(傷官生財格)이다. 년간(年干)에 상관(傷官)이 있고 시간(時干)에서 재(財)를 이루니, 초년부터 특출한 재능을 발휘하여 말년까지 재물을 모았다.

두 사람의 사주로 식신생재(食神生財)와 상관생재(傷官生財)의 차이를 극명하게 엿보았을 것이다. 이병철은 식신(食神)이라 섬세하면서도 신중하며 객관적이고, 이 사주는 상관(傷官)이니 주관적이면서도 화통하며 감각적인 기분파였을 것이다.

傷　傷
己　丙　丙　己　　　　庚辛壬癸甲乙
亥　午　寅　巳　　　　申酉戌亥子丑

정태수 전 한보철강 회장의 명조이다. 인비(印比)가 중하니 태강(太强)한데 식상(食傷)이 적절하니 중화를 유도한다. 비록 사주에 재관(財官)이 미력하나 대운(大運)에서 재관(財官)운으로 흐르니 부귀를 얻었다. 인수(印綬)는 정신력, 비겁(比劫)은 건강한 육체, 상관(傷官)은 빼어난 재능을 주관하기 때문에 재관(財官)이 사주에 없어도 대운(大運)에서 오면 기회를 놓치지 않고 성취할 수 있다. 따라서 재관(財官)이 부귀를 상징하나 반드시 사주에 있어야 하는 것은 아니라는 것을 인식할 필요가 있다.

```
   官    印
戊 癸 辛 辛        壬癸甲乙丙丁戊己庚
午 酉 丑 未        辰巳午未申酉戌亥子
```

전두환 전 대통령의 명조이다. 계수(癸水)가 축(丑)월에 태어났지만 인수(印綬)가 중하니 신왕(身旺)하다. 재생관(財生官)하고 관생인(官生印)하면서 중화를 이루니 왕후장상이 될만한 사주이다. 그의 신수를 대략 내다보면 2006년은 병신합(丙辛合)하여 축술미(丑戌未) 삼형(三刑)을 이루니 재산을 압류당하거나 또 한번 법적인 문제가 생긴다. 이때부터는 급격하게 운이 급격하게 침체될 것이다. 수명도 뚜렷하게 보이는데 2008년에 자오충(子午沖)하고 관(官)이 흔들리니 뇌졸중이나 심장질환으로 무자(戊子)년을 넘기기 어려울 것이다.

```
   官    印
丁 庚 戊 壬        庚壬甲丙戊庚壬甲丙
丑 戌 申 申        申戌子寅辰午申戌子
```

노태우 전 대통령의 명조이다. 경금(庚金)이 건록(建綠) 인수(印綬)에 앉아 태강(太强)한데, 우둔해 보이는 경금(庚金)을 정화(丁火)로 연단하니 관성(官星)이 빛을 발한다. 임수(壬水)가 투간(透干)하여 관(官)을 위협하나 다행히 무토(戊土)가 막아 보호한다.

이런 것이 배합의 묘리이다. 무릇 격이 높은 사주는 오행(五行)이 골고루 있으면서 서로 쓸모를 얻고, 불필요한 한신(閑神)이 없어야 한다.

비록 기신(忌神)이 있어도 잘만 다스리면 그만한 역할을 한다. 임수(壬水)가 관(官)을 위협하는 것은 나쁘지만 태강(太强)한 경금(庚金)이 임수(壬水)로도 설기(洩氣)되어 중용의 도를 이룰 수 있다. 비록 우둔해 보여도 판단력이 뛰어나 대세를 보는 안목이 출중했다고 할 수 있다. 어쩌면 역대 대통령 중에서 가장 쉽게 대권을 잡은 사람이라고 할 수 있다.

그의 일등공신은 정화(丁火)가 술(戌)에 통근(通根)한 것으로 보아 보이지 않게 아내의 공이 컸을 것으로 여겨진다. 사실 김옥숙은 전두환의 부인인 이순자보다 나이가 많았는데도 형님이라고 부르면서 깍듯하게 대우했다고 하니, 노태우의 권력은 아내에게서 비롯된 것이라고도 볼 수 있다.

甲	己	乙	戊	甲	癸	壬	辛	庚	己	戊	丁	丙
戌	未	丑	辰	戌	酉	申	未	午	巳	辰	卯	寅

김영삼 전 대통령의 명조이다. 비겁(比劫)이 태강(太强)하니 신강(身强)하고, 갑기합(甲己合)하여 화토(火土)격을 이루는데 기세를 순응하여 화토금(火土金)운이 좋다. 특이한 것은 인수(印綬)·재관(財官)이 없는데도 귀한 사주가 되었다는 것이다. 이는 내격(內格)

일 경우에 그렇다. 외격(外格)도 성격을 이루면 그만한 그릇이 된다. 이 사주는 을목(乙木)이 병이 되는데 신미(辛未) 대운(大運)에서 신금(辛金)이 제거하니 대통령이 될 수 있었다. 또한 을목(乙木) 편관(偏官)은 십성(十星)으로 아들을 의미하니, 아들 때문에 명예에 손상을 입는 것도 숙명이라고 할 수 있다.

	食		財							
	丁	乙	己	乙	辛	壬	癸	甲	乙	丙	丁	戊
	丑	巳	丑	丑	巳	午	未	申	酉	戌	亥	子

김대중 전 대통령의 명조이다. 화토(火土)로 종(從)하는 종재격(從財格)이니 사업가로 대성할 사주인데, 팔자에 없는 정치를 하려니 시련이 깊었던 것이 아니었나 하는 생각이 든다. 결국 사주에서 병이 되는 을목(乙木)이 제거되는 신(辛) 대운(大運)에 대통령에 올라 평생의 숙원을 풀고야 말았다. 또한 2000년 경진(庚辰)년에 을경합(乙庚合)으로 병을 제거하니 노벨평화상을 수상하는 큰 영예를 안았다.

사주에 비겁(比劫) 인수(印綬)가 없어도 이토록 강한 정신력을 가질 수 있다는 것이 의문이나, 시련이 크면 그릇도 커지는 법인가 보다. 대운(大運)으로 볼 때 관(官)운으로 흐르니 정치적인 포부가 발동했을지도 모르지만, 그냥 팔자대로 사업을 했다면 부를 누리며 안정된 삶을 살았을 것이라는 생각도 해본다.

官
丙 庚 辛 辛　　　壬癸甲乙丙丁戊己庚
戌 申 卯 巳　　　午未申酉戌亥子丑寅
　　卯
　　財

　김정일 북한 국방위원장의 명조라고 하지만 확실하지는 않다. 다만 격이 높은 것으로 보아 근거는 있다고 생각한다. 이 사주는 신왕살왕(身旺殺旺)하면 대귀격이다. 일간(日干)이 강한데 살도 강하다는 것은 사주가 중화를 이루었다는 뜻이고, 용신(用神)이 병화(丙火)인데 시주(時柱)에 있으니 장기적인 권력체제를 지탱할 수 있었을 것이다.

　그러나 갑신(甲申) 대운(大運)이 오면 재(財)가 절지(絶地)에 임하여 관(官)을 생조(生助)하지 못한다. 이때는 운이 하강한다. 2004년 갑신(甲申)년에 아내와 상별한 것은 반을 잃은 것이고, 갑신(甲申) 대운(大運)에는 자신의 몸이 상할 것이다. 가장 위태로운 시기가 2007~2008년인데, 이때는 그의 체제가 무너질 것으로 예측되고, 남북통일의 기틀이 마련될 것을 기대해본다.

　지금까지 현 시대에 부와 권력을 누린 인물들의 사주를 살펴보았다. 부귀한 팔자가 있으면 당연히 빈천한 팔자가 있게 마련인데, 위의 명조들과 반대로 생각하면 된다. 빈천한 명조는 한마디로 용희신(用喜神)이 무력하거나, 중화를 이루어야 좋은데 그렇지 않은 경우 등이다. 태강(太强)하거나 태약(太弱)해도 용신(用神)이 분명하면 환경이 열악해도 뭔가 해보려는 의지를 갖는 것이다.

희용신(喜用神)이 천간(天干)에 드러나는 것이 가장 좋은데, 통근(通根)하지 못할 때는 차라리 지지(地支)에 있는 것이 좋다. 만약 용신(用神)이 노출되어 형충(刑沖)으로 무력할 때는 지장간(支藏干)에서라도 보호받는 것이 좋다. 장간(藏干)에 용신(用神)이 있으면 암중에 음덕이 따르는 것이니 암록(暗綠)이 있다고 할 수 있다.

가령 토극수(土剋水)는 수(水)를 극(剋)하는 것이 토(土)이지만, 진토(辰土)나 습토(濕土)는 계수(癸水)가 통근(通根)도 하는 것이니, 기신(忌神) 가운데 용신(用神)이 숨어 있는 격이다. 이런 사주는 풍파가 많으나 위기대처 능력이 뛰어나고, 하늘이 무너져도 솟아날 구멍을 아는 사람이다.

그리고 흔히 사주에 병이 있고 약이 있으면 더 좋은 격국(格局)이라고 한다. 그러나 기신(忌神)이 있어도 용신(用神)에게 장애를 주지 않아야 하고, 천간(天干)에 있으면 그만큼 시련을 각오해야 한다. 기신(忌神)을 극복했을 때 더 큰 그릇이 되고, 이겨내지 못하면 어찌 사주에 병이 있는 것이 좋다고 하겠는가.

단순히 생극(生剋)의 입장에서 용신(用神)을 극(剋)하는 오행(五行)을 기신(忌神)이라고 하나, 용신(用神)을 파극(破剋)하지 않는 위치에 있으면 면역력이 더 강한 사주라고 생각하면 된다. 또한 대운(大運)에서 희용신(喜用神)운이 아니라 합(合)이나 충(沖)으로 기신(忌神)을 제거할 때는 크게 발복하는 운이라고 할 수 있다. 그러니 기신(忌神)이 있으면 확연하게 운이 좋은 시기를 알 수 있다.

4장. 학운론

　요즘은 평생교육이라는 말이 무색할 정도로 가시적인 학벌위주의 사회라고 할 수 있다. 그러니 일단 공부를 잘하여 명문대에 들어가야 출세의 반을 보장받을 수 있다. 모든 일에는 때가 있듯이 공부도 시기가 있다. 물론 나이가 들어서도 학력에 한 줄을 더 새기는 사람도 있지만 자기만족에 불과하다.

　공부를 잘하는 사람들의 특징을 보면 대개 공부에 흥미를 느낀다는 것이다. 이는 지적호기심이 충만하여 탐구력이 끊임없이 발동하는 것이다. 공부가 싫은 사람은 공부가 노동이며 구속이고 무가치한 의미로 생각한다. 물론 억지로 하면서도 공부를 잘하는 사람들이 있고, 열정은 있지만 성적이 밑에서 놀고 있을 수도 있다. 아무리 노력해도 성적이 오르지 않는다면 타고난 운명의 영향을 받는 것이다. 공부를 잘하려면 어느 정도는 지능이 높아야 하지만, 반드시 지능과 성적이 비례하는 것은 아니다. 어떤 방향으로 머리를 쓰느는가에 따라 달라지는 것이다.

사주에서 공부를 상징하는 것은 관성(官星)과 인수(印綬)이다. 관성(官星)과 인수(印綬)는 고도의 정신세계를 나타내며, 오행(五行)으로는 금수(金水)이다. 금수(金水)는 지성을 나타내고, 목화(木火)는 감성을 나타낸다. 인간의 뇌도 좌뇌가 이성, 우뇌가 감성을 나타내는 것과 일치한다.

보통의 지능을 가진 사람은 우뇌가 발달하고, 지능이 높은 사람은 좌우의 뇌가 고르게 발달한다. 이것을 보면 인간의 뇌도 좌우의 뇌가 골고루 발달해야 하듯이 중화를 이룬 사주가 총명하다고 볼 수 있다. 그렇다면 대략 사주만 보아도 지능을 분별할 수 있다는 것을 알았을 것이다. 일단 지능이 발달하고 운이 따라준다면 공부에 두각을 나타내고, 다방면에서 특출난 재능이 드러나는 것이다.

이성과 감성이 음양(陰陽)이듯이 사주에서는 관인(官印)과 식재(食財)가 음양(陰陽)이다. 감성과 이성이 골고루 발달해야 지능이 높듯이 사주도 목화금수(木火金水)의 음양(陰陽)의 조화를 이루어야 한다.

사주에서는 관인(官印)이 학운을 나타내지만, 관인(官印)이 금수(金水)이면 음(陰)과 음(陰)이 만났으니 관(官)이 녹(祿)을 쓴 격이다. 그러므로 목화(木火) 관인(官印)이어야 공부운이 빛을 발한다. 또한 금수(金水) 관인(官印)이 있으면 목화(木火) 식재(食財)를 보아야 음양(陰陽)의 조화를 이루고, 수화(水火) 음양(陰陽)을 이루거나 금목(金木) 음양(陰陽)을 이루면 대체로 총명하다.

 그리고 사주에서 토(土)는 음양(陰陽)이 공존하므로 대운(大運)의 영향에 민감하다. 초년 대운(大運)이 관인(官印)이면 공부에 뜻을 두고, 식재(食財)로 흐르면 공부운이 따르지 않는 것으로 본다. 또한 식재(食財)는 흔히 관인(官印)을 극(剋)하므로 공부와 거리가 멀다고 생각하지만, 금수(金水) 식재(食財)는 역시 음양(陰陽)이 조화되니 당장은 재물에 관심을 두지만 장기적으로는 재물을 위해 공부에 몰두할 수 있다. 이런 경우는 공부의 목적이 명예나 권력보다는 재물에 있는 것이다. 예를 들어 설명해보자.

印
戊 甲 壬 己
辰 戌 申 酉
官

 이 명조는 목화(木火) 기운은 전혀 없고 금수(金水)가 주도적이다. 일단 음양(陰陽)이 한쪽으로 치우쳐 있으니 사고에 균형이 없다. 관인(官印)이 있어 공부를 잘하는 명으로 볼 수 있지만, 금수(金水) 관인(官印)은 음양(陰陽)의 조화가 없어 지혜롭지 못하다. 그러나 금수(金水)는 이성을 나타내니 인수(印綬)운이 들면 학문에 열정을 갖고, 지성을 갖추려고 노력할 것이다.

官
丙 庚 辛 辛
戌 申 卯 巳

북한 김정일 국방위원장 명조인데 금수(金水)·목화(木火)의 조
화를 이루었다. 관(官)이 병화(丙火)이니 음양(陰陽)이 조화를 이
루어 지능이 뛰어나다는 것을 알 수 있다. 그리고 목화(木火)가 용
신(用神)이니 감수성이 있어 예능방면에도 관심이 많다.

官　　　印
戊 癸 辛 辛
午 酉 丑 未

전두환 전 대통령의 명조다. 재(財)가 양(陽)이니 경제감각은 뛰
어나나, 음(陰)이 더 강하여 총명하지는 않다. 재생관(財生官)하니
재물이 권력을 뒷받침한다는 발상으로 사람을 쓰는데 재물을 아끼
지 않는다. 재생관(財生官)하면 공부보다 재물로 명예를 얻는다.

財　　　傷
戊 甲 己 丁
辰 子 酉 卯
　　印 官

박태준 전 포항제철 회장의 명조이다. 관인(官印)과 식재(食財)가
조화를 이루고, 음양(陰陽)이 완벽하게 조화를 이루었다. 이런 사주
는 공부는 물론 예능에도 재능이 있고, 부와 권력을 모두 얻는다.

```
傷   印
丁 甲 壬 丁
卯 子 寅 亥
```

이 사주처럼 인수(印綬)가 수(水)이면서 식상(食傷)으로 유통되는
사주는 지혜로운 명의 대표격이라고 할 수 있다. 수(水)와 화(火)
가 균형을 이루어 음양(陰陽)의 조화되었다.

```
印       財
丁 戊 戊 壬
巳 申 申 辰
```

이해찬 국무총리의 명조이다. 인수(印綬)가 화(火)이니 음양(陰
陽)이 조화를 이루어 학운이 좋았다.

```
傷 印
壬 辛 戊 甲        丙乙甲癸壬辛庚己
辰 亥 辰 申        子亥戌酉申未午巳
```

이헌재 부총리의 명조이다. 인수격(印綬格)인데 식상(食傷)으로 기가 유통되었다. 식상(食傷)이 음(陰)이니 생각과 사고력이 깊은데 다소 조습(燥濕)하여 편고한 것이 흠이다. 그러나 초년운이 남방 화(火)운으로 흘러 보완하고, 관(官)이 양(陽)이니 음양(陰陽)의 조화를 이루어 학운이 따랐다. 경기고와 서울대 법대를 나와 행정고시에 수석으로 합격한 전력이 타고난 공부운을 말해준다.

인수(印綬)는 공부를 뜻하고, 식상(食傷)은 재능을 뜻한다. 그러니 사주에 인수(印綬)와 식상(食傷)이 있으면 대부분 두뇌가 뛰어나고 재능이 있다. 또 사주에서 관성(官星)이 인성(印星)을 보거나, 인성(印星)이 식상(食傷)을 보면 대개 공부와 인연이 있다. 물론 여기다 음양(陰陽)의 조화까지 이룬다면 더욱더 빼어나다.

정관(正官)은 관직을 상징하므로 인수(印綬)와는 바늘과 실의 관계이다. 지능은 높은데 공부와 인연이 없으면 대체로 정관(正官)이 투출(透出)하여 통근(通根)하지 못했거나, 상관견관(傷官見官)이거나, 관(官)이 합(合)하여 무력하거나, 형충(刑沖)으로 깨지는 경우 등이다. 예를 들면 다음과 같다.

官
丙 乙 己 庚　　丁丙 甲癸壬辛庚
子 卯 卯 寅　　亥戌 酉申未午巳辰

국민가수 조용필의 명조이다. 목화(木火) 상관격(傷官格)이니 지능이 매우 높고, 목화(木火) 양기(陽氣)가 강하니 감성적이며 예능 방면에 재능이 있음을 알 수 있다. 경금(庚金) 정관(正官)이 무근(無根)이기 때문에 학업에는 관심이 없었고, 일찍 대학진학을 포기하고 가수가 되었다.

5장. 결혼론

  결혼의 목적은 가정을 이루어 행복한 삶을 꾸려가는데 있을 것이다. 그러나 결혼이 불행의 시작이라는 어두운 명제가 일반화되고 있는 것도 현실이다. 이혼률이 절반을 웃돈다는 것은 매우 심각한 문제이다. 다행히 궁합론의 적중률이 어느 정도 입증되어 이러한 문제를 해소하는데 활용되었으면 하는 바람을 가져본다.

  그러나 궁합을 미신 정도로 알거나, 연애 당시에는 어떤 말을 해줘도 실감하지 못하니 어쩌겠는가. 악연이든 인연이든 결혼해보면 실체가 드러나는 법인데. 그냥 말이라도 행복을 빌어줄 수밖에 없는 딱한 경우가 많다.

  두 사람의 사주를 대조하지 않고 한 사람의 사주만으로도 결혼운을 유추할 수 있다. 간혹 아주 곤란한 사주를 접할 때가 있다. 배우자와 이별이 필연적으로 예정되어 있는 경우이다. 이런 사람들은 아무리 깊은 애정으로 이혼을 피해가는 것 같아도 결국은 사별을 해서라도 이별하는 정말 잔인한 팔자라고 하겠다.

■ 남명이 이혼·이별·사별하는 사주
— 재성(財星)이 비겁(比劫)에게 극제(剋制) 당하는 경우
— 일지(日支)가 충(沖) 당하는 경우
— 격국(格局)을 상극(相剋)하는 경우
— 재성(財星)과 일시(日時)가 공망(空亡)되는 경우
— 일시(日時)에 흉살이 중첩되는 경우

대개 이와 같은 경우에는 이혼률이 매우 높다. 그리고 배우자성인 편재(偏財)와 배우자궁인 일지(日支)의 희기(喜忌)를 떠나 이별이 불가피한 사주들이 있다. 예를 들면 다음과 같다.

財
○ 甲 戊 ○
○ 子 午 ○

이 사주는 재성(財星)과 동주(同柱)하는 지지(地支)를 충(沖)하는 경우이다. 재성(財星)은 남명에서 배우자에 해당하는데, 배우자와 동주(同柱)하는 오(午)를 자오충(子午沖)하니 무토(戊土)가 흔들린다. 무토(戊土)는 재성(財星), 즉 배우자성에 해당하니 아내와의 이

별을 암시하는 것이다.

■ 여명이 이별 · 사별 · 이혼하는 사주
— 관성(官星)이 무력한 경우
— 일지(日支)가 충(沖)하는 경우
— 일지(日支)가 격국(格局)을 상극(相剋)하는 경우
— 일시(日時)에 흉살이 중첩된 경우
— 관성(官星)과 일지(日支)가 공망(空亡)된 경우

위의 경우와 마찬가지로 관성(官星)과 일지(日支)의 희기(喜忌)를 떠나 무조건 남편과 이별하는 사주가 있다. 예를 들면 다음과 같다.

官
〇 甲 辛 〇
〇 〇 巳 亥

신금(辛金)은 관성(官星)이니 여명에서는 남편에 해당한다. 관성(官星)과 동주(同柱)하는 사(巳)를 사해충(巳亥沖)하니 신금(辛金)이 흔들려 남편과 이별하는 것이다.

반대로 배우자덕이 있는 사주를 살펴보자. 일시(日時)에 상충(相沖)이 없고, 일지(日支)가 격국(格局)을 돕고, 배우자성인 재관(財

官)이 유력하고, 희신(喜神)의 작용을 하면 배우자덕이 좋다. 다시 말하면, 신약(身弱)한데 일지(日支)가 비겁(比劫)이나 인수(印綬)이면 배우자가 믿음직하고, 일지(日支)가 격국(格局)을 생조(生助)하면 배우자가 내조를 잘하고, 관성(官星)이나 재성(財星)이 희용신(喜用神)이면 배우자의 능력이 특출나다.

 오늘날은 결혼을 점점 늦게 하는 추세이다. 개인주의와 사생활을 중시하는 것인데, 이것은 독선적 이기주의가 낳은 기형적 병리현상으로 볼 수 있다. 인간의 삶은 창세기의 첫 장에서 생육번성하라는 신의 명령에서 자유로울 수 없다. 이는 인류에 공통적으로 적용되는 책임이며 의무이다. 생명의 가치는 인간애의 본질이며 결혼이라는 최소단위의 공동체 의식에서 보존되는 것이다.

 결혼하여 가정을 이루고 한 생명을 탄생시키는 것은 삶의 절반을 이룬 것이고, 자식을 양육하는 것이 절반의 목적이 된다. 결혼이 인간의 의무라면 배우자의 선택은 자신의 권리이다. 궁합론에 의하여 배우자를 선택한다면 이혼이라는 오점을 남기지 않고, 안정되고 행복한 가정을 이룰 수 있을 것이다.

 요즘은 결혼 전에 궁합을 보는 것이 관례이다. 근래 신세대에게 궁합의 호응도를 조사한 결과, 궁합이 나쁘면 결혼하지 않겠다는 대답이 20% 정도, 궁합을 참조하겠다는 대답이 40%를 웃돌았다고 한다. 그리고 전혀 개의치 않는다는 대답은 10%를 미치지 못했다. 결국 90% 정도는 궁합의 중요성을 의식하고 있다는 것이다. 궁합을 전혀 의식하지 않는 부류도 막상 궁합이 나쁘다는 말을 들으면 꺼림직하게 생각하는 것이 사실이다.

비록 이혼이 큰 문제가 되지 않더라도 이혼을 즐기지는 않을 것이다. 궁합을 중시하는 것만 보더라도 가능한 좋은 궁합의 배우자를 만나려는 의지가 있는 것이다. 결혼 후 10년 안에 이별하는 사람들을 대상으로 사주를 비교분석해보니, 반드시 사주적으로 규명되는 이유가 있었다.

두 가지 경우로 요약하면, 하나는 개인의 사주에서 배우자운이 없고, 배우자운이 보통인 경우도 궁합이 매우 나쁘면 이를 극복하지 못하고 갈라서는 경우가 많았다. 그리고 배우자덕이 좋고 상호 궁합이 문제가 없으면 이혼하는 사례가 없었다. 이것은 궁합론에 대한 타당성을 입증하는 것이라고 볼 수 있다.

그리고 궁합이 좋은데도 이혼한 경우는 서로 원만한 합의하에 헤어지는 것도 주목할 만한 부분이다. 이를 근거로 보면 이혼률이 급증한다는 것은 대부분 좋은 궁합끼리 만나지 못했다는 것을 말해준다.

궁합을 보는 올바른 자세는 상대에 대한 애정의 척도와 지극히 심리적인 부분을 배제한 상태에서 역학적 원리에 의하여 냉철하게 살펴야 한다. 궁합이 나쁜데 상대방의 기분에 맞추는 것은 궁합론을 흐리는 원인이 되고, 궁합에 대한 신빙성도 실추시키는 것이다. 궁합론은 현시대에 역학인들의 입지를 세워줄 만한 중요한 콘텐츠로 부각시킬 필요가 있다. 결혼이 인륜지 대사이니 역학이 이에 호응하는 것은 삶과 역학의 친밀한 개연성에 힘을 실을 수 있는 것이다.

■ 올바른 궁합을 보는 법

가장 일반적인 궁합법은 두 사람의 사주를 대조하여 생극(生剋)과 합충(合沖), 원진(怨嗔)과 흉살 등에 무게를 실어 단순하게 감명하는 것이다. 그러나 이런 방법은 인과관계의 논리성을 배제하고 합충론(合沖論)에 대한 단순한 이해에서 비롯된 것이다. 개인의 사주를 감명할 때 합(合)이 들었다고 길하고, 충(沖)이 들었다고 흉한 것이 아니듯이 궁합을 단순히 합충(合沖)으로 길흉을 판단한다는 것은 문제가 있다. 이상적인 궁합이 어떤 것인가를 알고, 나쁜 궁합은 반대로 이해하면 된다.

■ 찰떡궁합이란 어떤 경우인가

궁합법은 크게 음양(陰陽) 궁합법·격국(格局) 궁합법·오행(五行) 궁합법으로 나눌 수 있다. 이 세 가지가 조화를 이룬다면 가장 이상적인 궁합법이 될 것이다.

① 남자는 음기(陰氣)가 강하고 여자는 양기(陽氣)가 강한 사주가 만나면 대체로 원만한 가정을 이룬다.

남자와 여자의 속성은 음(陰)과 양(陽)이니 대립적인 것은 당연하다. 그러나 남자가 음(陰) 기운이 강하면 음적 존재인 여자를 잘 이해하고, 여자도 양(陽) 기운이 강하면 양적 존재인 남자를 잘 이해하여 대화도 잘되고 상대를 배려하는 마음이 강하다.

단적으로 보면 남자는 음간(陰干)이 있고, 여자는 양간(陽干)이
있는 사람들이 좋은 가정을 이루는 경우가 많다. 여자가 양간(陽
干)이면 사회적인 활동도 활발하여 가정경제에 뒷받침을 하니 남
자들도 좋아하는 것으로 보인다. 또한 무식하게 힘만 세보이는 덩
치형의 남자보다는 세련되고 날씬한 꽃미남을 좋아한다.

기존 궁합법에서는 남자는 양간(陽干), 여자는 음간(陰干)이어야
좋다고 하는데, 이것은 시대에 뒤떨어진 이론이다. 남자는 적당히
여성스럽고, 여자는 적당히 남성스러운 것이 좋다.

② 격국(格局)이 상호보완적이어야 한다.

격(格)이 통하면 의식과 가치관이 통하니 가장 중요한 부분이다.
가령 남자가 정관격(正官格)일 때 여자는 인수격(印綬格)이면 관
인(官印)이 상생(相生)하여 서로 필요성을 느낀다. 이는 애정적으
로 드러나고 상대에 대한 소중함을 알 수 있다. 만일 여자가 상관
격(傷官格)인데 남자가 정관격(正官格)이면 말 그대로 상관견관
(傷官見官)이 되어 남자를 존중하지 않으니 가정의 평화는 기대하
기 어렵다.

■ 궁합이 좋은 격국(格局)

상관격(傷官格) : 인수격(印綬格) · 재격(財格)

식신격(食神格) : 칠살격(七殺格)

재격(財格) : 정관격(正官格)

정관격(正官格) : 인수격(印綬格)・재격(財格)

양인격(羊刃格) : 칠살격(七殺格)・정관격(正官格)

인격(印格) : 정관격(正官格)・칠살격(七殺格)・식상격(食傷格)

■ 음양오행(陰陽五行) 궁합법

오행(五行) 궁합법에서는 금수(金水)가 강한 사주는 목화(木火)가 강한 사주를 만나야 한다. 목화(木火)는 양(陽)이고, 금수(金水)는 음(陰)이기 때문에 음양(陰陽)과 오행(五行)의 조화를 이룰 수 있기 때문이다. 음양오행(陰陽五行)이 조화를 이루면 속궁합이 좋다고 한다.

음양오행(陰陽五行)의 궁합은 기질이 상반된 사람들의 만남이기 때문에 처음에는 다소 다투지만 속궁합이 좋아 부부싸움은 칼로 물베기라는 속담을 실감하게 한다. 쉬운 말로 겉궁합은 나쁘지만 속궁합이 좋기 때문에 시간이 갈수록 애정이 돈독해지는 특징이 있다. 이런 궁합은 결혼 후 일 년이 문제이다. 연애할 때는 잘 모르다가도 결혼하면 성격차이가 나서 사소한 일로 갈라서는 경우가 많다. 성격차이로 이혼하는 것은 가장 어리석은 짓이다. 남자와 여자는 본래 속성이 다른데, 다르다는 이유로 헤어지는 사람은 차라리 동성을 만나 결혼하는 것이 나을 것이다.

마지막으로 가장 꺼리는 궁합은 상대의 격국(格局)과 용신(用神)을 합충(合沖)시켜 무력화시키는 경우이다. 이러한 구조는 어쩔 수 없이 부부관계를 유지하지만 어느 한쪽에게 큰 상처를 주며 상대에게 극심하게 무관심하다. 가장 경계해야 할 궁합이나 만약 주말부부나 떨어져 생활하는 경우가 많으면 가능할 수도 있다.그러나 애정적 표현이 서툴지만 애정은 분명히 있다. 애정이 애증으로 변할 우려가 있는데 로맨틱한 사랑을 꿈꾸는 용기있는 사람은 결혼도 생각해 볼 수 있다.

6장. 직업론

오늘날은 급격한 산업의 발전으로 많은 직업이 새로 생기기도 하고 사라지기도 한다. 사주로 많은 것은 알고 싶어하는 욕구에 호응하여 이 분야에 대한 연구도 많이 이루어졌지만 아직은 부족한 것이 사실이다. 직업이 분업화·세분화되면서 사주로 단번에 유추한다는 것은 불가능하다.

고려나 조선시대에는 계층에 따라 사농공상으로 분류되었다. 이때는 직업을 선택하는 것이 아니라 신분이 곧 직업이 되었다. 귀천이 태어날 때부터 정해져 있고, 직업과도 직결되니 사주를 통해 직업은 묻지도 않았을 것이다. 최고 계층의 선비들은 신분의 지위 정도가 관심사였을 것이라고 본다.

그러나 오늘날에는 직업을 선택할 자유가 있고, 능력과 노력에 따라 달라진다. 그러나 누구에게나 공평하게 문이 열려있지만 팔자를 뛰어넘지는 못한다. 필자는 운명은 정해져 있다는 전제에서 추리한다. 운명이 정해져 있지 않다면 분수껏 살라는 말이 무색할 것이다. 누구나 노력으로 운명을 개척할 수 있다면 열심히 해보라는 격려 외에 무슨 말이 필요하겠는가. 사주학의 이치는 명백하나 학인이 미치지 못하는 것이다. 운명학을 폄하하지 말고 무지를 깨달아야 한다.

"내 직업이 뭐요?"하고 물으면 한마디로 대답할 족집게 도사는 없다. 아니 불가능하다. 그러나 격국(格局)의 고저를 통해 타고난 지위와 재물의 정도는 가늠할 수 있으니 격국론(格局論)에 대하여 정확하게 이해해야 한다.

■ 십성(十星)별 직업 분류

월령(月令)에서 투출한 천간(天干)과 용신(用神)의 십성(十星)으로 적성과 직업을 뚜렷하게 알 수 있고 적중률도 높다.

인성(印星) : 교직·상담·대변인·역학·정치·통역·관광·학원·연구·학자·침술

관성(官星) : 공직·공무원·고위관리·법률가·공기업·정치·외교·세무·회계

식상(食傷) : 연예·언론인·요리·의사·경재인·미용·기획·탐험·정보통신·게임

재성(財星) : 사업·장사·유통·중개인·도소매업자·통신업·경제인·금융·건강

신분이 높은 사람의 사주는 대부분 천간(天干)에 관인(官印)이 노출되어 있다. 인수(印綬)는 학문을 상징하고, 학문없이 명예나 지위를 기대하기는 어렵기 때문이다. 천간(天干)에 식상(食傷)・재성(財星)이 투간(透干)했으면 일단 부의 능력을 갖춘 것으로 본다.

천간(天干)에 격용(格用)이 투출(透出)하면 직업관이 분명하고, 천간(天干)의 용신(用神)과 격국(格局)이 합충(合沖)되어 무력하면 직업의 변동과 직업에 불만이 많다. 용신(用神)은 천간(天干)에 드러나야 재능을 발휘하고, 지지(地支)에 있으면 자신의 재능보다는 배우자나 부모형제, 자식덕으로 잘 사는 경우가 많다.

격용(格用)이 상반된 사주는 두 가지 직업을 좋아하거나 직업에 불만을 갖는다. 가령 정관격(正官格)에 상관(傷官)이 투출하면 직장생활을 하면서도 사업에 관심이 많다. 이것은 상관성(傷官星)이 재성(財星)을 쫓기 때문이다. 그러나 이런 사람은 사업에 실패하고, 직장생활에도 만족하지 못하니 좋은 사주라고 할 수 없다. 마음을 비우고 직장생활에 충실하도록.

상관격(傷官格)에 정관(正官)이 투출(透出)해도 비슷한 양상을 띤다. 그러나 상관격(傷官格)은 본래 재(財)를 쫓는 것이니, 직장보다는 사업가의 자질을 키우는 것이 좋다. 격국(格局)이 빈천하면 분수를 지키면서 남보다 두 배는 노력하며 살아야 한다. 지성이면 감천이란 말을 잊지 말고 살도록.

7장. 수명론

만물은 생멸의 원리에서 자유로울 수 없다. 태어나면 반드시 죽는 것이 자연의 이치인데 사람들은 오래 살려는 욕망을 버리지 못한다. 학문·명예·재물을 충족하고 나면 결국에는 장수를 바라는 것이 인지상정이다. 그러나 삶은 희노애락의 연속이고, 종착점은 결국 죽음이다.

사람은 태어나면서부터 죽음이라는 번뇌를 갖는다. 이에 좀더 일찍 집착하는 무리가 종교인이고, 보통사람들은 대개 쇠약한 육신을 깨달으면서 고뇌한다. 삶과 죽음이 인생이고, 희노애락은 인생의 감초일 뿐이다. 인간의 욕심은 명을 단축시키는 가장 큰 요인이다. 욕심은 오장을 탁하게 하고, 결국 병을 만들어 명을 재촉한다. 그렇다면 욕심없이 안빈낙도하며 사는 것이 장수하는 비결일 것이다.

철학은 종교의 스승이니 통하는 바가 있다. 성경에 '욕심이 잉태하여 죄를 낳고, 죄가 잉태하여 사망을 낳는'고 했다. 더불어 모든 종교의 핵심 가르침은 중도·중용·중화이다. 오행(五行)이 한 쪽으로 편중되면 중화를 잃는 원인이 되니 부작용이 생긴다. 너무 강하면 망한다는 말이 있다. 욕심은 너무 강한 것을 의미한다. 한쪽이 강하면 중화를 잃고, 중심을 잃으면 인생도 망망대해를 표류하게 된다.

사주학에서도 편인(偏印)·편재(偏財)·편관(偏官)을 치우친다는 의미의 편(偏) 자를 쓴다. 편인(偏印)이 치우치면 식복을 의미하는 식신(食神)이 사라지고, 편재(偏財)가 치우치면 나를 생조(生助)하는 인성(印星)이 파괴되고, 편관(偏官)이 치우치면 나의 뿌리가 손상되니 단명을 초래할 수 있다.

또 편인(偏印)이 지나치면 의식이 한쪽으로 치우쳐 삶을 비관하여 자살하거나 정신이상을 초래할 수 있고, 편관(偏官)이 지나치면 교통사고 등의 불의의 사고를 겪는 경우가 많고, 편재(偏財)가 지나치면 도박이나 투기 등으로 가산을 탕진하여 홧병을 얻거나 정신이 피폐하여 질병으로 단명하는 경우가 많다.

사람이 나이가 들면 오장의 기능이 약해져 죽는 것은 어쩔 수 없지만 아직 앞길이 창창한데도 불객으로 죽는 것은 안타까운 일이다. 신약(身弱)한데 관살(官殺)운이나 재성(財星)운이 와서 인수(印綬)나 비겁(比劫)을 약하게 만들거나 합충(合沖)으로 무력화시키거나, 신강(身强)한데 일간(日干)을 더욱 신강(身强)하게 만들어 용신(用神)을 무력하게 만들면 불의의 사고를 겪는 경우가 많다.

용신(用神)은 중화시키는 신(神)인데 일간(日干)이 너무 왕하면 용신(用神)의 기운이 그만큼 약하다는 뜻이다. 이런 경우에는 중화를 이루어 장수할 사주라도 운에서 격용(格用)을 동시에 합충(合沖)으로 마비시켜 생명이 위태로워진다.

명을 모르면 군자가 아니라는 말은, 군자는 명을 벗어나는 길을 안다는 뜻이다. 군자는 중화를 잃는 운이 와도 마음을 다스려 화를 피해갈 줄 안다. 따라서 수명은 마음먹기에 달렸고, 중화사상을 가지면 누구나 장수할 수 있다. 중화사상은 조급한 마음을 버리고 여유있고 치우치지 않는 마음을 갖는다.

8장. 운세론

사주보다는 운이 좋아야 한다는 말이 있다. 그러나 사주가 좋아야 운도 따르는 법이다. 일단 사주의 격국(格局)이 높아야 큰 운을 기대할 수 있다. 격국(格局)이란 사주의 그릇을 의미한다. 운은 사주의 격이 실현되는 시기를 말한다. 대통령의 그릇이 되어야 언제고 운이 오면 용상에 오를 수 있는 것이다. 거지팔자는 아무리 천운이 들어와도 거지에 걸맞는 복이 있을 뿐이다. 이미 사주에 타고난 복분이 정해져 있으니 욕심을 버리고 작은 운에도 감사할 줄 알아야 한다.

사주가 좋은데 출세와는 거리가 먼 경우가 있다. 자신의 선택에 의한 것이다. 출세를 하는 사람은 반면에 수많은 경쟁구도에서 상대를 제압하고 그 자리를 얻는 것이니 원한을 사게 된다. 그러니 겉으로는 풍족해 보여도 의식의 안락함은 덜하다.

어쨌든 좋은 사주는 의식의 풍족함을 얻든 출세가 보장되든 옵션이 보장된다. 그러나 나쁜사주는 의식이 피폐하고 출세도 마음대로 되지 않는다. 일단 사주가 좋은 사람은 자신의 노력에 의하여 출세는 보장된다고 보고, 운에 따라 그 시기만 다를 뿐이다. 앞의 격국론(格局論)에서 살펴보았지만 좋은사주와 나쁜사주를 간략하게 정리해보자.

— 정관격(正官格)은 인수(印綬)가 있어야 한다. 탁하게 하는 상관(傷官)을 제압하여 인수(印綬)는 정관(正官)을 성공시키는 보증수표가 된다.
— 칠살격(七殺格)은 식신(食神)이 있어야 한다. 식신(食神)은 칠살(七殺)을 다스려 스스로의 재능과 노력으로 출세한다. 정관(正官)이 인수(印綬)를 얻으면 원조를 받거나 인망을 얻어 출세하는 것과는 다소 차이가 있다.
— 식신격(食神格)이 재(財)를 보면 재물이 풍족하고, 인성(印星)이 중하면 가난을 면하기 어렵다.
— 재격(財格)은 식상(食傷)이 있어야 한다. 큰 명예는 없지만 열정과 탁월한 수완으로 출세한다. 또한 재격(財格)은 관(官)이 투출(透出)해야 관리직이나 명예회장 정도의 지위를 얻는다.
— 상관격(傷官格)은 재(財)를 보아야 한다. 만일 신강(身强)한데 목화통명(木火通明)이 되면 최고의 격국(格局)을 이룬다. 그러나 신약(身弱)하면 재능은 있지만 재력이 뒷받침이 되지 않고,

가난을 면하기 어렵다.

— 인수격(印綬格)은 관살(官殺)을 보면 명예를 얻고, 식상(食傷)을 보면 학식을 얻으나, 재(財)를 보면 탁명이 되어 빈천을 면하기 어렵다.

— 양인격(羊刃格)은 관살(官殺)을 보면 책임감 있는 관리직에 오르나, 재(財)를 보면 재물산재가 많아 삶에 기복이 많다.

— 월겁격(月劫格)은 재관(財官)·식재(食財)·관인(官印) 등 두 가지가 상생(相生)하면 길하나, 신약(身弱)하면 소신대로 살지 못하고 표류하는 인생이 된다.

■ 격국(格局)으로 대운(大運) 보는 법

정관격(正官格) : 정관격(正官格)인데 인수(印綬)가 용신(用神)이면 인수(印綬)를 거스르는 재(財)운은 불가하다. 식신(食神)운에는 재물을 얻지만 남편과 자식덕은 없다. 정관격(正官格)이 재(財)가 용신(用神)이면 비겁(比劫)운은 불가하고, 재합충(財合沖)운도 꺼린다.

재격(財格) : 재격(財格)은 비겁(比劫)운을 꺼리나 사주에 식상(食傷)이 왕하면 비겁(比劫)운에 재물을 얻는다. 재격(財格)은 칠살(七殺)운을 만나면 부도파산하고, 식상(食傷)운을 만나면 사업이 번창한다.

인격(印格) : 인격(印格)은 식상(食傷)운을 만나면 재능을 발휘하여 실력을 인정받고, 관성(官星)운을 만나면 분주하고 판단력이 흐려지며 시비와 분쟁이 따른다. 재(財)운을 만나면 명예가 손상되지만 사주에 정관(正官)이 있으면 신분이 상승한다.

식신격(食神格) : 식신격(食神格)이 칠살(七殺)이 투출(透出)하면 재(財)운에 시비분쟁 소송에 휘말리다 인수(印綬)운에 해결된다. 식신격(食神格)은 재(財)운에 가산이 늘고, 관살(官殺)운에는 승진하거나 결혼한다.

상관격(傷官格) : 상관격(傷官格)은 재(財)운에 번창하고, 관살(官殺)운에는 분쟁이 있고, 인수(印綬)운에는 손재가 있지만 그릇이 커지고 의식의 변화가 온다.

양인격(羊刃格) : 양인격(羊刃格)은 재(財)운에 파산하고, 관살(官殺)운에는 명예를 얻으며 의식주가 풍족해지고, 비겁(比劫)운에는 건강이 위태롭다. 양인(羊刃)을 상충(相沖)하는 운은 신변에 커다란 변화가 따르니 세밀하게 살펴야 한다.

칠살격(七殺格) : 칠살격(七殺格)은 식신(食神)운에 대업을 이루고, 인수(印綬)운에는 소운이 열리고, 재(財)운에는 사고수가 있으며, 관성(官星)운에는 변동수가 있다.

월겁격(月劫格) : 월겁격(月劫格)은 관살(官殺)운에 출세하고, 식상(食傷)운에는 재물덕을 보고, 재(財)운에는 사기가 들어 손실이 있고, 인수(印綬)운에는 주변의 조언에 귀를 열어야 한다.

　운은 사주의 고저와 배합에 따라 천차만별로 나타난다. 사주가 좋으면 운에 민감하지 않고 묵묵히 항해하는 배와 같고, 사주가 나쁘면 들뜬 심사대로 변덕이 죽끓듯 하며, 다된 밥도 마다하고 불행을 자초한다. 진중한 시야가 없고 대안없이 망동하여 실패한다.

　그러나 사주가 좋으면 격용(格用)을 동시에 위태롭게 하는 운만 아니면 크게 꺼리지 않고, 사주가 중용을 이루면 흉운도 유연하게 대처하여 큰 불행을 면할 수 있다. 사주를 상담할 때는 운을 섬세하게 살펴 아낌없이 조언해주는 것이 마땅하나, 사주가 좋으면 자만이 들지 않는 선에서 격려를 하면 그만이다.

　사주에 고저가 있듯이 운을 보는 방법도 같다. 사주의 격국(格局)을 탁하게 하는 운이나, 격용(格用)을 해치는 글자가 있거나, 그 글자를 회합(會合)으로 동하게 하면 흉하다.

　운을 보는 법을 일일이 기술하지는 못하지만 통하는 원리는 같다. 다양한 실전경험을 통하여 암기보다는 원리를 터득하는데 힘써야 한다.

부 록

역(易)의 실체

1. 역(易)의 생성

역(易)이란 일월(日月)을 결합하여 문자로 형상화한 것이다. 일월(日月)은 해와 달이고, 해와 달이 있어 사계절이 생겨난 것이다. 사계절은 오행(五行)인데, 목화금수(木火金水)와 중앙 토(土)가 있어 오행(五行)이 된다. 중앙 토(土)의 역할은 사계절을 관장하여 일정한 흐름을 유지하는 것이다.

더 자세히 설명하면 봄은 인묘진(寅卯辰) 90일인데 목(木)의 기운은 진토(辰土)로 저장되어 여름이 시작되고, 사오미(巳午未) 90일이 지나면 화(火) 기운은 미토(未土)로 저장되어 다시 가을이 시작되고, 신유술(申酉戌) 금(金) 기운은 술토(戌土)에 저장되어 다시 겨울이 시작되고, 해자축(亥子丑) 수(水) 기운은 축토(丑土)에 저장되어 다시 봄의 기운을 연다.

중앙 토(土)는 억제와 변화를 주관한다. 만약 토(土)의 억제가 없으면 나무는 성장을 멈추지 않고 하늘 끝까지 자랄 것이다. 사람도 어느 정도 성장하다가 멈추는 것도 토(土)의 작용이라고 할 수 있다. 여름에는 꽃을 피우고, 가을에는 결실을 이루고, 겨울에는 씨앗을 만들고, 봄에 다시 성장한다. 만일 중앙 토(土)가 없다면 사계절의 변화도 없고 결실을 이룰 수도 없을 것이다. 이러한 변화의 원리는 눈에 보이지는 않지만 마치 잘 짜여진 프로그램처럼 한치의 어긋남이 없이 율동적으로 펼쳐진다.

역(易)은 우주자연의 법칙을 학문적으로 고찰하여 문자로 정리한 것이다. 우주에서도 지구가 태양을 중심으로 일정한 궤도를 이탈하지 않고 돌아간다. 여기서 태양은 중앙 토(土)라고 할 수 있다. 중앙 토(土)의 역할은 매우 중요하며, 원리를 깨우치는 것이 바로 역(易)의 원리를 관통하는 핵심키이다. 중앙 토(土)는 곧 태양이며, 만물이 시작하는 원동력이 된다.

역(易)이라는 글자는 엄밀하게 말하면 일월(日月)의 결합이라기보다는 일(日)과 물(勿)의 합성어이고, 물(勿)의 본래의 의미는 월(月)이라고 할 수 있다. 해가 뜨면 달은 보이지 않으니 월(月)을 물(勿) 자로 표현한 것이다. 여기서 우주의 원리를 유추해 볼 수 있다. 없을물(勿) 자는 빛이 없는 어둠의 상태를 말하고, 여기에 해(日)가 등장하면서 천지의 시작을 알린다.

천부경(天符涇)에서는 이를 '일시무시일(一始無始一)'이라고 표현했다. 아무것도 없는 상태에서 하나가 나오는데, 하나는 날일(日)

과 같은 의미이다. 성경에서도 어둠에서 빛을 만들어 낮과 밤을 나누어 첫째 날의 시작을 알렸다. 천지창조의 시작은 '빛이 있으라 하여 빛이 있었고'라는 말씀이 창세기의 시발점인데, 여기서 빛은 날일(日)=한일(一)이다.

천지의 만물은 하나에서 시작하여 하나로 돌아간다. 이는 하나에서 시작하여 하나에서 끝난다는 말과도 통한다. 이를 성경에서는 '나는 알파와 오메가요'라고 표현하였고, 천부경(天符涇)에서는 '일종무종일(一終無終)'이라고 표현하였다. '나는 알파와 오메가요'라는 말은 '나는 태양이다'라는 말로 고쳐도 무방하다. 태양은 다시 중앙 토(土)라고 할 수가 있다. 비록 말은 다르나 본래의 의미는 같다.

천지창조의 원리를 이해하면 모든 종교와 철학을 관통할 수 있다. 역(易)이란 복잡하게 설계된 우주탄생의 거대한 프로그램을 압축하여 저장한 것이다.

2 역(易)의 의미

역(易)은 크게 간이(簡易)·변역(變易)·불역(不易)으로 나눌 수 있다. 간이(簡易)는 역(易)은 간결하고 알기 쉽다는 뜻이고, 변역(變易)은 역(易)은 변한다는 뜻이고, 불역(不易)은 역(易)은 변하지 않는다는 뜻이다. 여기서 변역(變易)과 불역(不易)은 모순되는 것 같으나 아래의 문장을 보면 이해될 것이다.

'역(易)은 매우 쉬운 것이니라. 하나에서 시작하여 변하는 것 같아도 하나의 본질은 변하지 않는 것이다.' 문장은 쉽지만 말뜻을 이해하기는 만만치 않을 것이다. 다시 설명하면 하나의 씨앗을 심으면 성장하여 꽃을 피우고 열매를 맺으면 다시 하나의 씨앗이 나온다. 즉 모습은 변해도(變易) 본래의 씨앗으로 돌아가니 불역(不易)이 되는 것이다.

씨앗과 열매는 성장과정에 따른 변화가 있지만 실체는 같은 것이다. 이와 같은 이치는 자연의 법칙에서 쉽게 깨달을 수 있기 때문에 변역(變易)과 불역(不易)의 원리는 간이(簡易), 즉 아주 쉽다는 것을 말한다.

역(易)은 쉽게 생각하면 쉽고, 어렵게 생각하면 알 수가 없는 것이다. 다른 비유를 들면 해가 동쪽에서 떠서 서쪽으로 저물면 보이지 않기 때문에 없을물(勿)이 되고, 해가 지면 달이 뜨니 물(勿) 자가 달(月)이 되는 것이다. 해가 다시 동쪽으로 뜨는 일출상태가 없을물(勿) 자의 해가 뜬 모습이 역(易)의 상(像)을 이룬 것이다.

역(易)을 밝히는 것을 철학 또는 도(道)라고 한다. 도(道)는 음양(陰陽)이며 음양(陰陽)은 일월(日月)이다. 무에서 유가 나온다는 말은 없을물(勿) 자에 날(日) 자가 나오는 것이다. 거듭 설명하지만 역(易)이란 해가 동에서 떠서 서쪽으로 사라지는 것 같아도, 다시 동쪽으로 뜬다는 것을 아는 것이다. 이는 대자연의 불변이며 해가 멈추지 않고 끊임없이 동(動)하는 것이 변역(變易)이다.

해가 뜨고 지는 이치를 모르는 사람은 없을 것이다. 너무나 쉬운 이치를 벗어나 복잡한 문자에 빠져들면 허잡한 지식만 가득할 뿐 실체를 간과하게 된다. 그래서 도(道)를 자연이라 하는 것이고, 노자는 도법자연이라고 한 것이다. 옛성인들의 가르침은 비유만 다를 뿐 하나의 해답을 제시하고 있다.

역(易)의 참뜻이 어처구니없게도 매우 쉬워 오히려 역(易)의 본질에서 벗어나게 한다. 공자는 '아침에 도(道)를 깨달으면 저녁에 죽어도 좋다'고 했다. 공자가 죽어도 좋을만큼 기쁨을 맛보았던 도(道)는 역(易)을 통해 우주의 원리를 깨닫는 것이다. 그리고 우주가 어떻게 흘러가며 어떻게 전개되는지를 안 것이다. 사람이 비록 티끌 같은 존재이지만 드넓은 우주의 끝자락을 보았다면 어찌 기쁘지 않겠는가.

역(易)의 기본은 음양(陰陽)이고, 음양(陰陽) 이전의 상태를 무극(無極)이라 한다. 무극(無極)은 태극(太極)을 낳고, 태극(太極)은 양의(兩儀)를 낳고, 양의(兩儀)는 사상(四象)을 낳고, 사상(四象)은 팔괘(八卦)를 낳고, 팔괘(八卦)는 16괘를 낳고, 16괘는 32괘를 낳고, 32괘는 64괘를 낳았다. 이렇게 만물이 끊임없이 생성되는 원동력은 음양(陰陽)에 있다.

옛성인들은 바로 음양(陰陽)의 속성으로 천지가 생성·변화·발전하는 이치를 깨달은 것이다. 문자가 있기 이전에 이러한 원리를 깨닫고, 한 자로 정의를 내린 것이 바로 역(易)이다.

해와 달은 늘 떠있으나, 우리 눈에 보이기도 하고 보이지 않기도 한다. 그러나 보이지 않는다고 존재하지 않은 것으로 생각하면 안 된다. 옛성인들은 보이지 않은 우주의 실체를 깨달아 남다른 행복감을 문자로 기록한 것이다. 역(易)을 보고도 모르는 사람은 인간이 느낄 수 있는 참자유와 기쁨을 영영 누릴 수 없을 것이다.

예수는 '천국의 기쁨은 진리를 통해서 얻는다'고 했고, '진리가 너희를 자유롭게 하리라'고 했다. 예수·공자·석가는 역(易)의 이치를 깨달은 성자들이며, 예수는 자신을 하느님의 아들이라고까지 기쁨을 표현했다. 예수가 하느님의 아들이냐 아니냐가 중요한 것이 아니라, 그의 말씀이 중요하다. 믿음은 진리를 깨달아 자연적으로 발생하는 것이며, 온전한 기쁨은 도취가 아닌 순수한 이성의 깨달음에서 오는 것이다.

3. 역(易)의 목적

역(易)은 생각에 머물렀을 때는 형이상학적이었지만, 문자로 옮기면서 형이하학적인 학문이 되어 발전하였다. 점차 우주의 실체가 역(易)의 원리로 규명되고 있으니, 역(易)은 과학보다 앞선 것이며 스승이다. 종교도 철학의 사상에서 벗어나지 않으니 철학이 종교를 낳았다고 할 수 있다. 철학은 사상을 낳고, 사상은 종교를 낳고, 종교는 정신문명을 낳고, 정신문명은 물질문명을 낳았다.

오늘날 철학과 종교와 과학이 분리된 것은 보다 폭넓은 문명을 형성하고자 하는 신의 의도였으나, 한편 신의 큰 실수라고 할 수 있다. 신의 존재에 대해서는 굳이 설명할 필요는 없으나, 있다고 하면 있고 없다고 하면 없는 것이다. 필자는 신의 존재를 역(易)을 통하여 믿게 되었다. 이 믿음은 굳이 신을 향한 구도적인 사명이 아니라, 역(易)을 공부하면서 자연스럽게 생긴 것이다.

신을 본 사람은 아무도 없다. 보이지 않는 것을 어찌 믿을 수 있겠는가. 그러나 보이지 않는 것도 과학자들이 규명하면 의심없이 받아들이는 것을 보면 인간은 근본 바탕에 믿을신(信) 자가 각인되어 있는 것 같다. 마음의 바탕은 신(信)이며 그것에 생명력을 불어넣는 것이 진리라고 생각한다.

예수는 깨달은 자이기에 신의 아들이라고 자칭한 것이다. 어쨌든 사람은 보이지 않은 신에 대한 믿음의 욕구가 잠재되어 있다. 예수는 진리를 통해 믿을신(信) 자에 생명력을 불어넣어 자신 또한 영구한 삶을 보장받는다고 생각했다. 예수는 맹목적인 믿음보다는 자신의 말을 통해 자신이 깨달은 만큼의 경지를 인간에게 요구한다. 믿기 전에 먼저 깨닫고 계명을 지켜 진리를 흐리지 않기를 바란 것이다.

예수가 짊어진 십자가는 진리의 완성을 의미한다. 십(十)이란 사전적 의미로는 완전하다는 뜻이다. 예수는 십자가를 통해 완전한 삶의 의미를 가르치고자 했고, 십자가의 외형보다는 열십(十)의 참뜻을 알기를 바랐다. 예수의 삶은 결국 십자가를 상징적으로 드러내는 것으로 죽음으로 가치를 나타내고 있다.

천부경(天符涇)에도 '일적십거(一積十鉅)'라는 말이 있다. 일(一)이 쌓여서 십(十)으로 커진다는 의미이다. 예수 한 사람이 죽어 피가 천지에 쌓여 십자가가 전세계에 뻗쳤다는 의미로 사상적 연관성을 부여할 수 있다.

『부도지』는 이 말에 대해 보다 자세하게 기록하였다. '기허실지수구이성십비즉천부지수(基虛實之數九而成十此則天符之數)' 천부지수(天符之數)는 천부경(天符涇)에 나온 숫자라는 뜻으로 천부경(天符涇)을 부연하고 있다. 위의 허실(虛實)은 구십(九十)과 대응하는 말로, 9는 허(虛)이고 10은 실(實)을 의미한다. 9수는 양(陽)이고 10수는 음(陰)인데, 허실은 음양(陰陽)을 뜻하고 음양(陰陽)의 결합이 바로 십(十)이다.

『격암유록(格庵遺錄)』에서는 이를 십승지(十勝地)라 설명하면서 십승(十勝)을 구궁가일(九宮加一)이라고 했다. 구궁가일(九宮加一)은 아홉에 하나를 더하면 십(十)이 된다는 뜻인데, 구궁(九宮)은 위의 9수와 같은 맥락이다. 또한 석가도 시방세계(十方世界)라 일컬었다. 이렇게 예수와 석가의 사상은 역(易)의 이치에 근거한 것이다.

종교의 상징물을 보면 십(十)의 중심에 예수가 못박히고, 만(卍)은 부처의 마음 중심에 있는 길상의 표시이다. 그리고 예수는 '천국을 여기 있다 저기 있다 하지 말라. 천국은 네 마음 속에 있다'고 했고, 석가는 '심즉불(心卽佛)' 즉 마음에 부처가 있다고 했으며, 유교의 핵심교리는 '중용'이니 유·불·선의 사상적 핵심은 역

(易)의 중앙 토(土)를 가리키고 있다.

역(易)의 목적은 종교와 사상의 이념적 갈등을 극복하려는데 있다. 역(易)의 본연의 진리에서 벗어난 종교의식은 종교전쟁이라는 잔혹한 역사를 기록하며 갈등의 매듭을 만들었다. 또한 무구한 과학의 발전은 오늘날 정신문명을 압도하여 인간의 정신을 황폐화시키고 있다.

과학과 종교가 역(易)의 이치에서 벗어난 구현정신은 도리어 패도의 잔상만 보여줄 뿐 인류가 가야할 참길을 열어주지 못했다. 이러한 난제를 극복하려면 순수한 역리(易理)에 입각한 본래의 근원으로 다시 돌아가야 한다고 생각한다. 필자는 이런 이치가 역(易)에 있다고 본다. 역(易)이란 끝도 시작도 없이 끊임없이 반복되는 무극(無極)의 세계로 안내하는 경전이기 때문이다.

천하의 부와 권력을 모두 가졌던 솔로몬은 죽음 앞에서 인생무상을 탄식했지만, 공자는 도(道)를 깨달으면 죽어도 좋다고 했다. 이처럼 깨달은 자의 정신은 죽음을 초월하는 기쁨으로 충만되는 것이다. 예수 또한 부활하여 생사의 영역을 넘나들었다. 사후에 천당 가려는 나약한 심사는 버려라. 그저 믿습니다 하는 감성에 굴복하지 말고 이성의 특권을 포기하지 마라.

인간은 결국 장생의 비밀을 풀 것이다. 필자는 그 해답은 역(易)의 원리에 있다고 생각한다. 인체는 우주의 축소판이다. 나를 아는 것이 곧 삼라만상의 이치를 관통하는 지름길이다. 유리알처럼 투명한 마음으로 우주를 들여다 보라. 그리하면 보일 것이다.

4. 역(易)의 사명

역(易)은 음양(陰陽)이고, 음양(陰陽)은 도(道)라고 한다. 음양(陰陽)은 천지만물을 생성할 수 있는 근원이다. 오행(五行)은 생성된 물질의 변화를 의미한다. 음양(陰陽)은 공간적 개념이고, 오행(五行)은 시간적 개념이다.

눈에 보이는 음양(陰陽)의 실체는 해와 달이고, 가장 가까이서 볼 수 있는 것이 남자와 여자이다. 일월(日月)이 있어 사계절이 있듯이 남자와 여자도 자식을 탄생시킨다. 음양(陰陽)은 본래 음(陰)과 양(陽)의 복수의 개념이 아니라 하나이다. 음(陰)은 양(陽)이 생성되기 위한 무형의 공간에 불과하고, 양(陽)이 유형의 실체이다.

성경에 하느님이 아담을 만들고, 아담의 갈빗대로 하와를 만들었다고 했다. 남자가 여자를 탄생시켰다는 말인데, 이것은 남자와 여자는 모습이 다를뿐 본래 하나였다는 것을 말하고자 하는 것이다.

음양(陰陽)은 서로 상반된 성질을 가지고 있으나 본질은 하나이다. 이것을 주역(周易)에서는 무극(無極)시 태극(太極) 태극(太極)시 무극(無極)이라 하고, 불가에서는 공즉시색(空卽是色) 색즉시공(色卽是空)이라 한다.

음(陰)은 정적이고 양(陽)은 동적이다. 주역(周易)에서는 이를 정중동(淨中動)이라 한다. 정중동(淨中動)은 역의 변역(變易)과 불역(不易)을 함축한 말이다. 이와 상통하는 말로는 궁즉통(窮卽通)이다. 생과 사가 단절되는 것 같아도 유형에서 다시 무형으로 돌아간

것일뿐 실체는 사라지지 않는다. 죽으면 유형의 육체는 사라지지만 영혼은 소멸되지 않는다. 우주만물은 한번 생성되면 영원히 존속되는 법칙이 있다. 다만 외형만 달라질 뿐이다.

천부경(天符涇)의 '무진본(無盡本) 부동본(不動本)'은 모든 만물은 변화하지만 형태만 변화하고 근본은 시간이 다해도 사라지지 않고 움직일 수 없는 근본이라는 뜻이다. 과학에서도 열역학(熱力學) 제1법칙인 에너지 보존법칙과 같은 원리이다.

우주는 본래 무에서 하나가 생겨 시작되었다. 하나는 곧 빛이 되고 빛은 만물을 생성하며 움직이는 에너지이다. 천부경(天符涇)에 '인중천지일(人中天地一)'이라는 말이 있다. 이것은 인간의 중심에는 천지의 하나가 있다는 뜻인데, 인간이 하늘의 하나를 가짐은 마음을 얻는 것이고, 땅의 하나를 가짐은 육체를 얻는 것이다. 천지의 은덕으로 사람이 생성된 것이니 사람은 마땅히 심중에 천지의 하나를 일깨우라는 뜻으로 보인다. 심중에 하나만 알면 천문(天門)과 지리(地理)를 통달하여 지극한 도(道)의 경지에 이르게 되는 것이다.

천부경(天符涇)의 '일석삼(一析三)'은 하나가 쪼개어져 셋이 되었다는 뜻이다. 하나를 쪼개면 둘이 되는데 왜 셋이라고 하는 것일까. 쉽게 납득이 안 가겠지만 천지(天地)는 본래 하나였는데, 사람이 등장하면서 천지인(天地人) 셋으로 분리된 것으로 인식하면 될 것이다. 인간 중심의 하나는 천지가 만들어준 양심이라고 할 수 있고, 심중에 하나가 하나님으로 의식하는 것이 종교의 시초로 보여진다.

앞에서 설명한 것과 같이 예수의 마음 안에 천국이 있다는 말씀, 부처의 심즉불(心卽佛), 유교의 중용·중도사상은 모두 천부경(天符涇)의 인중천지일(人中天地一)은 모두 같은 의미이다.

역(易)을 밝히는 것이 도(道)이고, 도(道)는 음양(陰陽)이며, 음양(陰陽)은 오행(五行)을 만들어내듯 인간의 역사는 음양오행(陰陽五行)이 드러내는 현상이라고 할 수 있다.

우주를 알려면 먼저 인간을 알아야 하고, 세계의 변화를 알려면 우리나라의 역사를 먼저 알아야 한다. 나아가 인류의 미래를 능히 짐작할 수 있는 것은 음양오행(陰陽五行)의 흐름이다. 우리나라의 근대사를 통해 음양오행(陰陽五行)의 놀라운 법칙을 깨달으면 우리가 어떻게 살아야 하는지에 대해서도 알게 될 것이다.

오늘날 인간이 무도하여 인류의 생존을 위협받는 지경에 이르렀다. 그러나 병이 있으면 약이 있고, 하늘이 무너져도 솟아날 구멍이 있다고 했다. 인간이 천지의 근원을 망각한 것은 인중(人中)에 하나를 잃어버렸기 때문이다. 진리는 곧 하나이다. 그것을 한 글자로 도(道)라고 하고, 보이지 않은 음(陰)의 체(體)를 밝히기 위해 양(陽)의 용(用)으로 드러내는 것이다.

지금까지 역(易)의 실체에 대해 정리해보았다. 그러나 도무지 무슨 뜻인지 알듯 모를듯 할 것이다. 사실 안다고 하면 알고, 모른다고 하면 모를 것이다. 역(易)을 도(道)라고도 하고, 도(道)를 음양(陰陽)이라고도 하는데 이러한 이치를 깨우친들 무엇이 달라지겠느냐고 반문할지도 모른다.

그러나 머지않아 물질문명이 한도에 이르르면 정신문명이 다시 도래할 것이다. 이 때 정신적으로 성숙하지 못한 사람은 추풍낙엽처럼 도태되고 소멸될 것이다. 역(易)은 신(神)이 우리 인간에게 내린 시험지라고 할 수 있다. 이것을 푸는 시간은 정해져 있다. 힘써 해답을 찾은 자에게는 끝이 없는 무극(無極) 세계에 영육이 안착할 것이다.

우주는 주기별로 문명의 변화가 있었다. 수극(水極)의 시대, 화극(火極)의 시대, 목극(木極)의 시대, 금극(金極)의 시대가 끝나고, 이제는 토극(土極)의 시대가 펼쳐질 것이다. 중앙의 토(土)는 태양이 관장하니 밤이 없는 광명의 세상이다. 그늘이 없고 투명하며, 죄가 없고 형벌이 없으며, 악이 없으니 죽음도 없는 세상이다. 그러한 세상을 애써 믿으려 하지 말고, 먼저 역(易)의 오묘함을 깨우쳐라. 알지 못하면 믿음도 없는 것이다. 도(道)는 갈착(辶)+머리수(首)이니 머리로 생각하며 깨우쳐야 한다. 도(道)는 알고 가는 길이다.

음파메세지(氣) 성명학

신비한 동양철학 51

새로운 시대에 맞는 새로운 성명학

지금까지의 모든 성명학은 모순의 극치를 이루고 있다. 이제 새로운 시대에 맞는 음파메세지(氣) 성명학이 탄생했으니 차근차근 읽어보고 복을 계속 부르는 이름을 지어 사랑하는 자녀가 행복하고 아름다운 삶을 살아갈 수 있도록 하는데 도움이 되었으면 한다.

· 청암 박재현 저

정법사주

신비한 동양철학 49

독학과 강의용 겸용의 책

이 책은 사주추명학을 연구하고자 하는 분들에게 심오한 주역의 이해를 돕고자 하는 의도에서 시작되었다. 음양오행의 상생상극에서부터 육친법과 신살법을 기초로 하여 격국과 용신 그리고 유년판단법을 활용하여 운명판단에 첩경이 될 수 있도록 했고, 추리응용과 운명감정의 실례를 하나 하나 들어가면서 독학과 강의용 겸용으로 엮었다.

· 원각 김구현 저

동양철학전문출판 삼한

찾기 쉬운 명당

신비한 동양철학 44

풍수지리의 모든 것 !

이 책은 가능하면 쉽게 풀려고 노력했고, 실전에 도움이 되도록 했다. 특히 풍수지리에서 방향측정에 필수인 패철(佩鐵)사용과 나경(羅經) 9층을 각 층별로 간추려 설명했다. 그리고 이 책에 수록된 도설, 즉 오성도, 명산도, 명당 형세도 내거수 명당도, 지각(枝脚)형세도, 용의 과협출맥도와, 사대혈형(穴形) 와겸유돌(窩鉗乳突) 형세도 등은 국립중앙도서관에 소장된 문헌자료인 만산도단, 만산영도, 이석당 은민산도의 원본을 참조했다.

· 호산 윤재우 저

명리입문

신비한 동양철학 41

명리학의 필독서 !

이 책은 자연의 기후변화에 의한 운명법 외에 명리학도들이 궁금해 했던 인생의 제반사들에 대해서도 상세하게 기술했다. 따라서 초보자부터 심도있게 공부한 사람들까지 세심히 읽고 숙독해야 하는 책이다. 특히 격국이나 용신뿐 아니라 십신에 대한 자세한 설명, 조후용신에 대한 보충설명, 인간의 제반사에 대해서는 독보적인 해설이 들어 있다. 초보자들에게는 더할 수 없이 훌륭한 길잡이가 될 것이다.

· 동하 정지호 편역

사주대성

신비한 동양철학 33

초보에서 완성까지

이 책은 과거 현재 미래를 모두 알 수 있는 비결을 실었다. 그러나 모두 터득한다는 것은 어려울 것이다.역학은 수천 년간 동방의 석학들에 의해 갈고 닦은 철학이요 학문이며, 정신문화로서 영과학적인 상수문화로서 자랑할만한 위대한 학문이다.

· 도관 박홍식 저

해몽정본

신비한 동양철학 36

꿈의 모든 것 !

막상 꿈해몽을 하려고 하면 내가 꾼 꿈을 어디다 대입시켜야 할지 모를 경우가 많았을 것이다. 그러나 이 책은 찾기 쉽고, 명료하며, 최대한으로 많은 갖가지 예를 들었으니 꿈해몽을 하는데 어려움이 없을 것이다.

· 청암 박재현 저

동양철학전문출판 삼한

기문둔갑옥경

신비한 동양철학 32

가장 권위있고 우수한 학문 !

우리나라의 기문역사는 장구하지만 상세한 문헌은 전무한 상태라 이 책을 발간하기로 했다. 기문둔갑은 천문지리는 물론 인사명리 등 제반사에 관한 길흉을 판단함에 있어서 가장 우수한 학문이며 병법과 법술방면으로도 특징과 장점이 있다. 초학자는 포국편을 열심히 익혀 설국을 자유자재로 할 수 있도록 하고 개인의 이익보다는 보국안민에 일조하기 바란다.

· 도관 박흥식 저

정본·관상과 손금

신비한 동양철학 42

바로 알고 사람을 사귑시다

이 책은 관상과 손금은 인생을 행복으로 이끌기 위해 있다는 관점에서 다루었다. 그야말로 관상과 손금의 혁명이라고 할 수 있을 것이다. 여러분도 관상과 손금을 통한 예지력으로 인생의 참주인이 되기 바란다. 용기를 불어넣어 주고 행복을 찾게 하는 것이 참다운 관상과 손금술이다. 이 책으로 미래의 좋은 예지력을 한번쯤 발휘해 보기 바란다. 이 책이 일상사에 고민하는 분들에게 해결방법을 제시해 줄 것이다.

· 지창룡 감수

조화원약 평주

신비한 동양철학 35

명리학의 정통교본!

이 책은 자평진전, 난강망, 명리정종, 적천수 등과 함께 명리학의 교본에 해당하는 것으로 중국 청나라 때 나온 난강망이라는 책을 서낙오 선생께서 설명을 붙인 것이다. 기존의 많은 책들이 격국과 용신으로 감정하는 것과는 달리 십간십이지와 음양오행을 각각 자연의 이치와 춘하추동의 사계절의 흐름에 대입하여 인간의 길흉화복을 알 수 있게 했다.

· 동하 정지호 편역

龍의 穴·풍수지리 실기 100선

신비한 동양철학 30

실전에서 실감나게 적용하는 풍수지리의 길잡이!

이 책은 풍수지리 문헌인 조선조 고무엽(古務葉) 태구승(泰九升) 부집필(父輯筆)로 된 만두산법(巒頭山法), 채성우의 명산론(明山論), 금랑경(錦囊經) 등을 알기 쉬운 주제로 간추려 풍수지리의 길잡이가 되고자 했다. 그리고 인간의 뿌리와 한 사람의 고유한 이름의 중요성을 풍수지리와 연관하여 살펴보아야 하기 때문에 씨족의 시조와 본관, 작명론(作名論)을 같이 편집했다.

· 호산 윤재우 저

천직·사주팔자로 찾은 나의 직업

신비한 동양철학 34

역경없이 탄탄하게 성공할 수 있는 방법 !

잘 되겠지 하는 막연한 생각으로 의욕만 갖고 도전하는 것과 나에게 맞는 직종은 무엇이고 때는 언제인가를 알고 도전하는 것은 근본적으로 다르고, 결과 또한 다르다. 더구나 요즈음은 I.M.F.시대라 하여 모든 사람들이 정신까지 위축되어 생기를 잃어가고 있다. 이런 때 의욕만으로 팔자에도 없는 사업을 시작했다고 하자, 결과는 불을 보듯 뻔하다. 그러므로 이런 때일수록 침착과 냉정을 찾아 내 그릇부터 알고, 생활에 대처하는 지혜로움을 발휘해야 한다.

· 백우 김봉준 저

통변술해법

신비한 동양철학 ㉑

가닥가닥 풀어내는 역학의 비법 !

이 책은 역학에 대해 다 알면서도 밖으로 표출되지 않아 어려움을 겪는 사람들을 위한 실습서다. 특히 틀에 박힌 교과서적인 역술의 고정관념에서 벗어나, 한차원 높게 공부할 수 있도록 원리통달을 설명하는데 중점을 두었다. 실명감정과 이론강의라는 두 단락으로 나누어 역학의 진리를 설명했기 때문에 누구나 쉽게 이해할 수 있다. 역학계의 대가 김봉준 선생의 역서 「알기쉬운 해설 · 말하는 역학」의 후편이다.

· 백우 김봉준 저

주역육효 해설방법 上·下

신비한 동양철학 38

한 번만 읽으면 주역을 활용할 수 있는 책!

이 책은 주역을 해설한 것으로, 될 수 있는 한 여러 가지 사설을 덧붙이지 않고 주역을 공부하고 활용하는데 필요한 요건만을 기록했다. 따라서 주역의 근원이나 하도낙서, 음양오행에 대해서도 많은 설명을 자제했다. 다만 누구나 이 책을 한 번 읽어서 주역을 이해하고 활용할 수 있도록 하는데 중점을 두었다.

· 원공선사 저

사주명리학의 핵심

신비한 동양철학 ⑲

맥을 잡아야 모든 것이 보인다!

이 책은 잡다한 설명을 배제하고 명리학자들에게 도움이 될 비법만을 모아 엮었기 때문에 초심자가 이해하기에는 다소 어려운 부분도 있겠지만 기초를 튼튼히 한 다음 정독한다면 충분히 이해할 것이다. 신살만 늘어놓으며 감정하는 사이비가 되지말기를 바란다.

· 도관 박흥식 저

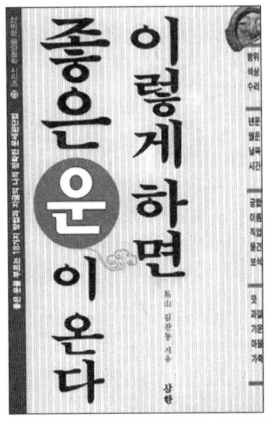

이렇게 하면 좋은 운이 온다

신비한 동양철학 ㉗

한 가정에 한 권씩 놓아두고 볼만한 책 !

좋은 운을 부르는 방법은 방위·색상·수리·년운·월
운·날짜·시간·궁합·이름·직업·물건·보석·맛·
과일·기운·마을·가축·성격 등을 정확하게 파악하
여 자신에게 길한 것은 취하고 흉한 것은 피하면 된다.
간혹 예외인 경우가 있지만 극소수에 불과하고 대부분
은 적중하기 때문에 좋은 효과를 본다. 이 책의 저자는
신학대학을 졸업하고 역학계에 입문했다는 특별한 이
력을 갖고 있기 때문에 더 많은 화제가 되고 있다.

· 역산 김찬동 저

말하는 역학

신비한 동양철학 ⑪

신수를 묻는 사람 앞에서 말문이 술술 열린다!

이 책은 그토록 어렵다는 사주통변술을 이해하기 쉽고
흥미롭게 고담과 덕담을 곁들여 사실적인 인물을 궁금
해 하는 사람에게 생동감게 통변하고 있다. 길흉작용
을 어떻게 표현하느냐에 따라 상담자의 정곡을 찔러
핵심을 끄집어내고 여기에 대한 정답을 내려주는 것이
통변술이다. 역학계의 대가 김봉준 선생의 역작이다.

· 백우 김봉준 저

술술 읽다보면 통달하는 사주학

신비한 동양철학 ㉗

술술 읽다보면 나도 어느새 도사!

당신은 당신 마음대로 모든 일이 이루어지던가. 지금까지 누구의 명령을 받지 않고 내 맘대로 살아왔다고, 운명 따위는 믿지도 않고 매달리지 않는다고, 이렇게 말하는 사람들이 많다. 그러나 그것은 우주법칙을 모르기 때문에 하는 소리다.

· 조철현 저

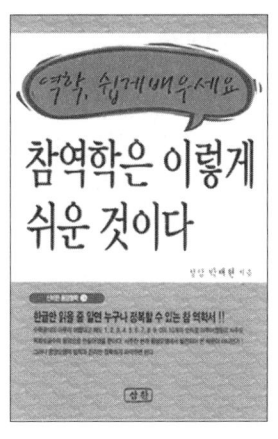

참역학은 이렇게 쉬운 것이다

신비한 동양철학 ㉔

음양오행의 이론으로 이루어진 참역학서!

수학공식이 아무리 어렵다고 해도 1, 2, 3, 4, 5, 6, 7, 8, 9, 0의 10개의 숫자로 이루어졌듯이, 사주도 음양과 목, 화, 토, 금, 수의 오행으로 이루어졌을 뿐이다. 그러니 용신과 격국이라는 무거운 짐을 벗어버리고 음양오행의 법칙과 진리만 정확하게 파악하면 된다. 사주는 단지 음양오행의 변화일 뿐이고, 용신과 격국은 사주를 감정하는 한가지 방법에 지나지 않는다.

· 청암 박재현 저

449

나의 천운 운세찾기

신비한 동양철학 ⑫

놀랍다는 몽골정통 토정비결 !

이 책은 역학계의 대가 김봉준 선생이 놀랍다는 몽공토정비결을 연구 · 분석하여 우리의 인습 및 체질에 맞게 엮은 것이다. 운의 흐름을 알리고자 호운과 쇠운은 강조했으며, 현재의 나를 조명해보고 판단할 수 있도록 했다. 모쪼록 생활서나 안내서로 활용하기 바란다.

· 백우 김봉준 저

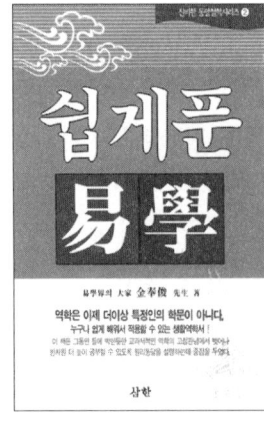

쉽게푼 역학

신비한 동양철학 ❷

쉽게 배워서 적용할 수 있는 생활역학서 !

이 책에서는 좀더 많은 사람들이 역학의 근본인 우주의 오묘한 진리와 법칙을 깨달아 보다 나은 삶을 영위하는데 도움이 될 수 있도록 가장 쉬운 언어와 가장 쉬운 방법으로 풀이했다. 역학계의 대가 김봉준 선생의 역작이다.

· 백우 김봉준 저

역산성명학

신비한 동양철학 ㉕

이름은 제2의 자신이다 !

이름에는 각각 고유의 뜻과 기운이 있어서 그 기운이
성격을 만들고 그 성격이 운명을 만든다. 나쁜 이름은
부르면 부를수록 불행을 부르고 좋은 이름은 부르면
부를수록 행복을 부른다. 만일 이름이 거지 같다면 아
무리 운세를 잘 만나도 밥을 좀더 많이 얻어 먹을 수
있을 뿐이다. 이 책의 저자는 신학대학을 졸업하고 역
학계에 입문했다는 특별한 이력을 갖고 있기 때문에
더 많은 화제가 되고 있다.

· 역산 김찬동 저

작명해명

신비한 동양철학 ㉖

누구나 쉽게 배워서 활용할 수 있는 체계적인 작명법 !

일반적인 성명학으로는 알 수 없는 한자이름, 한글이
름, 영문이름, 예명, 회사명, 상호, 상품명 등의 작명방
법을 여러 사례를 들어 체계적으로 분석하여 누구나
쉽게 배워서 활용할 수 있도록 서술했다.

· 도관 박흥식 저

451

관상오행

신비한 동양철학 ⑳

한국인의 특성에 맞는 관상법!

좋은 관상인 것 같으나 실제로는 나쁘거나 좋은 관상이 아닌데도 잘 사는 사람이 왕왕있어 관상법 연구에 흥미를 잃는 경우가 있다. 이것은 중국의 관상법만을 익히고, 우리의 독특한 환경적인 특징을 소홀히 다루었기 때문이다. 이에 우리 한국인에게 알맞는 관상법을 연구하여 누구나 관상을 쉽게 알아보고 해석할 수 있도록 자세하게 풀어놓았다.

• 송파 정상기 저

물상활용비법

신비한 동양철학 31

물상을 활용하여 오행의 흐름을 파악한다!

이 책은 물상을 통하여 오행의 흐름을 파악하고, 운명을 감정하는 방법을 연구한 책이다. 추명학의 해법을 연구하고 운명을 추리하여 오행에서 분류되는 물질의 운명 줄거리를 물상의 기물로 나들이 하는 활용법을 주제로 했다. 팔자풀이 및 운명해설에 관한 명리감정법의 체계를 세우는데 목적을 두고 초점을 맞추었다.

• 해주 이학성 저

운세십진법 · 本大路

신비한 동양철학 ❶

운명을 알고 대처하는 것은 현대인의 지혜다!

타고난 운명은 분명히 있다. 그러니 자신의 운명을 알
고 대처한다면 비록 운명을 바꿀 수는 없지만 충분히
향상시킬 수 있다. 이것이 사주학을 알아야 하는 이유
다. 이 책에서는 자신이 타고난 숙명과 앞으로 펼쳐질
운명행로를 찾을 수 있도록 운명의 기초를 초연하게
설명하고 있다.

· 백우 김봉준 저

국운 · 나라의 운세

신비한 동양철학 ㉒

역으로 풀어본 우리나라의 운명과 방향!

아무리 서구사상의 파고가 높다하기로 오천년을 한결
같이 가꾸며 살아온 백두의 혼이 와르르 무너지는 지
경에 왔어도 누구하나 입을 열어 말하는 사람이 없으
니 답답하다. IMF라는 특수한 상황에서 불확실한 내일
에 대한 해답을 이 책은 명쾌하게 제시하고 있다.

· 백우 김봉준

명인재

신비한 동양철학 43

신기한 사주판단 비법 !

살(殺)의 활용방법을 완벽하게 제시하는 책!

이 책은 오행보다는 주로 살을 이용하는 비법이다. 시중에 나온 책들을 보면 살에 대해 설명은 많이 하면서도 실제 응용에서는 무시하고 있다. 이것은 살을 알면서도 응용할 줄 모르기 때문이다. 그러나 이 책에서는 살의 활용방법을 완전히 터득해, 어떤 살과 어떤 살이 합하면 어떻게 작용하는지를 자세하게 설명하고 있다.

· 원공선사 지음

사주학의 방정식

신비한 동양철학 18

가장 간편하고 실질적인 역서 !

이 책은 종전의 어려웠던 사주풀이의 응용과 한문을 쉬운 방법으로 터득할 수 있게 하는데 목적을 두었고, 역학의 내용이 어떤 것이며 무엇이 어디에 속하는지를 알고자 하는데 있다.

· 김용오 저

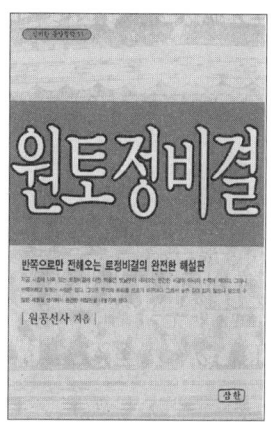

원토정비결

신비한 동양철학 53

반쪽으로만 전해오는 토정비결의 완전한 해설판

지금 시중에 나와 있는 토정비결에 대한 책들을 보면 옛날부터 내려오는 완전한 비결이 아니라 반쪽의 책이다. 그러나 반쪽이라고 말하는 사람이 없다. 그것은 주역의 원리를 모르기 때문이다. 따라서 늦은 감이 없지 않으나 앞으로의 수많은 세월을 생각하면서 완전한 해설본을 내놓기로 한 것이다.

· 원공선사 저

내가 보고 내가 바꾸는 DIY사주

신비한 동양철학 40

내가 보고 내가 바꾸는 사주비결 !

이 책은 기존의 책들과는 달리 한 사람의 사주를 체계적으로 도표화시켜 한 눈에 파악할 수 있고, DIY라는 책 제목에서 말하듯이 개운하는 방법을 제시하고 있다. 초심자는 물론 전문가도 자신의 이론을 새롭게 재조명해 볼 수 있는 케이스 스터디 북이다.

· 석오 전 광 지음

남사고의 마지막 예언

신비한 동양철학 29

이 책으로 격암유록에 대한 논란이 끝나기 바란다

감히 이 책을 21세기의 성경이라고 말한다. 〈격암유록〉은 섭리가 우리민족에게 준 위대한 복음서이며, 선물이며, 꿈이며, 인류의 희망이다. 이 책에서는 〈격암유록〉이 전하고자 하는 바를 주제별로 정리하여 문답식으로 풀어갔다. 이 책으로 〈격암유록〉에 대한 논란은 끝나기 바란다.

• 석정 박순용 저

진짜부적 가짜부적

신비한 동양철학 7

부적의 실체와 정확한 제작방법

인쇄부적에서 가짜부적에 이르기까지 많게는 몇백만원에 팔리고 있다는 보도를 종종 듣는다. 그러나 부적은 정확한 제작방법에 따라 자신의 용도에 맞게 스스로 만들어 사용하면 훨씬 더 좋은 효과를 얻을 수 있다. 이 책은 중국에서 정통부적을 연구한 국내유일의 동양 오술학자가 밝힌 부적의 실체와 정확한 제작방법을 소개하고 있다.

• 오상익 저

한눈에 보는 손금

신비한 동양철학 52

논리정연하며 바로미터적인 지침서

이 책은 수상학의 연원을 초월해서 동서합일의 이론으로 집필했다. 그야말로 완벽하리만치 논리정연한 수상학을 정리한 것이다. 그래서 운명적, 철학적, 동양적, 심리학적인 면을 예증과 방편에 이르기까지 아주 상세하게 기술했다. 이 책은 수상학이라기 보다 한 인간의 바로미터적인 지침서 역할을 해줄 것이다. 독자 여러분의 꾸준한 연구와 더불어 인생성공의 지침서가 될 수 있을 것이다.

· 정도명 저

만세력 | 사륙배판·신국판
사륙판·포켓판

신비한 동양철학 45

찾기 쉬운 만세력

이 책은 완벽한 만세력으로 만세력 보는 방법을 자세하게 설명했다. 그리고 역학에 대한 기본적인 내용과 결혼하기 좋은 나이·좋은 날·좋은 시간, 아들·딸 태아감별법, 이사하기 좋은 날·좋은 방향 등을 부록으로 실었다.

· 백우 김봉준 저

수명비결

신비한 동양철학 14

주민등록번호 13자로 숙명의 정체를 밝힌다

우리는 지금 무수히 많은 숫자의 거미줄에 매달려 허우적거리며 살아가고 있다. 1분 ·1초가 생사를 가름하고, 1등·2등이 인생을 좌우하며, 1급·2급이 신분을 구분하는 세상이다. 이 책은 수명리학으로 13자의 주민등록번호로 명예, 재산, 건강, 수명, 애정, 자녀운 등을 미리 읽어본다.

· 장충한 저

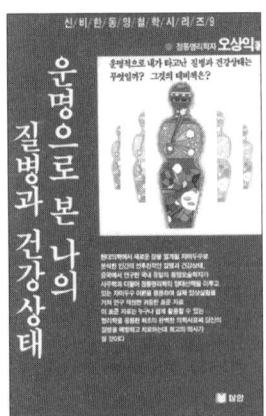

운명으로 본 나의 질병과 건강상태

신비한 동양철학 9

타고난 건강상태와 질병에 대한 대비책

이 책은 국내 유일의 동양오술학자가 사주학과 더불어 정통명리학의 양대산맥을 이루는 자미두수 이론으로 임상실험을 거쳐 작성한 표준자료다. 따라서 명리학을 응용한 최초의 완벽한 의학서로 질병을 예방하고 치료하는데 활용한다면 최고의 의사가 될 것이다. 또한 예방의학적인 차원에서 건강을 유지하는데 훌륭한 지침서로 현대의학의 새로운 장을 여는 계기가 될 것이다.

· 오상익 저

오행상극설과 진화론

신비한 동양철학 5

인간과 인생을 떠난 천리란 있을 수 없다

과학이 현대를 설정하여 설명하고 있으나 원리는 동양철학에도 있기에 그 양면을 밝히고자 노력했다. 우주에서 일어나는 모든 일을 과학으로 설명될 수는 없다. 비과학적이라고 하기보다는 과학이 따라오지 못한다고 설명하는 것이 더 솔직하고 옳은 표현일 것이다. 특히 과학분야에 종사하는 신의사가 저술했다는데 더 큰 화제가 되고 있다.

· 김태진 저

사주학의 활용법

신비한 동양철학 17

가장 실질적인 역학서

우리가 생소한 지방을 여행할 때 제대로 된 지도가 있다면 편리하고 큰 도움이 되듯이 역학이란 이와같은 인생의 길잡이다. 예측불허의 인생을 살아가는데 올바른 안내자나 그 무엇이 있다면 그 이상 마음 든든하고 큰 재산은 없을 것이다.

· 학선 류래웅 저

459

쉽게 푼 주역

∙∙∙
신비한 동양철학 10

귀신도 탄복한다는 주역을 쉽고 재미있게 풀어놓은 책

주역이라는 말 한마디면 귀신도 기겁을 하고 놀라 자빠진다는데, 운수와 일진이 문제가 될까. 8×8=64괘라는 주역을 한 괘에 23개씩의 회답으로 해설하여 1472괘의 신비한 해답을 수록했다. 당신이 당면한 문제라면 무엇이든 해결할 수 있는 열쇠가 이 한 권의 책 속에 있다.

∙ 정도명 저

핵심 관상과 손금

∙∙∙
신비한 동양철학 54

사람을 볼 줄 아는 안목과 지혜를 알려주는 책

오늘과 내일을 예측할 수 없을만큼 복잡하게 펼쳐지는 현실에서 살아남기 위해서는 사람을 볼줄 아는 안목과 지혜가 필요하다. 시중에 관상학에 대한 책들이 많이 나와있지만 너무 형이상학적이라 전문가도 이해하기 어렵다. 이 책에서는 누구라도 쉽게 보고 이해할 수 있도록 핵심만을 파악해서 설명했다.

∙ 백우 김봉준 저

진짜궁합 가짜궁합

신비한 동양철학 8

남녀궁합의 새로운 충격

중국에서 연구한 국내유일의 동양오술학자가 우리나라 역술들의 궁합법이 잘못되었다는 것을 학술적으로 분석·비평하고, 전적과 사례연구를 통하여 궁합의 실체와 타당성을 분석했다. 합리적인「자미두수궁합법」과 「남녀궁합」및 출생시간을 몰라 궁합을 못보는 사람들을 위하여「지문으로 보는 궁합법」등을 공개한다.

· 오상익 저

좋은꿈 나쁜꿈

신비한 동양철학 15

그날과 앞날의 모든 답이 여기 있다

개꿈이란 없다. 꿈은 반드시 미래를 예언한다. 이 책은 프로이드의 정신분석학적인 입장이 아닌 미래판단의 근거에 입각한 예언적인 해몽학이다. 여러 형태의 꿈을 체계적으로 정리했으니 올바른 해몽법으로 앞날을 지혜롭게 대처해 보자. 모쪼록 각 가정에서 한 권씩 두고 이용하면 생활하는데 많은 도움이 될 것이다.

· 학선 류래웅 저

완벽 만세력

신비한 동양철학 58

착각하기 쉬운 썸머타임 2도 인쇄

시중에 많은 종류의 만세력이 나와있지만 이 책은 단순한 만세력이 아니라 완벽한 만세경전으로 만세력 보는 법 등을 실었기 때문에 처음 대하는 사람이라도 쉽게 볼 수 있도록 편집되었다. 또한 부록편에는 사주명리학, 신살종합해설, 결혼과 이사택일 및 이사방향, 길흉보는 법, 우주천기와 한국의 역사 등을 수록했다.

· 백우 김봉준 저

周易·토정비결

신비한 동양철학 40

토정비결의 놀라운 비결

지금 시중에 나와 있는 토정비결에 대한 책들을 보면 옛날부터 내려오는 완전한 비결이 아니라 반쪽의 책이다. 그러나 반쪽이라고 말하는 사람이 없다. 그것은 주역의 원리를 모르기 때문이다. 따라서 늦은 감이 없지 않으나 앞으로의 수많은 세월을 생각하면서 완전한 해설본을 내놓기로 했다.

· 원공선사 저

현장 지리풍수

신비한 동양철학 48

현장감을 살린 지리풍수법

풍수를 업으로 삼는 사람들이 진(眞)과 가(假)를 분별할 줄 모르면서 24산의 포태사묘의 법을 익히고는 많은 법을 알았다고 자부하며 뽐내고 있다. 그리고는 재물에 눈이 어두워 불길한 산을 길하다 하고, 선하지 못한 물(水)을 선하다 하면서 죄를 범하고 있다. 이는 분수 밖의 것을 망녕되게 바라기 때문이다. 마음 가짐을 바로 하고 고대 원전에 공력을 바치면서 산간을 실사하며 적공을 쏟으면 정교롭고 세밀한 경지를 얻을 수 있을 것이다.

· 전항수 · 주관장 편저

완벽 사주와 관상

신비한 동양철학 55

사주와 관상의 핵심을 한 권에

자연과 인간, 음양(陰陽)오행과 인간, 사계와 절후, 인상(人相)과 자연, 신(神)들의 이야기 등등 우리들의 삶과 관계되는 사실적 관계로만 역(易)을 설명해 누구나 쉽게 이해할 수 있도록 썼으며 특히 역(易)에 대한 관심과 흥미를 갖게 하고자 인상학(人相學)을 추록했다. 여기에 추록된 인상학(人相學)은 시중에서 흔하게 볼 수 있는 상법(相法)이 아니라 생활상법(生活相法) 즉 삶의 지식과 상식을 드리고자 했으니 생활에 유익함이 있기를 바란다.

· 김봉준 · 유오준 공저

해몽 · 해몽법

신비한 동양철학 50

해몽법을 알기 쉽게 설명한 책

인생은 꿈이 예지한 시간적 한계에서 점점 소멸되어 가는 현존물이기 때문에 반드시 꿈의 뜻을 따라야 한다. 이것은 꿈을 먹고 살아가는 인간 즉 태몽의 끝장면인 죽음을 향해 달려가고 있는 인간이기 때문이다. 꿈은 우리의 삶을 이끌어가는 이정표와도 같기에 똑바로 가도록 노력해야 한다.

· 김종일 저

역점

신비한 동양철학 57

우리나라 전통 행운찾기

주역을 무조건 미신으로 치부해버리는 생각은 버려야 한다. 주역이 점치는 책에만 불과했다면 벌써 그 존재가 없어졌을 것이다. 그러나 오랫동안 많은 학자가 연구를 계속해왔고, 그 속에서 자연과학과 형이상학적인 우주론과 인생론을 밝혀, 정치 · 경제 · 사회 등 여러 방면에서 인간의 생활에 응용해왔고, 삶의 지침서로써 그 역할을 했다. 이 책은 한 번만 읽으면 누구나 역점가가 될 수 있으니 생활에 도움이 되길 바란다.

· 문명상 편저

명리학연구

신비한 동양철학 59

체계적인 명확한 이론

이 책은 명리학 연구에 핵심적인 내용만을 모아 하나의 독립된 장을 만들었다. 명리학은 분야가 넓어 공부를 하다보면 주변에 머무르는 경우가 많아, 주요 내용을 잃고 헤매는 경우가 많다. 그러므로 뼈대를 잡는 것이 중요한데, 여기서는 「17장. 명리대요」에 핵심 내용을 모아 학문의 체계를 잡는데 용이하게 하였다.

· 권중주 저

쉽게 푼 풍수

신비한 동양철학 60

현장에서 활용하는 풍수지리법

산도는 매우 광범위하고, 현장에서 알아보기 힘들다. 더구나 지금은 수목이 울창해 소조산 정상에 올라가도 나무에 가려 국세를 파악하는데 애를 먹는다. 그러므로 사진을 첨부하니 많은 도움이 되길 바란다. 물론 결록에 있고 산도가 눈에 익은 것은 혈 사진과 함께 소개하니 참고하기 바란다. 이 책을 열심히 정독하면서 답산하면 혈을 알아보고 용산도 할 수 있을 것이다.

· 전항수 · 주장관 편저

동양철학전문출판 삼한

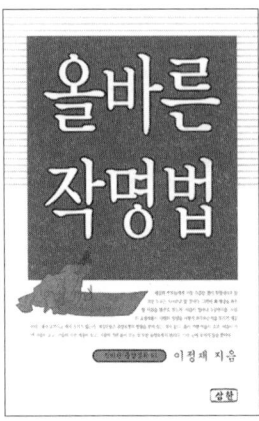

올바른 작명법

신비한 동양철학 61

세상의 부모들에게 가장 소중한 것이 무엇이냐고 물으면 누구든 자녀라고 할 것이다. 그런데 왜 평생을 좌우할 이름을 함부로 짓는가. 이름이 얼마나 소중한지를. 이름의 오행작용이 사람의 일생을 어떻게 좌우하는지를 모르기 때문이다. 세상만물은 음양오행의 영향을 받지 않는 것이 없다. 봄이 가면 여름이 오고, 여름이 가면 가을이 오고, 가을이 가면 겨울이 오고, 겨울이 가면 봄이 오는 것 또한 음양오행의 원리다.

· 이정재 저

신수대전

신비한 동양철학 62

흉함을 피하고 길함을 부르는 방법

신수를 보는 방법은 여러 가지가 있는데 대부분이 주역과 사주추명학에 근거를 둔다. 수많은 학설 중에서 몇 가지를 보면 사주명리, 자미두수, 관상, 점성학, 구성학, 육효, 토정비결, 매화역수, 대정수, 초씨역림, 황극책수, 하락리수, 범위수, 월영도, 현무발서, 철판신수, 육임신과, 기문둔갑, 태을신수 등이다. 역학에 정통한 고사가 아니면 제대로 추단하기 어려운데 엉터리 술사들이 넘쳐난다. 그래서 누구나 자신의 신수를 볼 수 있도록 몇 가지를 정리했다.

· 도관 박흥식

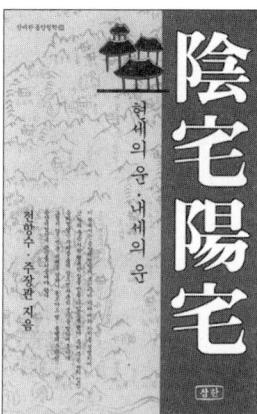

음택양택

신비한 동양철학 63

현세의 운·내세의 운

이 책에서는 음양택명당의 조건이나 기타 여러 가지를 설명하여 산 자와 죽은 자의 행복한 집을 만들 수 있도록 했다. 특히 죽은 자의 집인 음택명당은 자리를 옳게 잡으면 꾸준히 생기를 발하여 흥하나, 그렇지 않으면 큰 피해를 당하니 돈보다도 행·불행의 근원인 음양택명당에 관심을 기울여야 한다.

·전항수·주장관 지음

이런 집에 살아야 잘 풀린다

신비한 동양철학 64

운이 트이는 좋은 집 알아보는 비결

힘든 상황에서 내 가족이 지혜롭게 대처하고 건강을 지켜주는, 한마디로 운이 트이는 집은 모두의 꿈일 것이다. 가족이 평온하게 생활할 수 있는 집, 나가서는 발전을 가져다 줄 수 있는 그런 집이 있다면 얼마나 좋을까? 그런 소망에 한 걸음이라도 가까워지려면 막연하게 운만 기대해서는 안 된다. '호랑이를 잡으려면 호랑이 굴로 들어가라'는 속담이 있듯이 좋은 집을 가지려면 그만한 노력이 있어야 한다.

·강현술·박흥식 감수

사주에 모든 길이 있다

신비한 동양철학 65

사주를 간명하는데 조금이라도 도움이 되었으면 하는 바람에서 이 책을 쓰게 되었다. 간명의 근간인 오행의 왕쇠강약을 세분해서 설명했다. 그리고 대운과 세운, 세운과 월운의 연관성과, 십신과 여러 살이 운명에 미치는 암시와, 십이운성으로 세운을 판단하는 법을 설명했다.

· 정담 선사 편저

사주학

신비한 동양철학 66

5대 원서의 핵심과 실용

이 책은 사주학을 체계적으로 공부하려는 학도들을 위해 꼭 알아야 할 내용과 용어를 수록하는데 중점을 두었다. 이 학문을 공부하려고 찾아온 사람들에게 여러 가지 질문을 던져보면 거의 기초지식이 시원치 않다. 그런 상태로 사주를 읽으려니 제대로 될 리가 없다. 이 책으로 용어와 제반지식을 터득하면 빠른 시일에 소기의 목적을 이룰 수 있을 것이다.

· 글갈 정대엽 저

주역 기본원리

신비한 동양철학 67

주역의 기본원리를 통달할 수 있는 책

이 책에서는 기본괘와 변화와 기본괘가 어떤 괘로 변했을 경우 일어날 수 있는 내용들을 설명하여 주역의 변화에 대한 이해를 돕는데 주력하였다. 그러나 그런 내용을 구분할 수 있는 방법을 전부 다 설명할 수는 없기에 뒷장에 간단하게설명하였고, 다른 책들과 설명의 차이점도 기록하였으니 참작하여 본다면 조금이나마 도움이 될 것이다.

・원공선사 편저